Der schwarze Christus
Wege afrikanischer Christologie

THEOLOGIE DER DRITTEN WELT

Herausgegeben vom
Missionswissenschaftlichen Institut Missio
unter der Leitung von
Ludwig Bertsch SJ

Band 12

Der schwarze Christus
Wege afrikanischer Christologie

DER SCHWARZE CHRISTUS

Wege afrikanischer Christologie

Yvette Aklé
François Kabasélé
Cécé Kolié
René Luneau
Vital Mbadu-Kwalu
Julien Pénoukou
André Ouattara
Anselme Titianma Sanon
Bibiana Tshibola

Herder
Freiburg · Basel · Wien

Titel der französischen Originalausgabe:
Chemins de la Christologie africaine
© Éditions Desclée, Paris 1986

Aus dem Französischen übertragen von
URSULA FAYMONVILLE

Alle Rechte vorbehalten – Printed in Germany
© Verlag Herder Freiburg im Breisgau 1989
Herstellung: Freiburger Graphische Betriebe 1989
ISBN 3-451-21477-6

Inhalt

Einleitung
Und ihr, was sagt ihr von Jesus Christus? 7
Von René Luneau

ERSTER TEIL
BIST DU EINER VON UNS?

Christologie im Dorf 21
Von Efoé Julien Pénoukou

ZWEITER TEIL
WIR SUCHEN DEINEN NAMEN

Christus als Häuptling 57
Von François Kabasélé

Christus als Ahne und Ältester 73
Von François Kabasélé

Jesus, Meister der Initiation 87
Von Anselme Titianma Sanon

Jesus – Heiler? 108
Von Cécé Kolié

DRITTER TEIL
WIR BEKENNEN DEIN GEHEIMNIS

Jenseits der Modelle 138
Von François Kabasélé

Der in Jesus Christus erkannte Gott
Ein paulinischer Ansatz nach dem Brief an die Römer 162
Von Vital Mbadu-Kwalu

VIERTER TEIL
DU GEHST MIT UNS
IN DAS KOMMENDE JAHRTAUSEND

Christus in der Aktualität unserer Gemeinden 176
Von François Kabasélé

Die Jugend spricht von Jesus 185
Von André Ouattara

Afrikanische Frauen sprechen von Jesus 198
René Luneau im Gespräch mit Bibiana Tshibola und Yvette Aklé

Autoren des Bandes 206

Einleitung*

Und ihr, was sagt ihr von Jesus Christus?

Von René Luneau

I. Eine Frage auch an die Afrikaner

In Ouahigouya *(Burkina Faso)* liebt man, wie überall in Afrika, die schönen Feste. Das gilt auch und vor allem für die Feier des 25jährigen Bestehens der Ortskirche. Im Februar 1983 zogen Tausende von Pilgern zum Ort dieses Ereignisses, glücklich, sich um Jesus, das *„Oberhaupt der großen christlichen Familie"* zu versammeln. Während der Feier zum Gedenken an die Entstehung der neun Pfarrgemeinden, die heute die christliche Familie von Ouahigouya bilden, wurden ostentativ die Insignien des traditionellen Familienoberhauptes – der Lederbeutel, der kleine Dolch und der Stab – herbeigetragen und laut die Devise verkündet: „Mit der Macht, die er hat, das Leben zu schenken, baut Jesus Christus sein Haus in unserer Mitte, mit uns und für uns." Und damit kein Zweifel blieb, bekräftigte der Vorsänger es bei der Vorstellung jeder Pfarrei nochmals:

> „Die Macht des Lebens Christi ist stark und dauerhaft.
> Das Haus Christi hat seine Stätte gefunden.
> Christus hat eine Stätte dafür nach seinem Wunsch gewählt.
> Er hat ein Haus gebaut, um hier seine Familie zu gründen.
> Diese Stätte ist... Baam, Ouahigouya, Kongoussi ...[1]."

Dieses Bekenntnis des Glaubens an die von Jesus Christus ausgehende Lebenskraft kann übrigens kaum verwundern, hört man den alten Barthélemy Sebgo, der der erste Katechist in Ouahigouya war: „Sie (die Katechisten) haben den Weg Christi aufgenommen, sie haben ihn gepackt. Wenn du diesen Weg frei gewählt hast, dann schäme dich dessen nicht. Wo du auch bist, sei sein Zeuge ohne Vorbehalt. Mach ihn kund durch dein ganzes Leben, deine Worte, dein Benehmen, durch alles, was du tust."[2]

Der Mann war aus dem gleichen Holz geschnitzt wie Alfred Diban,

---

* Der französische Originalbeitrag ist in der deutschen Übersetzung leicht gekürzt.
[1] Jubiläumsfeier der Diözese Ouahigouya 1983 (vervielfältigtes Dokument) S. 17.
[2] Ebd. 30.

der erste Christ im damaligen Obervolta[3], dessen Glaube die Ehre seiner Kirche ist. Er hatte „den Weg Christi gepackt"; er wird ihn nicht mehr verlassen. Und die Gemeinde, die von seinem Wort gestärkt wurde, folgt dem gleichen Weg wie er. Nach ihm bezeugen die Katechisten von Bourzanga: „Wir ... sind der Mund, die Hände, die Füße Jesu geworden."[4]

In *Niger* ist der muslimische Einfluß so stark, daß sich die Christen ihm nur schwer entziehen können. Bei einer traditionellen Hochzeit scheint daher die Anwesenheit des Marabuts ganz selbstverständlich zu sein, und zahlreiche Praktiken der christlichen Gemeinde passen sich mehr oder weniger dem Brauchtum der Bevölkerungsmehrheit an. So ist die Fastenzeit zu einer Art christlichem Ramadan geworden mit einem vollständigen Fasten von Sonnenaufgang bis Sonnenuntergang. Das aber ist nicht jedermanns Sache. Die Christen von Dolbel an der Grenze zwischen Mali und Burkina haben kürzlich eine gewisse christliche Zaghaftigkeit angeprangert: „Wenn wir immer noch bestimmte animistische oder muslimische Bräuche beibehalten, dann weil wir noch nicht genug Glauben haben. Wir brauchen mehr Bildung, um zu erkennen, daß Jesus über alle Bräuche hinausgeht und der Glaube an Jesus über allem steht. Hat derjenige, der Jesus entdeckt hat, nicht alles entdeckt? Warum also rückwärts gehen? Es müssen Brüche vollzogen werden" (... wir haben gekämpft für unseren Glauben, wir müssen wissen, was wir wollen ...)[5].

Kraftvolle Zeugnisse, die deutlich machen, daß unser zum Teil seit mehr als einem Jahrhundert evangelisiertes Afrika Jesus Christus wirklich begegnet ist. Oder vereinzelte Blüten, die eine Illusion von Frühling wecken?

Die Gemeinde der Agni, eines Volksstammes im Südwesten der *Elfenbeinküste*, die seit etwa 10 Jahren von Jean-Paul Eschlimann betreut wird, kann inzwischen auf ihr 50jähriges Bestehen zurückblicken. Wie im Gleichnis vom Sämann scheint die Saat hier auf guten Boden gefallen zu sein, denn bei einer Gesamtbevölkerung von 36 000 zählt die Gemeinde von Tankassé 11 964 Christen und Taufbewerber. Und doch ließ ein Ereignis in dem für die Evangelisierung verantwortlichen Missionar Zweifel aufkommen an der Tiefe der Verwurzelung des Glaubens bei der Mehrzahl der Gläubigen: „Eines Tages" – so J.-P. Eschlimann – „teilte mir der Katechist eines Dorfes (dessen Häuptling auch der Leiter der

---

[3] *J. Ki Zerbo*, Alfred Diban, premier chrétien de Haute-Volta (Paris: Cerf, 1983).
[4] Dokument (vgl. Anm. 1) 54.
[5] Gemeinde Dolbel, Niger (vervielfältigtes Dokument, 1984).

christlichen Gemeinde ist) mit, daß dieser Häuptling seine richterlichen Entscheidungen immer zur Zeit des Sonntagsgebetes zu treffen pflegte und dadurch eine Reihe von Christen am Kirchgang hinderte. Zudem beschuldigte er persönlich oder ließ andere ihre Verwandten der Zauberei beschuldigen. So war er selbst bei seiner Schwester verfahren. Ich nutzte daher einen Besuch im Dorf zu einem Gespräch mit ihm. Er reagierte zuerst aufgebracht, weil ich es gewagt hatte, seine Qualität als guter Christ wie auch die seiner sonntäglichen Praxis in Frage zu stellen. Was die Zauberei betraf, so rechtfertigte er sich: ‚Wenn einer von sich aus sagt, er habe auf unsichtbare Weise einen anderen verschlungen, wie nennst du das?' Ich antwortete: ‚Wie hat Jesus sich gegenüber seinen Henkern verhalten, die ihn ans Kreuz geschlagen und getötet haben?' Ich hatte meine Frage noch nicht ganz ausgesprochen, als der Alte anfing zu lachen und ausrief: ‚Dein kleiner Jesus da, war es nicht erst vorgestern, daß er sich bei uns vorgestellt hat, während unsere Ahnen schon immer hier waren? Und sie, sie haben gesagt, daß solche, die den Geist anderer verschlingen, Zauberer sind, die man beseitigen muß." Und Eschlimann kommentierte quasi stellvertretend für den anderen: „Die Kirche hat unsere Ahnen hier vorgefunden. Und man versteht dabei unterschwellig: sie kann also nicht einfach verändern oder aufheben, was unsere Ahnen uns hinterlassen haben. Das gebräuchliche Recht spricht für den, der zuerst da war, das heißt, es spricht für unsere Ahnen. Kann ein Agni ehrlicherweise denselben blinden Glauben an Jesus Christus haben wie er an das Wort und Werk seiner Ahnen glaubt? Worauf gründet sich der Anspruch dieses Jesus, die einzige und wahre Vermittlung zwischen mir und dem Leben zu sein, also zwischen mir und Gott? Ist dieser Anspruch akzeptabel im Rahmen des Lebensplanes, den ich von meiner Gesellschaft übernommen habe?"[6]

Auf die so gestellte Frage würde die große Mehrheit der Agni-Christen mit Nein antworten. Trifft man auch andernorts auf solche Zeugnisse, die ohne alle Ausflüchte deutlich machen, daß Jesus Christus selbst für die *Getauften* ein *Rätsel* bleibt, einer, mit dem man nichts Rechtes anzufangen weiß, wo doch die Ahnenwelt für die im täglichen Leben notwendigen Vermittlungen weitgehend genügt?

Der senegalesische Priester Ernest Sambou, der seit Jahren intensiv darüber nachdenkt, wie man dem religiösen Bewußtsein des Joola-Volkes in Casamance Jesus am besten nahebringt, kommt zu dem Schluß:

---

[6] *J. P. Eschlimann,* Ton petit Jésus, in: Lettre Afrique et Parole, Nr. 10 (Paris) Nov. 1984.

Jesus ist hier nicht wirklich angenommen, vielleicht weil er nicht „annehmbar" ist: „Christus ‚paßt' nicht wirklich in die traditionelle religiöse Welt der Joola, weil er keinen Platz hat in dieser religiös wohlorganisierten und stark hierarchischen Welt, in der man entweder Gott oder Mensch ist, *bakiin* oder Ahne, niemals aber auf so merkwürdige Weise Gott und Mensch zugleich ... Jesus Christus bleibt eine fremde, unverständliche Persönlichkeit, störend und *ohne Platz*. Ein Marginalisierter. Das ist der tiefste Grund des Problems."[7]

Aus *Kamerun* berichtet E. de Rosny von seiner Initiation und seinen Begegnungen mit den *nganga*, den Heilern, die zur Mehrzahl, wie auch ihre Patienten, getaufte Christen sind: „Ihre Heilungsliturgien sind von einer echten Ahnen-Religion inspiriert. Aber werden sie, von Christen praktiziert, darum christlich? Zwischen Gott und den Menschen sehe ich den Platz der Ahnen der Erde und der Gewässer, aber *vergebens suche ich hier Jesus Christus*, den großen Abwesenden dieser Liturgien."[8]

Die christliche Tradition Süd-Kameruns ist fast 100 Jahre alt, und viele Elemente der christlichen Volksfrömmigkeit gehören inzwischen zum Alltag. Aber wer ist Jesus Christus *wirklich* für eine Bevölkerung, die in einigen Gebieten Süd-Kameruns zu fast 100 Prozent getauft ist?

Zaire erscheint oft als das Land aller Gegensätze. Über Afrika hinaus bekannt sind inzwischen die von den christlichen Gemeinden nicht nur in Kinshasa entwickelten bewundernswerten Liturgien, und man weiß um die Bedeutung der theologischen Forschung, die dort seit Jahrzehnten im Gange ist. Es besteht Grund zu der Vermutung, daß die Kirche von Zaire, die mit über 13 Millionen Getauften die zahlenmäßig stärkste in ganz Afrika ist und die mit großer Begeisterung ihren Eintritt in das zweite Jahrhundert ihrer Geschichte gefeiert hat, für die Zukunft des Christentums in Afrika eine entscheidende Rolle spielen wird. Aber dieses Zaire ist auch das Land der enttäuschten Hoffnungen, der Sekten, die auf die Verkündigung eines Gelegenheitspropheten vielerorts aus dem Boden sprießen und die vom christlichen Glauben mehr erwarten, als er bisher zu geben vermochte.

In einem vor 30 Jahren verfaßten Buch stellt Vincent Mulago bereits die Frage: „Ist diese großartige Bewegung hin zum Christentum in Afrika

---

[7] E. Sambou, Rencontre et Altérité. Enjeu d'une christianisation en milieu Joola (Doktorarbeit, Toulouse 1983, S. XII). Der Autor bemüht sich in seiner Arbeit, Christus als „Ahne" in das Joola-Milieu zu integrieren.
[8] E. de Rosny, Les yeux de ma chèvre (Paris: Plon, 1981) 297. Hervorhebungen vom Autor.

nun ein voller Erfolg? Ist das, was wir blühen sehen, in der Seele des Afrikaners wirklich verwurzelt oder nur einfach Ausdruck der allgemeinen Europäisierung des Schwarzen Kontinents? Ist unsere missionarische Methode perfekt? Hat sich der Afrikaner Christus wirklich „einverleibt"? Wer hat sie nicht erlebt, die enttäuschenden Fälle, wo ein zwanzig- oder dreißigjähriger vorbildlicher Christ urplötzlich zu den Praktiken seiner Ahnen zurückkehrte?"[9]

Dreißig Jahre später hat sich diese „großartige Bewegung" über alle Erwartungen hinaus bestätigt. Mehr als 60 Millionen Getaufte zählt allein die katholische Kirche in Afrika. Und wer die Euphorie voller Kirchen erleben will mit fröhlichen, jungen Versammlungen, mit Eucharistiefeiern, die Feste sind, der muß nach Afrika gehen, das ist wahr. Aber genügt das?

Bischof Evariste Ngoyagoye aus dem zu 60 Prozent katholischen *Burundi* fragt sich: „Was bedeutet für sie (die Christen Burundis) Jesus Christus, wenn es um die wesentlichen Fragen von Leben, Leiden, Tod, Krankheit, Mißerfolg geht? In der unmittelbaren Konfrontation mit diesen Fragen sehen sie in der traditionellen Religion eine Alternative, die ihnen rituelle Vermittlungen anbietet, die in einem tiefinneren Einklang stehen mit ihrer Kultur und Mentalität. Wer ist in der Suche nach dem Sinn des Lebens in den alltäglichen Problemen und Freuden im Vergleich zu dieser spirituellen Wegsuche Jesus Christus?"[10]

II. Wer also ist Christus?

Die erste Antwort auf die Frage des burundischen Bischofs mag einige überraschen: Wer ist Christus? – Ein *Abwesender*. Wen aber wundert das? Wie sollte denn die heutige Gemeinde Jesus Christus einen bevorzugten Platz einräumen, wenn im Anfang gar nicht er es war, der gepredigt wurde? Ein afrikanischer Historiker, der über den Platz schreiben sollte, den Jesus in der missionarischen Erstverkündigung seines Landes (Burkina Faso) zu Anfang dieses Jahrhunderts eingenommen hat, lehnte dies ab mit folgender Begründung: „In der Tat war es nicht Jesus Christus, der

---

[9] Vgl. *V. Mulago*, Nécessité de l'adaptation missionnaire chez les Bantu du Congo, in: Des prêtres noirs s'interrogent (Paris: Présence Africaine et Cerf, 1956) 21. Dt.: *A. Diop* (Hrsg.), Schwarze Priester melden sich (Frankfurt 1960)].
[10] *E. Ngoyagoye*, Les communautés Chrétiennes au Burundi: lieux d'éclosion de nouveaux ministères, in: Les Quatre Fleuves, 10, 1979, 60f.

im Mittelpunkt der missionarischen Erstverkündigung in Moogo gestanden hat. Das war kein *kerygma* nach Art der ersten Missionare, die nach Pfingsten von Jerusalem auszogen ... Die neue Religion wurde als ein ‚Weg' dargestellt; aber wohlverstanden: der Weg war nicht Christus. *Wennaam Soré* (Gott Weg), der Weg Gottes; mit diesem Ausdruck wurde bei den Moose das Christentum bezeichnet, und dies bis zum heutigen Tag.

Mir scheint, der ‚Weg Gottes' wird als die Gesamtheit dessen verstanden, was über Gott gelehrt wurde, und die Annahme dieser Gesamtheit führte die Moaaga zum ewigen Leben ... Der Christ wird *Krist neda* genannt, Mensch Christi, ein Name, der jedoch nicht bis in die Tiefe des Empfindens der Moaaga vorgedrungen ist ... In der Auffassung der Moose funktioniert das Christentum mehr nach Art des Islam. Betonung Gottes in der Weiterführung des Gottes unserer Väter. Betonung des Aspektes einer neuen Gruppe: die Anhänger der neuen Religion bilden eine Gruppe und zeigen ein starkes Gefühl der Zusammengehörigkeit. Mir scheint, daß in einer Gesellschaft, in der Gott genannt wurde, ohne bezeichnet zu werden (A. T. Sanon), sich die Verkündigung darum hätte bemühen müssen, Gott als den Gott Jesu Christi zu bezeichnen. Und Jesus Christus als den Weg, der zur Erkenntnis dieses Gottes führt. Das aber war nicht der Fall ..."[11]

Verstehen wir das nicht falsch. Die Missionare, die zu Anfang dieses Jahrhunderts wirkten, haben das Christentum nach dem Verständnis ihrer Zeit gepredigt, und das Ostergeheimnis hatte darin noch nicht den Platz, den es für uns heute hat. Die in Ouahigouya gesammelten Glaubenszeugnisse zeigen zur Genüge, daß die Verkündigung der letzten Jahrzehnte Christus durchaus den ihm zukommenden Platz zu geben verstanden hat. Aber gewiß ist auch, daß der eher bescheidene Platz, den im Denken einiger Christen die Person Jesu Christi des Herrn einnimmt, weitgehend den Versäumnissen der Erstverkündigung zuzuschreiben ist.

Es wäre sicher übertrieben zu behaupten, die ersten Missionare hätten in Afrika ein Christentum ohne Jesus Christus gepredigt; sicher aber ist, daß die übernommene Theologie dem Mysterium Christi nicht den ihm zukommenden zentralen Platz eingeräumt hat. Wenn man so will, eine

---

[11] Ähnliche Bemerkungen findet man bei *R. Quedraogo:* „Leider stehen wir auch heute immer noch vor der Frage, ob das wirklich die authentische Frohbotschaft war, die man uns übermittelt hat: Vaterschaft Gottes, Herrschaft Christi." (Unter dem Titel „Pour une liturgie africaine" in: Fidélité et renouveau, Nr. 99–100 (Ouagadougou 1976) 31.)

theistische Welt, beherrscht von einem Schöpfergott und Gebieter, der Gehorsam forderte und der nur sehr entfernt an den Vater des verlorenen Sohnes (Lk 15) erinnerte, eine Ethik, die die Zehn Gebote (und dazu die Fünf Gebote der Kirche) auswendig kannte, die aber niemals von den Seligkeiten hatte reden hören (Mt 5). All dies ist historisch schwer zu widerlegen und wird von einem Theologen wie S. Semporé wie folgt erklärt: „Man ist einfach von einem Milieu in ein anderes ... hinübergewechselt. Das Christentum wird vor allem als eine neue ‚Religion' mit ihren Riten, Sitten, Mysterien, Gesetzen, Bräuchen, Verboten erfahren."[12]

Mögen viele die Bekehrung auch als innere und soziale Befreiung erfahren haben, so ist sie von zahlreichen anderen doch lediglich als eine Verlagerung von einer religiösen Welt zu einer anderen, ja als Überlagerung dieser beiden Welten, erfahren worden, die man als strukturell vom gleichen Typus empfindet.

„Die Realität", so S. Semporé, „ist die, daß der Christ wissen möchte, ob es zwischen Evangelium und traditionellen Bräuchen eine innere Unvereinbarkeit gibt ... Der Christ in Benin ist, wie jeder afrikanische Christ, gezwungen, seinen Glauben unter dem Gesetz der Kirche und dem seines traditionellen Brauchtums zu leben. Gesellschaftlich und moralisch zur Teilnahme an jenen Zeremonien verpflichtet, die nach der Tradition die wichtigsten Etappen seines Daseins (Geburt, Hochzeit, Begräbnis) markieren, muß er bestimmte Riten und Handlungen vollziehen sowie Tabus respektieren."[13]

Sich dieser Regel entziehen heißt nicht nur Bande einer Solidarität zerbrechen, die für den Afrikaner untrennbar mit seinem Leben verbunden sind, sondern auch einer Unsicherheit, die Angst macht, die Tür zu öffnen. So darf man sich nicht wundern, wenn „der Christ, gezwungen zu wählen, zwar dem traditionellen Brauchtum den Vorzug gibt, zugleich aber seinen Glauben an Christus bekennt."[14]

Hier liegt natürlich eine „Quelle des ständigen Unbehagens und der inneren Konflikte". Aber scheint die Christus-Frage in diesem Kontext nicht sehr fern zu sein? Ist Jesus Christus in der Lage, es regnen zu lassen? Kann er ein Kind vor der Krankheit schützen, eine Frau von der Unfruchtbarkeit befreien? Und, wie christliche Gymnasiasten in Niamey

---

[12] S. Semporé, Liberté chrétienne en contexte africain, in: Spiritus Nr. 96, „Loi et Liberté", Sept. 1984, 289.
[13] Ders., a.a.O. 287.
[14] Ders., a.a.O. 289.

kürzlich fragten: „Wie schützt Jesus mich vor der Einwirkung böser Geister und vor Menschen, die mir aus der Ferne Böses antun (Zauberer)?"[15] Das sind keine Gedanken der hohen Katechese, sondern Probleme des täglichen Lebens, und in dieser Welt ist es, wo Jesus Aufnahme findet oder abgewiesen wird.

Afrikanische Theologen aller Konfessionen, die 1984 in Yaoundé zusammen kamen, formulierten diese Frage so: „Für den Afrikaner bleibt die entscheidende Herausforderung: Wie können wir in unserer Kultur und in unserer Geschichte durch alle Spannungen und Konflikte hindurch Jesus Christus denken, verstehen und bekennen?"

Auf diese Frage versuchen die folgenden Beiträge den Anfang einer Antwort zu geben und afrikanischen wie nichtafrikanischen Lesern einen ersten bescheidenen Versuch einer „afrikanischen Christologie" vorzulegen.

III. Und ihr, wer bin ich für euch? (Mt 16,15)

Kann man diese Frage überhaupt noch stellen, nachdem christliche Generationen durch zwei Jahrtausende hindurch das gleiche Glaubensbekenntnis weitervermittelt haben, und genügt es nicht, getreulich zu wiederholen, was die uns Vorausgegangenen ausgearbeitet haben? Gibt es denn in bezug auf die Person Jesu Christi noch etwas, das wir nicht wüßten und das zu entdecken unsere Aufgabe wäre? Die Offenbarung war mit dem Tod des letzten Apostels abgeschlossen und damit auch im Wesentlichen unser diesbezügliches Verständnis. Meinrad Hebga sagt dazu, nicht ohne Ironie, in seinem berühmten Werk „Emancipation d'Eglises sous tutelle": „Wir können doch ganz sicher sein ... durch den tröstlichen Gedanken, daß das Wesentliche über die Art und Weise, Jesus Christus zu leben, bereits gesagt ist."[16]

Und wenn die Dinge weniger einfach wären? Wenn das Geheimnis der Inkarnation Christi in jedem Volk der Erde, durch die ganze Geschichte

---

[15] *Y. Crusson*, Réponse à une enquête, in: Spiritus, Nr. 96, S. 272. In einem Artikel, der unter dem Titel „Der Gymnasiast und der Seelen-Verschlinger" im April 1983 in „Etudes" erschienen ist, habe ich selbst versucht zu analysieren, auf welche Weise zahlreiche Jugendliche in Afrika hin- und hergerissen sind zwischen zwei Auffassungsarten ihrer *Erfahrung*, der wissenschaftlich orientierten und der traditionell orientierten, die beide in ihrem jeweiligen Bereich zwingend, jedoch unvereinbar sind.
[16] *M. Hebga*, Émancipation d'Eglises sous tutelle (Paris: Présence Africaine, 1976) 159.

hindurch, diese Völker zu einem jeweils neuen Verständnis dessen verpflichtete, um das es wirklich geht? Seit einigen Jahren hat das offizielle Lehramt der Kirche weithin neue und bis jetzt unerforschte Wege geöffnet, und es scheint, daß man noch nicht sehr weit vorangeschritten ist in dem, was diese neuen Erforschungen beinhalten. Vielleicht erinnert man sich der schönen Rede, die Johannes Paul II. 1980 vor den Bischöfen Kenyas gehalten hat, einer Rede mit einigen sehr kraftvollen Formulierungen:

„Die ‚Akkulturation' bzw. ‚Inkulturation', die ihr zu Recht fördert, wird in der Tat die Fleischwerdung des Wortes widerspiegeln, wenn eine vom Evangelium umgestaltete und erneuerte Kultur aus ihren eigenen lebendigen Überlieferungen echte Ausdrucksformen christlichen Lebens, Feierns und Denkens hervorbringt (vgl. *Catechesi tradendae* Nr. 53). Wenn ihr die ererbten und eigentümlichen kulturellen Werte und Reichtümer eures Volkes achtet, bewahrt und fördert, werdet ihr in der Lage sein, es zu einem besseren Verständnis des Geheimnisses Christi zu führen, das in den edlen, konkreten und täglichen Erfahrungen afrikanischen Lebens gelebt werden soll. Hier kann von einer Verfälschung des Wortes Gottes oder davon, das Kreuz um seine Kraft zu bringen, keine Rede sein (vgl. 1 Kor 1,17); vielmehr geht es darum, Christus zum eigentlichen Mittelpunkt des afrikanischen Lebens zu machen und das ganze afrikanische Leben zu Christus emporzuführen. So wird nicht nur das Christentum für Afrika bedeutsam, sondern Christus wird in den Gliedern seines Leibes selbst Afrikaner."[17]

Wem dem so ist, wie können wir dann glauben, daß alles „Wesentliche bereits gesagt ist"? Unbestreitbar gibt es da etwas Neues zu tun und zu sagen, für das es kein stellvertretendes Tun oder Sagen gibt. „Wir sprechen" – so Kardinal Malula bei dem schon erwähnten Colloquium in Yaoundé – „wem auch immer das Recht ab, stellvertretend für uns die Probleme zu behandeln, denen wir in unserer *Erfahrung* des Glaubens begegnen." Und weiter: „Gott hat uns *verantwortlich* gemacht für die Evangelisierung dieses Kontinents."[18]

Seit 1980 feiert fast jährlich eine der Ortskirchen Afrikas ihr hundertjähriges Bestehen. Man steht in Afrika nicht mehr in den stammelnden

---

[17] Vgl. L'Osservatore Romano (deutsche Ausgabe), Nr. 21, 23. Mai 1980, S. 8.
[18] *Kardinal Malula*, Mariage et famille en Afrique. Beitrag zum Kolloquium von Yaoundé, April 1984, in: Documentation Catholique, 16 (2.9.1984) Nr. 1880, S. 871, 873 (Kursivschrift vom Autor).

Anfängen des Glaubens. Man ist Christ von Geburt an und oft schon seit Generationen. Wie sollte man da nicht die Frage Christi stellen: „Ihr aber – ihr Afrikaner – wer bin ich für euch?" Der Abwesende der missionarischen Anfangszeit? Der Fremde, dessen Anwesenheit man zwar akzeptiert hat, von dem man aber noch nicht recht weiß, wer er ist und wie man von ihm sprechen soll? Ist er zu dem geworden, „der vorangeht", mit dem man sich aus der Tiefe seines Glaubens heraus identifiziert?

„Christus ist nicht in diese Welt gekommen", so der zairische Theologe A. Ngindu Mushete, „um Reden zu halten oder ein Buch zu schreiben... Er ist zu uns gekommen, um ein *Leben zu begründen*... Die menschliche und religiöse *Erfahrung* ist der bevorzugte Ort, von dem her die Afrikaner Christus *begegnen* und *erkennen* können."[19]

IV. „Ich entscheide mich für Christus"

Wenn Jesus Christus für viele Afrikaner auch heute noch „fremd" ist in bezug auf das, was die alltägliche Existenz ausmacht, so ist doch nicht zu übersehen, daß es hier und dort nicht wenige gibt, die aus Ihm und für Ihn leben und die darüber zuweilen mit einer bewundernswerten Noblesse sprechen; einige Beispiele mögen dies abschließend veranschaulichen. Eine afrikanische Christologie mag zwar noch einige Jahre tastender Versuche vor sich haben; aber bereits heute „ist Christus Afrikaner in den Gliedern seines Leibes".

Im Sara-Land des Tschad
Seit Jahren schon haben die christlichen Sara-Gemeinden für ihre liturgischen Feiern Lieder komponiert, mit denen sie den ihnen übermittelten neuen Glauben zum Ausdruck bringen. Diese bäuerlichen „Komponisten" sind natürlich keine anerkannten Theologen, aber mitunter gelingen ihnen Liedschöpfungen von erstaunlicher Schönheit, wie etwa die folgende Meditation über das Leiden Jesu:

---

[19] *A. Ngindu Mushete*, L'émergence de nouvelles théologies en Afrique, in: Nouvelles de l'Institut Catholique de Paris, Nr. 2, Mai 1981, S. 28 u. 12 (Unterstreichungen vom Autor). Vielleicht erinnert man sich in diesem Zusammenhang der sehr schönen Gedanken von *A. Diop:* „Die Kirche ... stellt sich dar als eine Erfahrung. Eine lebendige Erfahrung, vielfältig wie die Verschiedenartigkeit der menschlichen Erfahrungen. Ihre Aufgabe ist es, diese Erfahrungen zu erhellen, zu prüfen, zu beurteilen und ins rechte Licht zu rücken. In ihr konkretisiert sich in der Geschichte die Wachsamkeit für den Wert des Menschen." (Aus dem Nachwort zu „Un hommage africain à Jean XXIII", Paris Société Africaine de Culture, 1965, S. 117).

„Ich sterbe mit dir, zwei am Kreuz
Ich sterbe mit dir, zwei, Jesus
Ich sterbe mit dir, zwei sind wir.

Ich gehe mit dir, zwei, in das Grab
Ich gehe mit dir, zwei, Jesus
Ich gehe mit dir, zwei sind wir.

Ich liege bei dir, zwei, in dem Grab
Ich liege bei dir, zwei, Jesus
Ich liege bei dir, zwei sind wir.

Ich erhebe mich mit dir, zwei, in dem Grab
Ich erhebe mich mit dir, zwei, Jesus
Ich erhebe mich mit dir, zwei sind wir.

Ich komme mit dir, zwei, heraus aus dem Grab
Ich komme mit dir heraus, zwei, Jesus
Ich komme mit dir heraus, zwei sind wir.

Ich gehe mit dir, zwei, zum Himmel
Ich gehe mit dir, zwei, Jesus
Ich gehe mit dir, zwei sind wir."[20]

In Niger, unweit von Zinder
Wie kam es, daß Khalil, der Imam seines Dorfes, eines Tages auf dem Markt von Zinder für 80 Centimes ein kleines Buch erstand, bei dem sich herausstellte, daß es das Evangelium nach Johannes war? Wie kam es, daß diese Lektüre sein Leben veränderte? Mußte er sein Dorf verlassen, als er in Jesus „den Stützpfeiler der ganzen Hütte auf dem Weg zu Gott" erkannte? Das Dorf würde seinem Imam doch niemals diese Abtrünnigkeit verzeihen. „Wenn ich mich zurückziehe aus dem Dorf, dann ist das so, als ob ich nicht fähig wäre, Zeugnis für Jesus abzulegen ... drum bin ich geblieben ... Und wäre es auf der Spitze einer Lanze, ich würde bei meinen Landsleuten bleiben, während sie mich durchbohrten. Der Grund ist, ich will als Zeuge Jesu hierbleiben in ihrer Mitte. Hier ist es, wo dies geschehen muß."

Als einziger Taufbewerber im weiten Umkreis verlangte Khalil dringend nach der Taufe und glaubte in der Verzögerung eine Spur von Argwohn zu erkennen: er war ja erst so kurze Zeit Konvertit und vielleicht

---

[20] *J. Hallaire,* Ils parleront de nouvelles langues, in: Christus, 46, April 1965, S. 282; desgleichen: „Dieu dans les chants chrétiens des Sara", in: *F. E. Boussi Boulaga u. a.,* Dieu en Afrique, Kolloquium von Bakara, Tschad, September 1977. Text erschien auch in „Afrique et Parole", 56, Mai 1980.

befürchtete man, er würde dem Druck der Seinen nachgeben und zum Islam zurückkehren? So schrieb er an die Patres der Mission zwei wunderbare Briefe: „... Seit drei Jahren binde ich mich mit allen meinen Kräften an Jesus Christus. Ich bin inzwischen überall im Land als Christ bekannt. Jeder im Dorf und im ganzen Land weiß, daß ich Christ und nur dies bin. Haben Sie keine Bedenken mir gegenüber: ich habe meinen Glauben Jesus geschenkt. Jesus ist der Sohn Gottes ... Ich bin Zeuge Jesu Christi geworden, ich habe keine Furcht; ich schäme mich auch nicht. Haben Sie keine Bedenken: wirklich und wahrhaftig, ich glaube, daß Jesus der Sohn Gottes ist."[21]

> „Ich habe vieles aufgegeben, um Jesus zu folgen.
> Ich habe meine erste Religion, die ich praktiziert habe, aufgegeben, um Jesus zu folgen.
> Ich habe meine Eltern verlassen, um Jesus zu folgen ...
> Ich habe die Polygamie aufgegeben, um Jesus zu folgen.
> Ich habe alles Frühere aufgegeben, ... alles verändert, um Jesus zu folgen ...
> Es gibt keine Traurigkeit in mir, denn ich folge Jesus.
> Mein Herr Jesus, rette mich und meine ganze Familie und alle anderen, die dem Weg in Wahrheit folgen, die um Jesu Christi willen leiden.
> Gott, wir bereuen unsere Fehler. Laß nicht zu, daß wir jemals von dir getrennt werden. Amen."[22]

Khalil und seine Ehefrau wurden voller Freude in der Osternacht 1983 in Maradi getauft[23].

In Mali, in einer der großen Städte des Landes
Der Bischof dieser Stadt feierte inmitten seiner Gemeinde sein Silbernes Priesterjubiläum. Aus diesem Anlaß legte er vor seinem Volk aufs neue sein Glaubensbekenntnis ab: „Ich entscheide mich heute von neuem für Jesus Christus als die Liebe in meinem Herzen, die Hoffnung vor meinen Augen, der Weg unter meinen Füßen und das Licht auf allen Wegen, die

---

[21] Vgl. „Chemins de chrétiens africains (von R. Deniel gesammelte Äußerungen), Heft 2, „Sur les traces de S. Jean" (Abidjan: INADES, 1981) 33. Wärmstens empfehlen möchten wir die Lektüre dieser zehn kleinen Hefte, die jeweils einem besonderen Thema gewidmet sind, zu dem afrikanische Christen, Männer und Frauen und allesamt Laien, das zum Ausdruck bringen, was für sie das Wesentliche ihres Glaubens ist. (In Frankreich zu beziehen durch Éd. Karthala, Paris).
[22] Vgl. Anm. 21, a.a.O. 34.
[23] *H. Berlier,* Un imam à la recherche de Dieu, in: „Alleluia Africain" (Bobo-Dioulasso), Nr. 67, juin-juillet 1983, S. 6.

die Passion des Evangeliums und die meiner Brüder mich noch in Seinem Namen gehen heißt."²⁴

Die Passion des Evangeliums hat in Afrika schon eine Reihe von Zeugen hervorgebracht, die zur Verehrung durch das gesamte Volk Gottes vorgeschlagen werden könnten ²⁵. Und diese Passion weckt Tag für Tag in Afrika neue geistliche Berufe, die sich alle nach ihrer je eigenen Gnade bemühen, das Mysterium Christi zu leben ²⁶. Kürzlich wurden bei der Feier einer Ewigen Profeß in Zouénoula (Elfenbeinküste) einige der Anwesenden Zeugen eines merkwürdigen Dialogs. Während der Feier „... nahmen die Eltern ihre Tochter ein letztes Mal beiseite, um sie zu befragen: ‚Wohin gehst du mit diesem fröhlichen Gesicht, mit diesem Blick voller Vertrauen und Hoffnung?' Und die Schwester antwortete: ‚Der, den mein Herz so sehr liebt, dem ich seit Jahren schon folge, dessen Treue mich noch nie im Stich gelassen hat, Jesus, mein Herr und mein Gott, hat mich gerufen. Vom Gehorsam genährt, will ich ihm antworten und mit ihm leben, der mich kleidet mit dem Gewand der Demut, der mich gürtet mit dem Band der Reinheit, der mich umhüllt mit dem Mantel der Frau Armut.' Darauf die Familie: ‚Wie beunruhigend deine Worte sind. Wirst du uns verlassen, ohne den Ritus zu erfüllen, der den Mädchen deines Alters ziemt, die sich für das Leben binden an jenen, den sie lieben?'.²⁷

Die Reihe der Zeugnisse ließe sich unschwer fortsetzen. Bischöfe, Leute aus dem Volk, Katechisten, Taufbewerber, Priester und Ordensleute: zahlreich sind diejenigen, die mit dem heiligen Paulus in aller Wahrheit sagen könnten, daß sie „von Christus ergriffen" sind (Phil 3, 12). Schwer verständlich ist daher die Besorgnis und Vorsicht, mit der man sich auf allen Ebenen unserer zweitausend Jahre alten Kirchen mitunter fragt, ob in Afrika auch wirklich der „authentische Christus" Gegenstand des Glaubens sei.

Die in diesem Buch gesammelten Aufsätze zu einer „afrikanischen Christologie" sind ein *erster* Versuch, der, so darf man hoffen, zu weiteren Forschungen und Veröffentlichungen anregen wird. Die Autoren gehören alle zum frankophonen Afrika und mit einer Ausnahme zur römisch

---

²⁴ Vgl. „Alleluia Africain", Nr. 76, juin 1984, S. 8.
²⁵ Vgl. *P. de Meester*, L'Eglise en Afrique hier et aujourd'hui, Ed. Saint Paul Afrique, 1980, „Saints Africains", 77–103.
²⁶ *S. Semporé*, La vie religieuse en Afrique (Abidjan: INADES, ³1983).
²⁷ Vgl. „Eglise de Daloa" (Elfenbeinküste), août-septembre 1984.

katholischen Kirche. Zweifellos hätte eine größere Anzahl von Beiträgen auch von anderen christlichen Konfessionen die Gesamtheit der hier vorliegenden Studien sehr bereichert. Zudem liegt es auf der Hand, daß die christologische Forschung in Afrika unter dem Gewicht einer Scholastik steht, wie sie von den meisten im Verlauf ihrer Ausbildung übernommen wurde, eine Fracht, deren man sich nicht so leicht entledigt.

Im Gegensatz zu dem, was in den ersten Jahrhunderten geschah, als die Kirchen Nordafrikas die Ruinen des römischen Imperiums nicht lange überdauerten, wissen die afrikanischen Christen heute, daß die Christianisierung Afrikas nicht mehr rückgängig zu machen ist: „Christus ist Afrikaner in den Gliedern seines Leibes." Es bleibt allerdings noch, die Eigentümlichkeit seines afrikanischen Antlitzes zu entdecken, es aus dem viel zu engen Rahmen der übermittelten Modelle zu befreien.

Nichtafrikanische Leser dieses Buches mögen (nach ihrer ersten Verwunderung: „Eine *afrikanische* Christologie? Wo soll das hinführen?") erkennen, worum es hier geht: Eine zweitausendjährige Weggefährtenschaft hat uns mit dem Antlitz Christi, dem des Schmerzensmannes oder dem des Pantokrators in seiner Herrlichkeit, so vertraut gemacht, daß es uns heute genügt, dieses Erbe getreu zu verwalten und weiterzugeben, und wir von den Empfängern nur die gehorsame Annahme erwarten. In Wahrheit aber ist es so, daß *Jesus Christus uns nicht mehr in Erstaunen versetzt,* und das geht so weit, daß die Zivilisation, in der wir heute leben, das Blatt bewußt umgewendet hat. Es genügt ihr bereits, sich *nach-christlich* zu nennen. Für einige Zeit wird das Christentum noch zu ihren Erinnerungen gehören, aber mit Sicherheit nicht mehr zu ihrer Zukunft.

Doch da gibt es anderswo andere Brüder, die jahrhundertelang geschwiegen haben und spät in die Familie gekommen sind, die heute ihre Stimme erheben und von Jesus Christus auf eine Weise sprechen, wie wir es nie getan haben und auch nicht tun konnten. Sie sagen nicht mehr allein das, was sie gelernt und lange Zeit nachgesprochen haben, sie sagen neue Dinge, bezeugen die Neuheit dessen, was sie in Jesus Christus leben. So öffnen sie uns die Chance, etwas Neues zu lernen über diesen Jesus, den wir so gut zu kennen glaubten. Der Lehrer von gestern ist eingeladen, zuzuhören. Denn es gilt, sich zu überzeugen: Afrika glaubt nicht mehr aus zweiter Hand, es lernt, eigenständig zu antworten auf die Frage, die einst an die Jünger in Cäsarea erging: „Ihr aber, für wen haltet ihr mich?"

ERSTER TEIL*

BIST DU EINER VON UNS?

Christologie im Dorf

Von Efoé Julien Pénoukou

I. Einige Vorüberlegungen

1. Der Christus meines Onkels

Nach Ankunft in dem Dorf, wo ich im Kontakt mit meinen christlichen Freunden vor Ort diesen christologischen Beitrag schreiben wollte, erhielt ich eines Morgens, als ich gerade meine Notizen ordnete, den unerwarteten Besuch eines Großonkels mütterlicherseits. Er war 75 Jahre alt und seit einem halben Jahrhundert zum Christentum bekehrt, getauft und „praktizierender" Christ. Nachdem ich seinen Erklärungen zum Zweck seines Besuches lange zugehört hatte, machte ich ihn darauf aufmerksam, daß ich dabei war, „das Papier des Weißen zu machen" (d. h. einen Artikel zu schreiben) und daß er mir ganz gut dabei helfen könnte ... Er hatte kaum Zeit, sich darüber zu verwundern, als ich ihm auch schon die folgende Frage stellte: „Onkel, wer ist für dich, nach deinem Glauben als Christ, Jesus Christus?" Seine spontane Antwort, die ich auf Kassette aufnahm, gebe ich hier zusammengefaßt und aus der Mina-Sprache übersetzt wieder:

„Jesus,
das ist wahrhaftig jemand (= eine ganz bestimmte Person) für mich,
Retter (hlwengan),

---

* Die französische Ausgabe enthält in diesem Teil noch einen Beitrag von *Eloi Messi Metogo:* Die Person Christi im Werk von Mongo Beti.

solidarisch und Retter der Welt,
gekommen, um uns zu sagen, daß Gott, der uns erschaffen hat,
ihn für uns gesandt hat;
wir waren ehedem auf dem Weg des Verderbens,
in den Händen des Teufels.
Er hat uns den ganzen Weg gezeigt, dem wir folgen müssen,
um gerettet zu werden;
wir sind dessen sicher;
wir glauben daran:
so haben wir es gehört und verstanden.
Er ist gekommen, hier von der Wahrheit Zeugnis zu geben,
und nicht von der Lüge,
wie es der Teufel tut.
Er ist der Mensch der Wahrheit."

Wahrhaftig ein christologisches Bekenntnis! Allerdings eines, das nichts von einer „wissenschaftlichen" Untersuchung an sich hat und daher keine unmittelbaren Folgerungen zuläßt. Doch immerhin legt die Antwort des Onkels folgende Anmerkungen nahe:

a) Beginnen wir mit einer Feststellung. In der Aussage des Onkels liegt der Akzent der christologischen Grundidee weniger auf dem Sein Jesu Christi als solchem (andernorts spricht man auch von seiner „Natur", seiner „Person"), als auf der Art der Beziehung, die sein Kommen zwischen ihm und den Menschen und für das „Schicksal" des Menschen schafft. In dieser Perspektive haben wir es weniger mit Titeln zu tun als mit dem Typus der Beziehung, der Funktion und Aktion Jesu Christi. Beachten wir in dieser Hinsicht die Ausdrücke: „Jesus Christus, das ist wirklich jemand für mich", „Retter", „solidarisch", „ gekommen, uns zu sagen", „… hat uns den Weg gezeigt, den wir gehen müssen", „ist gekommen, um hier Zeugnis zu geben von der Wahrheit" usw.

In der Gesellschaft der Ewe-Mina, von der in dieser Studie oft die Rede sein wird, wird das menschliche Sein im allgemeinen nicht zunächst als Wesenheit, Substanz, Natur und Idee betrachtet, und auch nicht so sehr unter dem Aspekt von Zeit und Geschichte, wie das eher im Westen seit Heidegger üblich ist, sondern im wesentlichen unter dem Gesichtspunkt der Gemeinschaftsbeziehung und solidarischen Verbundenheit. Das bedeutet, daß man das Sein nicht als spekulatives Geheimnis annimmt, sondern so, wie es sich in seinem „Da-sein-mit" offenbart in einer Begegnung, die Raum läßt für das Staunen, das Unausdenkbare, das Unerwartete, das Geheimnis.

b) Wenn man einräumt, daß die christologische Frage in einer Beziehungsperspektive steht, kann sie sich nicht auf die bloße Identität oder

Entität Jesu Christi einengen lassen, sie muß sich definieren als Verhältnis zu den anderen, als ein In-Beziehung-Stehen in der umfassenden Dynamik der Heilsgeschichte. In diesem Sinne interessiert Jesus Christus nicht nur wegen seiner Funktion, wegen dem, was er „für uns Menschen" tut, sondern auch wegen seiner Stellung im Geheimnis des Dreifaltigen, kommunitären Gottes. Beachten wir hier die Worte des Onkels: „Gott, der uns erschaffen hat, hat ihn für uns gesandt." Der Afrikaner spricht bekanntlich gern von einem Gott, der seinem Wesen nach relational, solidarisch und nicht solitär ist. Jede Christologie ist daher notwendigerweise zunächst trinitarisch und ekklesial.

c) Das Problem der Verschiedenheit der theologischen Sprache betrifft naturgemäß in erster Linie das christologische Faktum. Bereits die Evangelientraditionen stellen, obgleich sie alle aus dem gleichen kulturellen Milieu stammen, ihre jeweils eigene Christologie dar. Ja selbst bei ein und demselben Verfasser, wie dem Apostel Paulus, ist in der christologischen Reflexion, angefangen von den ersten Briefen bis hin zur paulinischen Tradition, eine Entwicklung und Modifizierung festzustellen. In gewissem Sinne haben die Verwandtschaft der Geister und die je eigene Gefühlswelt der Kulturen notwendigerweise einen christologischen Pluralismus zur Folge, der zugleich neue Elemente und Erhellungen mit sich bringt, die zu einem besseren Verständnis der Person Christi beitragen können. Es geht hier für die christlichen Gemeinden Afrikas um eine grundlegende Frage insofern, als der christologische Glaube nur dann zu Authentizität und Reife gelangen kann, wenn er sich tief in den kulturellen Mutterboden hineinverwurzelt, um sich von dorther in ursprünglicher Sprache neu auszudrücken.

2. Den Gegenstand des Glaubens identifizieren

Das Glaubensbekenntnis meines Onkels ist, wie man sieht, klassisch und sehr orthodox; es ist vielen anderen Christen Afrikas gemeinsam. Tatsache ist auch, daß bei uns die Zahl derer noch sehr groß ist, die nicht auszudrücken vermögen, wer Jesus Christus für sie eigentlich ist, welches seine konkrete Stellung in der geheimnisvollen Welt der Geister ist, mit welchem Namen oder Titel sie ihn bezeichnen sollen, nicht mit einem, der für die Geister allgemein gilt, sondern mit einem, der seiner Besonderheit entspricht, seinem Vorrang unter allen anderen sichtbaren und unsichtbaren Mächten (vgl. Kol 1, 16). Es handelt sich hier um ein Drama des Glaubens, eine quälende innere Frage, die all jenen Herzen eigen ist, die von Christus ergriffen wurden und vergeblich versuchen, ihn ihrerseits zu ergreifen (Phil 3, 12 f.). Aber der afrikanische Fall ist nicht in erster Linie, wenngleich letztendlich doch, ein Problem des „geistlichen Fortschritts", der Glaubensvertiefung; er wirft vor allem die grundlegende Frage der Identifikation auf, der Authentifikation des Glaubensgegenstandes.

Was sich in der Tat bei uns als erstes Problem stellt, ist nicht so sehr der Glaube an Christus, als vielmehr Jesus Christus selbst, sein eigenes Sein, sein einzigartiger und eigentümlicher Charakter (1 Tim 2,6). Soll das heißen, der afrikanische Mensch, den einige als unheilbar religiös bezeichnet haben, neige dazu, an was und wie auch immer zu glauben, und es sei ihm im vorliegenden Falle gleichgültig zu wissen, an welchen Christus er glaubt? Ganz sicher nicht, es sei denn, man macht einen gewissen psychologisierenden Subjektivismus zum bestimmenden Kriterium der zu glaubenden Wahrheit. Es bedeutet wohl eher, daß die Behauptung, an Christus zu glauben, während man sich gleichzeitig anderen spirituellen, kosmischen oder metakosmischen Kräften anheimgibt, ganz einfach zeigt, daß es einem noch nicht gelungen ist, genau zu erfassen, wer Jesus Christus ist, um ihn radikal zu bekennen. Darum müssen die Glaubensinhalte für viele getauften Afrikaner nicht allein von Formulierungen oder Kategorien aus anderen Kulturen, auch wenn sie legitim sind, befreit werden, sondern auch von bestimmten traditionellen religiösen Auffassungen, – alles Dinge, die die Fruchtbarkeit des Glaubenslebens bei uns sterilisieren.

Vielseitig wie sie ist, enthält die christologische Frage verschiedene methodologische Möglichkeiten. Sie stellt, wie man im Dorf sagt, mehrere Köpfe und Münder dar, d. h. man weiß nicht genau, von woher man sie angehen soll.

Vom *Neuen Testament* ausgehend könnte man diese Frage beispielsweise mit einer Aufstellung der christologischen Titel unter Anfügung einiger mehr oder weniger origineller Kommentare behandeln [1]. Nach einer anderen Methode werden die Schemata untersucht, die den christologischen Titeln zugrundeliegen [2]. In einem historisch-kerygmatischen

---

[1] Diese „Methode der christologischen Titel" wird z. B. angewandt von O. *Cullmann*, Christologie du Nouveau Testament (Paris: Delachaux et Niestlé, 1958) und W. *Kramer*, Christos, Kyrios, Gottessohn (Zürich: Zwingli Verlag, 1963).
[2] Siehe beispielsweise die Werke von R. H. *Fuller*, The Foundation of New Testament Christology (London 1965); F. *Hahn*, Christologische Hoheitstitel. Ihre Geschichte im frühen Christentum (Göttingen 1963).

Ansatz läßt sich die Christologie des Neuen Testamentes in den verschiedenen Phasen ihrer Entwicklung beschreiben[3]. Es gibt eine ganze Reihe von Ansätzen, die alle ihre offenkundigen Vorteile bieten, und sei es auch nur den, daß sie zu einer klaren Erkenntnis der grundlegenden christologischen Gegebenheiten verhelfen; aber gerade in Anbetracht der bestimmten Erfahrungen und der Adressaten der neutestamentlichen Christologien sind diese Gegebenheiten für Afrikaner nur dann wirklich relevant, wenn sie anknüpfen an ihre eigene Erfahrung des Glaubens an Christus und diese mit einschließen.

Auf der Ebene der *Dogmengeschichte* könnte man von den dogmatischen Synthesen der großen christologischen Konzilien ausgehen. Auch hier würde man wahrscheinlich einen langen Kommentar zur Christologie der patristischen Kirchen machen und schließlich versuchen, sich in eine Orthodoxie ohne Bruch einzufügen. Gewiß ein lobenswertes und Sicherheit verleihendes Bemühen, das jedoch für sich allein noch nicht unbedingt neue Perspektiven eröffnet, die hier und heute unserem Christusglauben als Afrikaner zur Reife verhelfen könnten.

Ein letzter möglicher Annäherungsweg wäre der über die *gegenwärtigen christologischen Perspektiven* mit ihren jeweiligen Tendenzen oder Richtungen, wie sie beispielsweise von der Päpstlichen Bibelkommission in einem offiziellen Dokument aufgezeigt werden[4]. Hier würde es darum gehen, die zeitgenössischen Studien über Jesus Christus zu erfassen, die theologischen Abhandlungen, die allesamt Bemühungen sind, von den Zeichen der Zeit her die christologischen Gegebenheiten neu zu verstehen. Es gibt da ein Verfahren, dessen methodologische Originalität und Qualität uns in dem Maße interessiert, als es – soweit es dessen noch bedarf – bestätigt, wie notwendig es für uns ist, uns mit der christologischen Frage im Zusammenhang mit den afrikanischen Zeichen der Zeit auseinanderzusetzen, das heißt im Hinblick auf die Erwartungen und Erfordernisse unserer Kulturen.

Darum möchte der hier vorgelegte christologische Diskurs von einer anthropologischen Grundvorstellung ausgehen, die mehreren afrikanischen Gesellschaften eigentümlich ist und nach der die umfassende Wirklichkeit als ein fortwährender Übergang vom Leben zum Tod und vom Tod zum Leben wahrgenommen und verstanden wird. Von daher wird

---

[3] *R. Schnackenburg,* Christologie des Neuen Testamentes, in: Mysterium Salutis (Einsiedeln: Benziger 1970) 227–388.
[4] Commission biblique pontificale, Bible et christologie (Paris: Cerf 1984) 17–69.

man dann überlegen müssen, wie sich eine solche anthropologische Gegebenheit mit dem Ereignis des Todes und der Auferstehung Jesu verbinden läßt; diese theologische Begegnung soll zur Entwicklung eines Modells verhelfen, das in treffender Sprache die Identität Christi für afrikanische Christen erfaßt.

Warum aber gehen wir ausgerechnet von diesem afrikanischen anthropologischen Faktum, das die gesamte Existenz als Leben-Tod-Leben betrachtet, und vom Ereignis des Todes und der Auferstehung Jesu aus, um unseren christologischen Diskurs aufzubauen? Nicht von ungefähr wurde dieser doppelte Bezugspunkt gewählt, der auf der einen wie der anderen Seite fundamentale Gegebenheiten aufgreift und verbindet. In Schwarzafrika stellen Tod und Leben, wie wir noch näher ausführen werden, die beiden bestimmenden Pole dar, um die alle kulturellen und religiösen Ausdrucksformen kreisen; und man weiß, wie sehr bei uns das Leben der Toten hineinspielt in alle wichtigen Phasen der menschlichen Existenz. Letztlich ist das Fundament des christlichen Glaubens kein anderes als die Auferstehung des Gekreuzigten[5]. Und die ältesten Formeln des Glaubensbekenntnisses beschränken sich häufig auf das doppelte Faktum des Gekreuzigten und Auferstandenen, konstituiert von Gott dem Herrn und Christus. Man versteht daher, daß Paulus in einem sehr alten Text, der etwa um Ostern 57 geschrieben sein dürfte, unmißverständlich sagt: „Ist aber Christus nicht auferweckt worden, dann ist unsere Verkündigung leer und euer Glaube sinnlos" (1 Kor 15,14). Gibt es demnach einen besseren christologischen Ansatz als diesen, der vom anthropologischen Faktum Leben-Tod-Leben ausgeht, um es dem Ereignis von Tod und Auferstehung Jesu Christi gegenüberzustellen?

3. Denselben Glauben anders ausdrücken

An diesem Punkt meiner Vorüberlegungen möchte ich drei kurze Anmerkungen machen, die dazu dienen sollen, mögliche Unklarheiten über mein Vorgehen und meine Perspektiven auszuräumen und damit auch der eventuellen Beunruhigung einiger Theologen vorzubeugen.

a) Wenn hier für eine ursprüngliche Begegnung mit dem Christus-Ereignis der anthropologische Ansatz gewählt wird, dann bedeutet das keineswegs, daß dieses Ereignis von diesem Ansatz her bestimmt werden soll. Mit anderen Worten, der zu glaubende Gegenstand soll nicht mit

---

[5] Siehe *R. Schnackenburg*, a.a.O. 230–237.

der Elle der anthropologischen Gegebenheiten und auch nicht an irgendwelchen kulturellen Ausdrucksformen gemessen werden. Es geht vielmehr darum, die in einer bestimmten anthropologischen Gegebenheit enthaltenen Fragen und Erwartungen zu entdecken und zu erfassen, um sie in den Heilsplan des Gekreuzigten-Auferstandenen einzubeziehen. Ein solches Vorgehen will also nicht den Inhalt des Glaubens an Christus auf die menschlichen Fragen reduzieren, sondern von diesen ausgehen mit dem Ziel einer ganz konkreten Bekehrung, wobei diese menschlichen Fragen selbst in Frage gestellt werden. Es ist ein Vorgehen, das letztlich einmündet in die unendliche Hoffnung des Auferstandenen. Das heißt, daß hier wie auch sonst das entscheidende Kriterium der Beurteilung nicht das kulturelle Erbe ist, sondern das fleischgewordene Wort.

b) Die hier skizzierten christologischen Reflexionen erheben keinen Anspruch auf eine radikale Originalität, wie sie mit Ungeduld oder Nervosität vielleicht von denen erwartet wird, die vom Projekt einer afrikanischen Theologie immer etwas ganz Neues oder Besonderes erhoffen. Es wurde in dieser Hinsicht bereits behauptet, daß „viele Gesichtspunkte, die als afrikanisch dargestellt werden, in Wirklichkeit europäische Importe und mit den authentischen afrikanischen Traditionen noch viel weniger verbunden sind als die klassische christliche Tradition[6]. Ein solch unglückliches Urteil bedarf wohl noch der Verifizierung; aber es kann bereits zu einem doppelten Mißverständnis führen. So könnte es einerseits den Gedanken nahelegen, die afrikanische Theologie müsse notwendigerweise zum Unaussprechlichen und Unerhörten führen, und zum anderen die Erwartung, das theologische Denken in Afrika müsse nach einem Vierteljahrhundert auf dem gleichen Niveau angelangt sein wie das der 2000 Jahre alten Kirchen in den griechisch-lateinischen Kulturen. Die afrikanische Theologie befindet sich noch mitten in den Geburtswehen; und sie will nichts anderes sagen, als was Gott in seinem Sohn und Erben des Alls (vgl. Hebr 1, 2) der gesamten Menschheit ein für allemal gesagt hat – aber sie will es *anders* sagen.

c) Man kann wohl heute nicht mehr global von den Afrikanern sprechen und auch nicht von der afrikanischen Kultur im Reinzustand. Und doch weist Schwarzafrika, trotz seiner offenkundigen Verschiedenheit und Vielschichtigkeit und inmitten der gegenwärtigen tiefgreifenden Veränderungen, gleichbleibende Merkmale auf und bildet eine immer deutlicher werdende kulturelle und historische Einheit. Stellt man, wie

---

[6] Siehe „Documentation Catholique" vom 5. Mai 1985, Nr. 1895, 508 f.

der bekannte Historiker J. Ki-Zerbo sagen würde, die Serer und die Lobi mit den Luba und den Zulu zusammen, dann hat man vielleicht eine Gruppe voller Gegensätze; stellt man diese aber einer Gruppe von Schweden oder Griechen gegenüber, dann sieht man automatisch ihre innere Verwandtschaft. Im Namen einer solchen Feststellung darf man wohl mit Recht in dieser Studie von Afrikanern oder afrikanischen Werten sprechen – wenn auch mit allen üblichen Vorbehalten, die eine solche nicht „wissenschaftliche" Verallgemeinerung fordert.

II. Die Momente der Vollendung des „Da-seins-mit": Leben-Tod-Leben

Es scheint, daß man in einer konsumorientierten Zivilisation unweigerlich dahin kommt, das Leben ohne eschatologische Zukunft zu sehen, und zwar aus dem einfachen Grund, weil es unerbittlich dem Tod und damit der Sinnlosigkeit und dem Nichts überantwortet ist. Andernorts aber, und das ist der Fall in Afrika, wird das Leben als über den Tod hinausgehend verstanden und der Tod als notwendiger Übergang zum Leben. Es handelt sich hier nicht um einen nur vagen oder gar lächerlichen Volksglauben, sondern um eine tiefe Überzeugung, die die Sicht der Dinge, der Welt der Menschen und der Geistwesen prägt. So erscheint die globale Realität, hier wie dort, als ein lebendiger Organismus, der sich in den Phasen von Geburt, Vergehen und Neuentstehen in einem ständigen Prozeß des Neu-Werdens befindet. Diese Phasen von Leben-Tod-Leben möchte ich (aus Gründen, die sich im folgenden noch erklären) als Momente der Vollendung des „Da-seins-mit" bezeichnen. Ich sehe darin eine Art Relais oder ontologischen Schmelztiegel, in dem sich der Mensch in einer *kosmo-the-andrischen* Beziehung entfaltet, lebt und reift[7].

Beginnen möchte ich mit der ethno-sozialen Gruppe der Ewe-Mina aus Süd-Togo (und teilweise aus Süd-Benin), um eine solche anthropologische Grundgegebenheit in ein System zu bringen und dann zu sehen, wie sie mit ihrer Behauptung des obersten Primats des Lebens über den Tod zu einer eigenen christologischen Sprache führen könnte.

---

[7] Die kosmotheandrische Beziehung, die der begrifflichen Struktur mehrerer afrikanischer Gesellschaften eigen ist, definiert die Realität im allgemeinen und die menschliche Existenz im besonderen im Rahmen einer notwendigen Verbindung des Menschen mit dem Höchsten Wesen und dem sozio-kosmischen Universum.

1. Der Mythos des Bomɛɔn. Vom Kreislauf des Seins

Ist nicht die beste Weise, von einer anthropologischen Grundgegebenheit zu reden, die, sich auf den Urgrund jeden Redens zu beziehen, den der ersten Anfänge und der Zeit des Ursprungs, auf den der Mythos verweist? Für das Thema, das uns hier interessiert, besitzen die Ewe-Mina unter anderem einen Mythos über den uranfänglichen Prozeß der Vollendung des „Da-seins-mit": den Mythos des Bomɛɔn.

Bomɛɔn oder der Bewohner (nɔ) der vorgeburtlichen Welt (Bomɛ) ist ein Geistwesen, das der Schöpfer aller Dinge (Mawu) beauftragt hat, für die Einführung der „Menschenjungen" in die Erdenwelt zu sorgen. Diese existieren bereits in der vorgeburtlichen Welt (Bomɛ) und warten darauf, auf die Umlaufbahn der existentiellen Geschichte „losgelassen" zu werden. Zu diesem Zweck pflanzt Bomɛɔn sie in verkleinerter Form (Agbetɔ) in den Schoß der Frau ein (nyɔnu b'adɔmɛ). Aber der Mensch wird nur für eine begrenzte Zeit ins Diesseits geschickt; eines Tages muß er in seine eigentliche Heimat zurückkehren, und zwar durch den Schoß der Erde (e la to anyigban mɛ).

Was in der Struktur dieses außerordentlich suggestiven Mythos sofort auffällt, ist, daß er drei Personen und drei Räume ins Spiel bringt und daß er eben jene Art von Beziehung schafft, die wir soeben als kosmo-the-andrisch bezeichneten.

Das Höchste Wesen (Mawu), das Geistwesen (Bomɛɔn) und der Mensch (Agbe-tɔ) stellen die drei Personen dar, während Bomɛ (die vorgeburtliche Welt), der Schoß der Frau und die Erde die drei Räume darstellen. Wir haben es hier mit einem – typisch afrikanischen – System der Beziehung durch Vermittlung zu tun, das zwischen zwei entfernten Instanzen immer ein organisches Medium vorsieht; Bomɛɔn ist hier das vermittelnde Medium zwischen Mawu und Agbe-tɔ; der Schoß der Frau vermittelt seinerseits zwischen Bomɛ und Erde.

Es handelt sich um ein „organisches Medium", weil es zu dem einen wie dem anderen Bereich der Instanzen, die es miteinander verbindet, gehört. So wird Bomɛɔn als „Gottheit" wahrgenommen, das heißt als dem Höchsten Wesen nahestehend, die dieses zugleich den Menschen nahebringt. Die Frau gehört der gleichen Sphäre an wie Bomɛ insofern sie einen Ort der Befruchtung und Zeugung durch Mawu (das Höchste Wesen) darstellt, von dem die Fon in Süd-Benin sagen, er sei die Gottheit des theogamen Paares Mawu-Lissa. Aber wir wissen auch, daß eine Reihe afrikanischer Mythen die Frau mit der Nährmutter-Erde gleichsetzen⁸. Man ahnt bereits die Auffassung einer *solidarischen Vermittlung*, die sich hier im Rahmen einer kosmotheandrischen Beziehung entwickelt: es ist nämlich das Höchste Wesen, Mawu, das in der Welt der Geister den Prozeß der Erschaffung des Menschen plant und in Gang setzt. Der Mensch steht eindeutig im Mittelpunkt dieser mythischen Erzählung. Alles geschieht um ihn herum und für ihn; und vom Anfang bis zum Ende bewegt er sich in einem umfassenden sozio-kosmischen Universum, das sich sowohl auf Bomɛ (Welt der Geister), wie auch auf die Erde (Welt der Dinge) und die Frau (Welt der Menschen) erstreckt.

Dies sind einige allgemeine, wenn im beschränkten Rahmen dieser Studie auch allzu schnelle Gedankengänge, die uns nichtsdestoweniger zu einer Linie von drei Grundgegebenheiten führen können. Diese bedürfen allerdings, um *glaubwürdig* zu sein, der Verifizierung auf anderen Ebenen des Kulturraumes der Ewe-Mina. Man müßte hier noch genauer das Prinzip der Kohärenz oder der Permanenz des Sinns anwenden, indem man aufzeigt, daß diese im Mythos beobachteten Fakten sich auch andernorts im gleichen Kulturbereich wiederfinden, daß sich die gleichen Sinnteile auf dieser oder jener anderen anthropologischen Ebene wiederfinden, was sodann eine adäquate theologische Gegenüberstellung rechtfertigen könnte. Die drei Grundgegebenheiten, die aus dem Mythos hervorgehen, betreffen: den Menschen als ein Wesen auf dem Weg zur Vollendung, seine ontologische Abhängigkeit und schließlich seine eschatologische Dimension.

2. Der Mensch, ein Wesen auf dem Weg zur Vollendung

Man muß hier zunächst klarstellen, daß der Bomɛnɔn-Mythos ein thanatogenetischer Mythos ist, also ein Versuch der genetischen und topologischen Deutung des Todes. Der Tod wird hier als normales Faktum der menschlichen Existenz, als natürliches, organisches und konstitutives Element des menschlichen Schicksals wahrgenommen. Auf dem Hintergrund dieser Sicht des Todes wird eine Auffassung vom Leben, aber auch ein Verständnis des Menschen erkennbar. Der zum Leben berufene und doch dem Tode preisgegebene Mensch ist letztlich der Gegenstand dieses Mythos. Er wird dargestellt als ein in ontologischer Entwicklung begriffener Seinsentwurf. Erschaffen von Mawu, dem Höchsten Wesen, ist er unmittelbar eingefügt in einen Prozeß der Menschwerdung, der hier von

---

⁸ Bezüglich allgemeiner Informationen verweisen wir auf M. *Eliade*, Traité d'histoire des religions (Paris: Payot, 1974) 208–228: „La Terre, la Femme et la fécondité".

Übergängen und existentiellen Sprüngen als Faktoren der ontologischen Reifung markiert wird. Für die Gültigkeit dieser Interpretation des Bomɛnɔn -Mythos spricht die Tatsache, daß noch in der heutigen Umgangssprache ein naiver und unreifer (unvollendeter) Mensch als „Bomɛcitɔ" bezeichnet wird: als einer, der in Bomɛ, in der vorgeburtlichen Welt, geblieben und aus diesem Grunde nicht zu einer gewissen Reife seines Seins gelangt ist.

Mit anderen Worten, um ein vollendeter Mensch (unsu) zu werden, bedarf es des Übergangs von Bomɛ in die Welt der Menschen durch den Schoß der Frau und von der Welt der Menschen in die Welt der Ahnen (die vollendeten Menschen par excellence) durch den Schoß der Erde. Schoß der Frau und Schoß der Erde stellen hier die Übergänge durch den Tod dar, aus dem jedoch das Leben aufkeimt[9]. Diese stets wiederkehrenden Tode führen das Mensch-Sein jedesmal zu einem höheren Grad der Vollendung. Der Mensch vollendet sich nur, indem er vom Leben zum Tod und zu einem besseren Leben übergeht.

Von dieser grundlegenden Überzeugung sind verschiedene Ausdrucksformen des sozio-kulturellen Lebens der Ewe-Mina durchdrungen. Zunächst sind es die Bestattungsriten und die verschiedenen dazugehörigen literarischen Elemente (Lieder, mythische Erzählungen, Geschichten und Legenden) die im Angesicht des Todes ganz allgemein deutlich machen, wie der „gute Tod" (kū nywɛn), insbesondere der Tod der Alten, den Menschen zu seiner eigentlichen Bleibe führt. So heißt es in einer bekannten Redensart: „Wir sind gekommen, hienieden unsere Dinge zu erledigen, unser Land ist das Land der Toten." Eine ganze Reihe von Bestattungszeremonien, die gleichermaßen „Hochzeitsfeste des Todes" sind, weisen deutlich darauf hin, daß es sich hier um einen unvermeidlichen Übergang zum Leben, und zwar zu einem vollendeten Leben, handelt. Ob man von den Ahnen Schutz, Gesundheit, Erfolg, Wohlergehen in allem usw. erbittet, ob man einige Ahnen sogar als „Vodu" einsetzt[10] und ihnen einen höheren Status einräumt als den gewöhnlichen Toten – immer sind es Akte des Glaubens nicht nur an die Unsterblichkeit des Menschen, sondern auch an seine ontologische Vollendung über den Tod hinaus.

---

[9] Beiläufig sei hier angemerkt, daß der Tod und das in die Erde zu senkende Korn – das dort sterben muß, um zu keimen – in der Ewe-Mina-Sprache mit derselben Wortwurzel „ku" bezeichnet werden.
[10] Vgl. *B. Adoukonou*, Jalons pour une théologie africaine (Paris: Lethielleux, 1980) Bd. II, 21–30.

Eine ähnliche Idee ist in Riten des Übergangs bzw. der Initiationsintegration des einzelnen vorherrschend. So wird in den Vodu-Klöstern bei den Ewe-Mina in Togo und in mehreren Gebieten von Süd-Benin die Initiation in diesen oder jenen Vodu-Kult als ein Übergang vom Leben des Nicht-Initiierten *(ahe)* zu dem des Initiierten, das für ein besseres gehalten wird, zum Leben eines dem Vodu Geweihten *(Vodusi)* gestaltet und erfahren. Daher gibt es im Verlauf der Initiation eine Reihe von Brüchen, die gleichermaßen ein Sterben des bisherigen profanen Lebens und Übergänge zu einem neuen Status des „Vodusi" sind.

Da gibt es zunächst die klösterliche Zurückgezogenheit, die sich andernorts auch im tiefsten Innern des heiligen Waldes abspielen kann. Hier geschieht ein Bruch mit der sozialen Gruppe, gefolgt von weiteren Brüchen, die jeweils einschneidende Veränderungen einleiten. So hat der Initiierte am Ende seines Initiationszyklus seinen Namen endgültig geändert (da der Name Identifikationsfaktor des „Da-seins-mit" ist), er wird für den Augenblick einen Initiationsdialekt sprechen, für immer mit den Tätowierungen der Zugehörigkeit zum Vodu gekennzeichnet sein, und man wird ihn vermittels aszetischer Prüfungen gelehrt haben, den Vodu durch einen angemessenen Kult zu verehren. Nie mehr wird der Initiierte so sein und so leben wie vordem. Dieses Dem-alten-Menschen-Absterben, um als neuer Mensch wiedergeboren zu werden, findet bisweilen seinen Ausdruck im Ritus eines simulierten Todes, der den Übergang des Initiierten in eine andere Art von Lebensbeziehung symbolisch darstellt. Die Lebensveränderung, im vorliegenden Fall die Reifung des religiösen Lebens, vollzieht sich im Durchschreiten des Todes, der hier wie auch sonst als ein Faktor der Wiedergeburt erscheint. „Die Initiation", schreibt L. V. Thomas, „beinhaltet immer ein Töten, gefolgt von einem Auferstehen, das sich rituell abspielt und kollektiv dargestellt wird. So erscheint die Initiation, wie G. Balandier betont, als eine Institution, die symbolisch sterben läßt, um wiedergeboren zu werden, oder besser, um zu einer Art Vollendung neu zu erwachen."[11]

Diese gesamte anthropologische Gegebenheit kann einen doppelten vorläufigen Schluß zulassen:

a) Das Mensch-Sein ist nicht eine statische Größe, sondern ein geschichtliches Werden, das sich im Rahmen eines dynamischen Planes

---

[11] *L. V. Thomas,* Anthropologie de la mort (Paris: Payot, 1975) 176; der Autor verweist im übrigen darauf, daß „die Serer-Initiation (Senegal) eindeutig das Schema Tod-Auferstehung wiedergibt"; vgl. auch *A. T. Sanon,* Das Evangelium verwurzeln. Glaubenserschließung im Raum afrikanischer Stammesinitiationen (Freiburg: Herder, 1985) 79–148.

vollzieht. Ein solcher Seinsplan stellt den Menschen in die Spannung hin zu einem Mehr an Leben. Verschiedene religiöse Ausdrucksformen wie auch eine Reihe von Riten der Aneignung spiritueller und kosmischer Kräfte oder der Teilhabe an ihrer Dynamik zeigen die vielen Versuche des Ewe-Mina-Menschen, zur Reife und endgültigen Vollendung zu gelangen.

b) Das Leben wie auch der Tod, der es angreift, stellen, wenngleich auf unterschiedliche Weise, die Momente der ontologischen Vollendung dar. Sie sind keine zufälligen oder willkürlichen Fakten, sondern Gegebenheiten, die letztlich die Reife des Seins bilden.

3. Die ontologische Abhängigkeit des Menschen

Der Mythos weist unmißverständlich darauf hin, daß der Mensch in erster Linie von Mawu, dem Höchsten Wesen, abhängig ist, der ihn erschaffen und Bomɛnɔn anvertraut hat. Er, der Schöpfer, ist es, der die Initiative ergriffen und den Menschen ins Leben gerufen hat, der das Sein des Menschen hat entstehen lassen und ihm eine Existenz verliehen hat. Der Bomɛnɔn-Mythos beinhaltet daher eine Überzeugung, die – so dürfen wir ohne Gefahr der Verallgemeinerung wohl sagen – in den afrikanischen Mentalitäten zutiefst verankert ist. Überall im sogenannten traditionellen Afrika ist der Sinn für die Existenz eines Höchsten Wesens, des Ordners aller Dinge *(Mawu ye do enu wo kpata)*, wie die Ewe-Mina sagen, stets verbunden mit dem Bewußtsein der totalen Abhängigkeit von ihm. Daß der Mensch sein Dasein dem Herrn des Schicksals (Sê) verdankt, entspricht daher ebenso einer allgemeinen inneren Haltung wie die wohlbekannte Neigung, in allen Lebenslagen das Höchste Wesen zu beschwören, theophorische Namen zu bilden usw.: lauter Einstellungen, die ausdrücken, wie sehr das Menschenwesen seine Abhängigkeit vom Höchsten Wesen bekennt.

Über diese banalen, wenngleich radikalen Feststellungen aber muß man hinausgehen, um den Sinn dieses Bewußtseins der ontologischen Abhängigkeit, das der berühmten afrikanischen Religiosität als erstes Element zugrundeliegt, noch besser zu verstehen. Kehren wir daher zurück zum Bomɛnɔn-Mythos, der wie jede mythische Sprache die Bedeutung einer Realität, eines globalen Verhaltens, im Bild vermittelt. Die Struktur der Erzählung läßt ohne weiteres erkennen, daß das Höchste Wesen das Schicksal des Menschen in das Geflecht konstitutiver Beziehungen einfügt und lenkt. Von daher definiert sich die ontologische Abhängigkeit, von der hier die Rede ist, primär in Form von grundlegenden Beziehungen.

Daraus ergeben sich zwei Dinge. Erstens: Nicht allein, daß der Mensch sein Dasein dem Höchsten Wesen verdankt, mehr noch, er kann es vor allem nur dann vollenden, wenn er in einer Dynamik von Beziehungen mit seinem Schöpfer in Verbindung, wenn er ein *Da-sein-mit dem Höchsten Wesen* bleibt. Was der Mythos als zweites deutlich macht, bezieht sich auf die Zwischenbeziehungen, die der Mensch braucht, um seine vom Schöpfer vorgezeichnete Bestimmung zu verwirklichen. Mit anderen Worten, der Mensch kann sich nur vollenden, wenn er ein *Da-sein-mit den anderen* wird.

Die erste Zwischenbeziehung ist hier spiritueller Natur, und zwar nicht von ungefähr. Es handelt sich um eine Beziehung, die bereits das „Menschenjunge" mit Bomɛnɔn, das heißt mit der Welt der Geister, verbindet. Hier tritt eine doppelte Überzeugung in Erscheinung: zunächst die unverzichtbare Vermittlerrolle der Geistwesen; sodann und vor allem die Überzeugung, daß sie als solche gebildet und eingesetzt worden sind vom Höchsten Wesen selbst. Dies ist, wie man sich leicht vorstellen kann, die ideologische Grundlage der verschiedenen religiösen Ausdrucksformen der Ewe-Mina, um nicht zu sagen, der Afrikaner schlechthin. Eine solche Auffassung der Rolle und der Beziehungen der Geister zur Welt stellt jedoch, wie wir noch sehen werden, nicht immer einen Wert in sich für einen radikaleren Glauben an Christus dar, auch wenn der Begriff des Vermittlers und folglich der Vermittlung zu einer vielleicht etwas ursprünglicheren christologischen Reflexion verhelfen kann.

Der Bomɛnɔn-Mythos betont überdies die Abhängigkeit des Menschen *gegenüber der Welt der Menschen und der Welt der Dinge:* hier durch die Abhängigkeit vom Schoß der Frau und vom Schoß der Erde. Auf den analogen Bezug zwischen Frau und Erde wurde bereits weiter oben verwiesen. Daß das Leben des Menschen durch die Vermittlung der Frau in die Geschichte eintritt und daß er dieses Leben nicht ohne die Erde ernähren kann, bedarf wohl kaum einer Diskussion. Der tiefe Sinn einer solchen Feststellung bezieht sich hier vielmehr auf eine Weise der Beziehung: es ist eine Schicksalsgemeinschaft, die aus der globalen Wirklichkeit ein harmonisches System macht. Auf dieser Ebene kann man eher von einer wechselseitigen Abhängigkeit oder besser noch der Solidarität im gleichen Prozeß des geschichtlichen Werdens sprechen. Hier knüpfen wir an einen Grundgedanken an, der in mehr als einem Ursprungsmythos vorherrscht und der von der organischen Ordnung aller Dinge im Anfang der Zeit spricht, von der disharmonischen Störung durch das Auftreten des Bösen und den darauffolgenden Versuchen der Kulte und Riten, das ursprüngliche Gleichgewicht wiederherzustellen.

Dies alles besagt folgendes:

a) Ein vollendeter Mensch zu werden, geht nicht von einer vorherigen Entscheidung des einzelnen Menschen aus, sondern von einem anfänglichen Plan, der dem Individuum stets vorausgeht und es unaufhörlich in der geschichtlichen Entfaltung seines Seins konstituiert. Dies bedeutet, daß der Ewe-Mina sich dessen bewußt ist, daß die Wahrheit über den Menschen, seine Herkunft und seine Bestimmung, immer von anderswoher zu ihm kommt. Der blühende und manchmal beängstigende Handel mit den Wahrsagern und sonstigen Orakelverkündern läßt zur Genüge erkennen, wie sehr man davon überzeugt ist, daß der Mensch sich seine Wahrheit nicht selber macht.

b) Ein vollendeter Mensch zu werden, kann daher nicht Sache des einzelnen Individuums sein, sondern der Übereinstimmung seines Mensch-Seins mit dem vom Höchsten Wesen entworfenen Seins-Plan; und dieser Seins-Plan ist von Grund auf gemeinschaftsbezogen. Hier wie überall in Afrika ist das „Person"-Werden, d. h. ein verantwortliches und vollendetes Subjekt-Werden, kein individualistischer Akt, sondern ein Gemeinschaftsprojekt, eine Beziehung des solidarischen Engagements mit denen, die am gleichen Werden des Seins in der Geschichte teilhaben. Indem er sich nach den Gesetzen und Bräuchen der Gruppe richtet und sich deren religiöse, moralische und menschliche Werte bewußt zu eigen macht, sichert der einzelne Mensch den Zusammenhang und Zusammenhalt einer Gesellschaft, die ihm auf diese Weise hilft, sein eigenes Schicksal anzunehmen. Ein Schicksal, dessen eschatologischer Dimension wir uns nunmehr zuwenden.

4. Die eschatologische Dimension des Menschen und der Geschichte

Es ist oft schwierig, ein Faktum näher zu bestimmen, noch bevor man seinen Inhalt definiert hat, vor allem, wenn man gezwungen ist, sich dabei einer Fremdsprache zu bedienen. Und eben dies ist hier der Fall, wenn wir von der „eschatologischen Dimension" in der Kultur der Ewe-Mina sprechen. Im strengen Sinn des Wortes bedeutet „Eschatologie" etymologisch, „Aussage oder Lehre über die Letzten Dinge". Aber es scheint, daß das griechische ἔσχατος in der Bibel nicht immer den genauen Sinn der hebräischen oder aramäischen Ausdrücke in bezug auf die zukünftigen Perspektiven wiedergegeben hat[12].

Meiner Ansicht nach aber wäre es eine schlechte Methode, wollte man zuerst den Inhalt der biblischen und griechischen Eschatologien definieren und erst dann die Frage vom afrikanischen Horizont her stellen. Man sollte vielmehr damit beginnen, die Frage nach der letzten Bestimmung des Menschen und seiner Welt vom Geschichtsbild der Ewe-Mina her zu stellen, um dann zu sehen, ob und wie eine solche Sicht ein „Ort" einer christologischen Reflexion sein kann.

Unser Ausgangspunkt ist hier wiederum der Bomɛnɔn-Mythos. Da wird als erstes die Existenz einer vorgeburtlichen Welt (Bomɛ) festgestellt, die bewohnt ist von Geistwesen, die unmittelbar mit dem Höchsten Wesen in Verbindung stehen. Diese vorgeburtliche Welt wird sodann als Ort verstanden, an dem das menschliche Leben entsteht und von dem her es sich fortpflanzt. Weiter spricht der Mythos von einem „Hienieden", wo der Mensch sich nur vorübergehend aufhält, weil er eines Tages zurückkehren muß in ein „Jenseits", das als „Ursprungsland" bezeichnet wird.

Die Interpretation dieses Mythos hat uns, etwa in unseren Betrachtungen über den Menschen als ein in der Entwicklung begriffenes Wesen, von den Ahnen – das heißt von denen, die ein gutes Leben geführt haben und einen guten Tod gestorben sind – als vollendeten Menschen par excellence sprechen lassen. Eine solche ontologische Vollendung ist nicht einfach vom Übergang Leben-Tod-Leben gekennzeichnet, sondern vor allem von einer harmonischen Integration in das Jenseits, das Ursprungsland der Menschen. Daraus ergibt sich eine besondere Art der Beziehung zwischen Lebenden und Lebend-Toten, auf deren Hintergrund, wie wir noch sehen werden, sich eine bestimmte Sicht des menschlichen Schicksals abzeichnet. Im übrigen ist die Feststellung, von der weiter oben die Rede war, daß der Mensch sich nicht außerhalb des vom Höchsten Wesen für ihn entworfenen Planes vollenden kann, ein weiterer Hinweis darauf, daß sein auf Vollendung gerichtetes Werden auf ganz entscheidende Weise eine überirdische Dimension einschließt.

Wie man sieht, geht es in diesem Mythos in erster Linie um die Frage der menschlichen Bestimmung. Aber er scheint diese nicht so sehr als

---

[12] Siehe z. B. *J. Carmignac*, Les dangers de l'eschatologie, NTS 17 (1970–71) 366 ff.; vgl. auch *P. Grelot*, Histoire et eschatologie dans le livre de Daniel, in: Apocalypses et théologie de l'espérance (Paris: Cerf, 1977) 63–109.

„Endziel" aufzufassen, als ein Geschehen, das dem Ende der Zeiten vorbehalten ist. Er charakterisiert sie vielmehr als zunehmende Verwirklichung eines Seins-Planes, dem eine umfassende Vollendung verheißen ist. Um eine solche Perspektive zu verstehen und ihre Besonderheit zu würdigen, muß man von dem einheitlichen und umfassenden Geschichtsbild ausgehen, das der Ewe-Mina-Kultur wie auch anderen afrikanischen Gesellschaften eigen ist[13]. Ein grundlegendes Merkmal dieser Sicht ist es, daß sie eine sich wechselseitig bedingende und dialogische Beziehung zwischen Raum und Zeit, Vergangenheit und Zukunft, Jenseits und Diesseits, Lebenden und Lebend-Toten, Welt der Geister und Welt der Menschen und Dinge schafft; eine feste Beziehung, die bewirkt, daß die Geschichte nicht einfach unter dem Aspekt einer je besonderen und vergänglichen Historizität betrachtet wird, sondern immer als umfassende Geschichte, die Vergangenheit, Gegenwart und Zukunft zugleich ist[14].

In die *eschatologische* Sprache übersetzt, heißt das: Was der Mensch ist und *endgültig* sein wird, wird ihm bereits am Anfang (seine Bestimmung) vom Schöpfer gegeben; zugleich aber wird er im Jenseits ganz konkret das sein, was er aus seiner Bestimmung hienieden gemacht hat, und zwar in Verbindung mit seiner sozio-kosmischen Umwelt. Die Auffassung der Ewe-Mina vom Status der Toten ist in diesem Punkt sehr aufschlußreich: die auf Erden ein schlechtes Leben geführt und die Sitten und Regeln des „Vodu" mißachtet haben, müssen im Land der Toten für immer vor den Ahnen auf den Knien liegen, während die rechtschaffenen und anständigen Menschen in Gemeinschaft mit den Ahnen leben werden. Die Eschatologie erscheint somit als eine umfassende Bewegung, in der sich der vom Schöpfer ursprünglich entworfene existentielle Plan verwirklicht. Sie bestimmt fortwährend die Geschichte in ihrer Entfaltung, so wie auch die Geschichte hineingenommen ist in die letztendliche Bestimmung: in Afrika sind die Toten nicht tot; sie bleiben im Jenseits auf lebendige Weise eingebunden in das Geflecht der verwandtschaftlichen und ethnosozialen Beziehungen, wie sie in der Verwirklichung des Daseins hienieden ihren Ausdruck finden.

Dies sind einige grundlegende Betrachtungen über die kulturellen und

---

[13] Wegen weiterer Einzelheiten vgl. *E. J. Penoukou*, Eschatologie en terre africaine, in: Lumière et vie, Nr. 159 (Sept.-Oct. 1982) 75–88.
[14] Bezüglich der theoretischen Grundlage einer solchen Sicht der Geschichte siehe: Religion et foi chrétienne comme source de relations interpersonnelles d'intégration et de transformation, in: L'expérience religieuse africaine et les relations interpersonnelles, Colloque d'Abidjan, 16–20 sept. 1980, Institut Catholique de l'Afrique de l'Ouest, 453–488.

kultischen Ausdrucksformen der Ewe-Mina. Sie legen folgende Schlüsse nahe:

a) In der Perspektive der einheitlichen Sicht der Geschichte, genauer gesagt, der kosmo-theandrischen Beziehung, erscheinen *Zeit* und *Raum* nicht mehr als ein *Moment* und *Ort*, die vorübergehen, sondern als unbegrenzter Rahmen einer umfassenden Geschichte, die sich in fortwährender Entfaltung befindet. Von daher versteht man, daß die vergangene Zeit der Ahnen auch weiterhin die Gegenwart und die Zukunft bestimmt, so wie auch ihr Lebensraum unaufhörlich denjenigen ihrer Nachkommen auf Erden durchdringt. Der Raum der Ewe-Mina stellt daher weniger den *Ort* als das fortdauernde *Milieu* dar, in dem sich die unbegrenzte Zeit der Geschichte abspielt; es ist ein Raum, der in keiner Weise anonym und individualistisch, sondern *personal* und *gemeinschaftlich* ist, Ursprung und Zeuge der schöpferischen Hoffnung, die das Bewußtsein der Geschichte beseelt. Dieser Raum umfaßt daher, genauso wie die Zeit, das Hienieden und das Jenseits, das Jetzt und das Immer. Das eine wie das andere definiert sich als eschatologische Gegebenheit.

b) Die eschatologische Bestimmung hat nicht irgend etwas lächerlich Imaginäres und auch keinen bloßen voluntaristischen Ausbruch zum Inhalt, sondern das, was wir hier immer wieder als Seins-Plan, als Bestimmung bezeichnet haben, das heißt eine Botschaft, die durch Raum und Zeit hindurchgeht, inspiriert von den „Vodu", übermittelt durch die Gründer-Ahnen und unaufhörlich neu interpretiert von den Wahrsagern als Faktor der ontologischen Vollendung.

c) Das Höchste Wesen ist im Innersten der Bestimmung der Menschen und der Geschichte, und wir haben bereits weiter oben seine Herrschaft über alle Geschöpfe festgestellt. Der afrikanische Gott ist *ein auf transzendentale Weise immanenter Gott*. Er ist ein Gott, der, ohne sich mit der Geschichte zu identifizieren, das Universum regiert und bewegt durch sein erschaffendes und ordnendes Handeln.

Dies sind in groben Zügen einige anthropologische Überlegungen, die sich aus der Auffassung der Ewe-Mina vom Dasein und der Bestimmung des Menschen als Übergang vom Leben zum Tod und vom Tod zum Leben ergeben, eine eschatologische Sicht, die wir als „Vollendung des Daseins-mit" bezeichnet haben. Im folgenden soll versucht werden, von daher eine christologische Abhandlung zu skizzieren, die sowohl die tiefgreifenden Veränderungen berücksichtigt, von denen die traditionellen Gegebenheiten heute betroffen sind, als auch die Ängste und Erwartungen der heutigen afrikanischen Christen. Vor allem aber stellt sich hier eine entscheidende Frage, die wie folgt formuliert werden könnte: Kann das Ereignis des Todes und der Auferstehung Jesu als eine durch Raum und Zeit gehende Botschaft in eine solche anthropologische Perspektive hineingenommen werden als Faktor der Vollendung des Da-seins-mit, so wie es dem Denken der Ewe-Mina entspricht?

III. Wege der Christologie

Die quälende spirituelle Frage – oder, positiv ausgedrückt, die tiefe Hoffnung –, die die Christen Afrikas heute beherrscht, knüpft an die Frage an, die Jesus an seine Jünger richtete: „Ihr aber, für wen haltet ihr mich?" Die Episode, von der die drei Synoptiker berichten (Mk 8, 27–30; Mt 16, 13–20; Lk 9, 18–21), ist in einem doppelten und sehr suggestiven Kontext angesiedelt. Da ist zunächst der Kontext des *Ortes* und des *Milieus* von Cäsarea Philippi, auf den Markus und Matthäus ausdrücklich verweisen, ein Gebiet der traditionellen Religion, wo man in einem in Fels gehauenen Tempel oberhalb der Jordanquelle noch immer den Gott Pan verehrte[15]. Ist es Zufall, daß diese beiden Evangelisten Wert darauf legten, dieses Land des traditionellen Glaubens als den Ort zu nennen, wo Jesus ausdrücklich die Frage der Identität und Wahrheit bezüglich seiner Person stellt?

Der Kontext aber ist auch der der *Zeit* und des *Augenblicks*, wo Jesus seine Frage stellt. Diese zielt nämlich auf den innersten Kern der messianischen Erfahrung der Jünger. Jesus fragt sie nicht etwa ganz am Anfang ihres Entschlusses, ihm zu folgen, so als ob sie hätten wissen müssen, wer er war, bevor sie ihm folgten. Er fragt sie vielmehr erst, nachdem sie sich endgültig entschlossen haben, ihm zu folgen, ohne daß sie schon irgendetwas verstanden hätten, entschlossen, zunächst zu glauben – um ihn sodann um so tiefer kennenzulernen. Das wahre Kennenlernen Jesu, seiner liebenden Gegenwart, seines Heilsversprechens vollzieht sich nur tiefinnerlich in einer von der Liebe bestimmten Beziehung zu seiner Person, nur im Innersten eines Glaubenslebens ohne Vorgabe einer Garantie oder Sicherheit durch die menschliche Vernunft. Zunächst und immer ist er es, der sich als erster zu erkennen gibt, damit der Mensch sich dem Geschenk seiner Liebe anheimgeben kann.

---

[15] Vgl. *G. Dalmann*, Orte und Wege Jesu (Gütersloh: G. Mohn, ³1924) 217.

Daher läßt sich das entscheidende Kennenlernen Jesu Christi weder von anthropologischen Voraussetzungen herleiten noch kann man es einzig und allein auf das Kriterium kultureller Werte, und seien sie noch so gesichert, reduzieren.

Es kann nur wirksam werden und folglich zu einer wirklichen spirituellen Reife führen, wenn es sich im doppelten Kontext des kulturellen Milieus und der vorausgehenden Glaubenserfahrung entwickelt. Es wird darauf ankommen, daß wir unsere Intuitionen und Ausdrucksformen im Hinblick auf die vom Gottessohn offenbarten Tatsachen immer wieder neu deuten oder bewerten, um uns in ihm und ihn in uns besser kennenzulernen. Dies sind die Wege der Christologie, d. h. Pfade einer immer tieferen Aneignung unseres Christusglaubens mit einem neuen Blick auf die spirituelle und menschliche Erwartung des Afrikaners.

1. Christus in seinem Leben-Tod-Leben-Übergang

Die gläubige Epistemologie der Ewe-Mina, die die umfassende Wirklichkeit als einen Prozeß von Leben-Tod-Leben begreift, faßt das Ereignis Jesus Christus auf Anhieb als Übergang auf, als Weg der Vollendung eines Seins-Plans. Vor allen anderen Dingen existierend, sich aller göttlichen Vorrechte entäußernd, um Mensch und den Menschen gleich zu werden, geht Jesus durch den Tod als notwendigen Übergang hindurch zu einem neuen Leben.

a) Christus ist zunächst derjenige, der vor allem war, was ist

Wenn man sich auf die Weisheitstradition des Alten Testamentes beruft, die in der Grundlegung ihrer Theologie häufig auf die Schöpfung zurückgreift, dann stellt man beispielsweise im Buch der Sprichwörter fest, daß die Weisheit, gleichbedeutend mit dem Wort oder Logos (Spr 8,1 f.), schon vor den Anfängen der Erde besteht, beim Bau des Himmels dabei war und als „organisches Medium" (im weiter oben definierten Sinne) für eine Verbindung zwischen Gott und der Welt sorgt (vgl. Spr 8,27–35).

Paulus macht sich, wie wir wissen, diese Weisheitstradition in seinen christologischen Reflexionen zunutze, wenngleich seine kosmischen Formulierungen auch nicht immer dem Vokabular des Alten Testamentes entsprechen (vgl. 1 Kor 1,15 f.). Muß man erst in die Kontroverse der Exegeten einsteigen, um hier den Gedanken der Präexistenz Christi und seiner universalen Herrschaft zu erkennen?

Aber kehren wir noch einmal kurz zur Intuition der Ewe-Mina zurück, was die Existenz einer vorgeburtlichen Welt des Menschen und eines zeugenden Geistes (Bomɛnɔn) betrifft, wie sie der oben analysierte Mythos beschreibt. Es liegt auf der Hand, daß heute aufgrund des tiefgreifenden Umwandlungsprozesses kein intellektueller oder „entwickelter" Afrikaner mehr an den wörtlichen Inhalt einer solchen mythischen Sprache glauben kann. Mehr als einer aber ist auch heute noch überzeugt von dem, was der Mythos letztlich sagen will, daß der Mensch von anderswoher kommt, von einem *lebendigen Anderswo,* das ihm stets vorausgeht, aus dem heraus er geboren wird und ins Dasein kommt. Dieser Glaube an ein lebendiges Anderswo als Quelle des menschlichen Daseins wird von zwei weiteren kulturellen Gegebenheiten bestätigt. Zunächst der Sinn für einen Erzeuger-Ahnen, den Jɔtɔ, als Konzentration des Lebens und der für die Geburt eines jeden Sippenmitgliedes notwendigen Lebenskraft. Der Erzeuger-Ahne ist es, der nach dem Glauben der Ewe-Mina dem Höchsten Wesen den Schlamm darreicht, aus dem dieser das Kind formt. Die zweite Gegebenheit ist das Bewußtsein der Ewe-Mina, Träger eines bestimmten, vom Schöpfer (Biɔva) vorgezeichneten Schicksals als Sinn (Bedeutung und Orientierung) seiner Existenz zu sein.

In dieser Perspektive ginge die Tendenz, die von einigen ohne Zögern als konkordistisch bezeichnet würde, dahin, aus Jesus Christus zugleich den Zeugungsgeist (Bomɛnɔn), den Ahnen Jɔtɔ und den Herrn über alle Geschicke zu machen. Und doch muß eine christologische Reflexion aus der Weltsicht der Ewe-Mina notwendigerweise der wesentlichen Bedeutung solcher Gegebenheiten und der darin zum Ausdruck kommenden Überzeugung, nämlich von der ontologischen Abhängigkeit des Menschen von einem lebendigen Anderswo Rechnung tragen. Der Mensch erschafft sich nicht selbst; er ist die Frucht eines freien Willens, der ihm vorausgeht und ihn bestimmt bis hinein in seine eigene Freiheit und sein eigenes Schicksal.

Auf eben dieser Ebene öffnen die Präexistenz und die Herrschaft Christi, die der hl. Paulus vom soteriologischen Charakter des Todes und der Auferstehung des Gekreuzigten her bekennt, den Ewe-Mina bereits einige Wege der christologischen Reflexion.

– Zunächst, Christus scheint sich einzufügen in die Sicht der Ewe-Mina von einer allen anderen Dingen vorausgehenden Welt. Die christliche Offenbarung bestätigt ihre Intuition, daß das Leben nicht erst mit dem Menschen beginnt, daß es aus einer Lebensquelle kommt; sie präzisiert jedoch, daß Christus nicht nur teilhat an dieser Lebensquelle, daß er vielmehr selbst in der Einheit mit Gott dem Vater diese Lebensquelle ist (vgl. Joh 1,4; 3,15; 14,6).

– In dieser Hinsicht kann Christus nicht als sekundäres göttliches Wesen wahrgenommen werden, sondern als eines, das von der gleichen göttlichen Natur ist wie das Höchste Wesen. Das bedeutet konkret, daß er kein Geist unter Geistern sein kann, fähig zu „Launen", die – wie bei bestimmten „Vodu" – den Menschen Schaden zufügen. Alles, was er sagt und tut, hat er vom Willen des Vaters, dessen vollkommenes Abbild und persönlicher Ausdruck er ist (Hebr 1,3): „Was ich also sage, sage ich so, wie es mir der Vater gesagt hat" (Joh 12,50).

– Die Beziehung Christi, der Lebensquelle, zu den Menschen erscheint den Ewe-Mina folglich als die der zeugenden Lebenskraft des menschlichen Daseins. Es ist wahrhaft die Göttlichkeit, unter der sich der Mensch in seinem Dasein (im doppelten Sinn des Wortes) als ein Dasein-mit versteht. Seit jeher hat Christus daher als „organisches Medium" zwischen Gott dem Vater und der gesamten Schöpfung etwas mit den Menschen gemeinsam. Hier stehen wir bereits an der Schwelle des Geheimnisses von Emmanuel, des Da-Seins-(Gottes)-mit-(uns), das wir später erläutern möchten.

b) Jesus Christus in seinem Leben und seinem Tod für das Leben
Wenn wir sagen, daß Christus, seinem Wesen nach von gleicher Natur wie das Höchste Wesen, sich freiwillig des Ranges begeben hat, der ihn mit Gott gleichstellte, um Mensch zu werden, in allem den Menschen gleich, dann ist das rein menschlich undenkbar. Es ist ein wahrhaft christliches Geheimnis, das im hier vorliegenden Falle nicht nur die Auffassung der Ewe-Mina von der unzugänglichen Transzendenz Mawus, des Schöpfers, stört, sondern auch ihre Sicht des Menschen als ein Wesen, das nur vorübergehend auf Erden weilt. Gleicherweise erscheinen alle kulturellen Versuche, die wahre Bedeutung der Inkarnation des Gottessohnes in der lächerlichen Geschichte der Menschen zu erklären oder zu begreifen, von vornherein als unangemessen. Selbst das Auserwählte Volk, das doch auf die Aufnahme eines solchen Ereignisses vorbereitet war, hat es vorgezogen, von Gotteslästerung zu sprechen (Mt 26,63–65; Joh 10,33). Wir stehen hier ganz einfach vor einer Glaubenstatsache, d. h. der Offenbarung und Verwirklichung eines göttlichen Planes, der vor unser religiöses Bewußtsein gestellt ist.

Nun gibt es im Ewe-Mina-Milieu drei mögliche Zugangswege, die zwar nicht irgend etwas erklären, aber dazu verhelfen können, die vom

Jesus-Christus-Ereignis eröffneten neuen Bekehrungs- und Beziehungs-Perspektiven wahrzunehmen.

Der erste, weniger überzeugende Zugangsweg, der vielleicht mehr auf die Beziehung der sakramentalen Verbundenheit Christi mit den Gläubigen Anwendung finden könnte, betrifft die bereits weiter oben angesprochene Vodu-Initiation. Hier kommen im allgemeinen Fälle von Besessenheit vor, die mitunter bis zur symbolischen Tötung geht. Es heißt dann, der Vodu habe sich in dem Initiierten inkarniert und dieser habe sich mit der Personalität des Vodu identifiziert, von dem er nun, wie man annimmt, besessen ist. Es handelt sich um ein ritualisiertes Phänomen, das allein schon, nach der Auffassung der Ewe-Mina, auf die Möglichkeit verweist, daß eine Gottheit in einem Menschenleben Gestalt annimmt. In prächristologischer Sprache könnte das vielleicht heißen, daß die Menschwerdung des Gottessohnes Christus mit dem Schema des Einbruchs der Schutzgötter in das Leben ihrer Anhänger eine gewisse Entsprechung hat; oder auch und vor allem, daß es kaum eine Dichotomie zwischen Göttlichkeit und Menschlichkeit gibt. Hier aber müßte das *Risiko* eines Vergleichs zwischen der Inkarnation Christi und der Vodu-Besessenheit stehenbleiben. Denn das ritualisierte Imaginäre, das die Vodu-Besessenheit kennzeichnet und womit sie sich fortan den rationalen Forderungen einer in der Umwandlung begriffenen Welt stellen muß, macht sie wenig geeignet, vom Jesus-Christus-Ereignis als Faktum der geschichtlichen Offenbarung Rechenschaft zu geben. Außerdem und im Gegensatz zum Phänomen der Besessenheit ist der inkarnierte Christus nicht mit dem Leben irgend einer menschlichen Person verschmolzen; er ist vielmehr selbst eine eigene Person.

Wie viele andere Afrikaner, glaubt der Ewe-Mina zudem – und dies könnte ein zweiter Zugangsweg sein – an die personifizierte Inkarnation von Geistern und Geistwesen. Ihnen wird oft eine menschliche Gestalt von außergewöhnlicher Schönheit oder auch Häßlichkeit zugeschrieben. Es wird behauptet, daß man ihnen in Gewässern und Wäldern, in Bergen und Tälern usw. zufällig und voll Bestürzung begegnet. Ganz offensichtlich ist auch hier jeder Vergleich mit dem menschgewordenen Christus nur scheinbar zutreffend und daher gefährlich. Denn Jesus von Nazaret ist niemals ein absonderlicher Mensch oder gar ein Phantom („Nukpekpe") gewesen (vgl. Mt 14, 26; Lk 24, 37); er war vielmehr der Zimmermann, der Sohn der Maria mit Brüdern und Schwestern, die jedermann kannte (Mk 6, 3). Er besaß zwar eine außergewöhnliche Weisheit und vollbrachte Wunder, als Mensch aber hat er darum nicht weniger die

Freuden und Leiden der Menschen erlebt, und dies bis zum Tode an einem Kreuz.

Was in diesem Glauben an die Inkarnation von Geistwesen jedoch als Grundgedanke hervorgehoben werden soll, bezieht sich auf die Tatsache, daß man in diesen Geistwesen die Bekundung eines wirklichen Interesses an der Welt der Menschen sieht. Mehr noch, man ist davon überzeugt, daß sich die Schutzgötter mit dem Leben ihrer Anhänger verbinden, um ihr Geschick von innen her zu lenken. Diese Überzeugung läßt, auch wenn sie mitunter an Aberglauben grenzt, mit Sicherheit auf einen tiefergehenden religiösen Sinn schließen. In dieser Perspektive und um – mit dem Ziel der Bekehrung – eine solche religiöse Intuition ernst zu nehmen, könnte das Jesus-Christus-Ereignis als das unmittelbare Eingreifen Gottes in das Leben aller Gesellschaften gesehen werden, um diese zum endgültigen Glück zu führen. Besser noch, Christus wird Mensch, um den Menschen zur Teilnahme an der Fülle von Gottes eigenem Leben zu führen (2 Petr 1, 4). Mit anderen Worten, der Mensch ist nicht zu einem Schicksal des Unglücks oder der Furcht vor Geistermächten verurteilt, sondern eingebunden in einen Plan der Liebe, der ihn aufs innigste mit seinem Schöpfer verbindet.

Diese klassische christologische Sprache hat jedoch für den Ewe-Mina eine besondere Glaubensresonanz. Sie übernimmt nämlich seine eigene Sicht der notwendigen Verbindung zwischen der Welt der Götter und der Welt der Menschen; *sie bestätigt und entfaltet die Ursprünglichkeit einer solchen Sicht, die für gewöhnlich jedem Geistwesen eine notwendigerweise anthropologische Dimension zuweist.*

Hiermit kommen wir zum dritten möglichen prä-christologischen Annäherungsweg, der durchaus in der Ewe-Mina-Auffassung von einem „organischen Medium" gesehen werden könnte. Letzteres, wir sprachen beispielsweise von Bomɛnɔn, übt eine Vermittlerfunktion aus, da es beiden Bereichen, die es miteinander verbindet, angehört. Davon ausgehend haben wir bereits festgestellt, daß Christus als „organisches Medium" zwischen Gott dem Vater und der gesamten Schöpfung seit jeher etwas mit den Menschen gemeinsam hatte.

In diesem Sinne würde den Ewe-Mina die Menschwerdung des Gottessohnes weit mehr bedeuten als ein punktuelles geschichtliches Ereignis, mehr auch als ein physiologisches Fleischannehmen. Sie würde mehr in den Bereich der Dynamik jener Lebensgemeinschaft fallen, die seit jeher Christus mit dem Menschen und der kosmischen Schöpfung verbunden hat. Dadurch, daß er dem Menschen und dem Kosmos das Entstehen und das Dasein geschenkt hat, ist Christus, in dem und durch den alles geschaffen worden ist, immer und zu allen Zeiten Partner der Schöpfung und mit ihr solidarisch gewesen. *Das Faktum der Inkarnation erscheint daher als höchster Ausdruck der kosmotheandrischen Beziehung.*

Diese christologische Perspektive ist für den Glauben des Ewe-Mina-Christen interessant. Sie legt im Hinblick auf Jesus Christus in seinem Leben und seinem Tod für das Leben folgende Gedanken nahe:

– Das Kommen Christi als Mensch, der das Leben und den Tod durchschreitet, ist weder ein ungewöhnliches Ereignis noch ein Faktum, das im Gegensatz zum Wesen Gottes steht. Es gehört zum Wesen des Gottessohnes, nach dessen Abbild alles erschaffen worden ist, um für alle Zeit seine Schöpfung widerzuspiegeln. Die Menschwerdung ist zunächst und vor allem eine Konsequenz oder ein Beweis dieser ontologischen Solidarität, die das göttliche Sein und das menschliche Sein in einer Lebensgemeinschaft verbindet. Anders ausgedrückt, Gott ist nicht deswegen mit den Menschen solidarisch, weil er Mensch geworden ist: es hat schon immer zu seinem Wesen gehört, sich mit dem Menschen zu solidarisieren.

– Kann man sich daher einzig und allein an die *soteriologische* Interpretation des Jesus-Christus-Ereignisses halten? Ist Christus Mensch geworden, um vor allem die Menschen von der Sünde Adams zu befreien? Oder befreit er – *in der Radikalität seiner solidarischen Liebe,* die, indem sie Mensch wurde und den Tod besiegte, lieben wollte bis zur Vollendung – den Menschen nicht *auch* von allem, was ihn hindert, sich in einer solchen Liebe zu *vollenden*? Ich werde später noch auf diese Fragen zurückkommen, aus denen man aber bereits die folgenden Schlüsse ziehen kann.

– Der Ewe-Mina-Christ, der sich von aller zwanghaften Furcht vor dem Bösen und vor Unglücksgeistern befreien muß, entdeckt im menschgewordenen Christus den Gott, der mit seinem menschlichen Schicksal im ontologischen Sinn solidarisch ist. Er errichtet mit ihm eine Beziehung nicht der Furcht vor Sünde und Hölle, sondern der Hingabe an eine göttliche Liebe, die sich auf das Dasein des Menschen einläßt.

– Insofern, als es zum Wesen des Gottessohnes gehört, sich mit dem Dasein des Menschen zu solidarisieren, kann sich die wirkende Gegenwart Christi und seines Geistes in der Schöpfung nicht auf die geschichtliche Tatsache seiner Menschwerdung reduzieren. Das bedeutet zum Beispiel, daß unsere kulturellen und religiösen Ausdrucksformen als Afrikaner konstitutive theologische Orte für jeden afrikanischen christologischen Ansatz darstellen. Das bedeutet auch, daß die Tendenz, einen

Gegensatz zwischen menschlicher Natur und göttlicher Natur zu errichten, oder auch von einer „Christologie von oben" oder einer „Christologie von unten" zu sprechen, nicht unbedingt zutreffend ist. Was nennt man im übrigen „Natur"? Welche christologische Kategorie gibt sie wirklich wieder?

2. Christus, das Da-sein-mit

Man wird sicher bemerkt haben, daß unser anthropologisch-christologischer Gedankengang uns von der ontologischen Abhängigkeit des Menschen zur ontologischen Solidarität des Gottessohnes mit der Menschheit geführt hat. Der Mensch, so sagten wir, ist für den Ewe-Mina zugleich ein Da-sein-mit dem Höchsten Wesen und ein Da-sein-mit den anderen; und dies, weil der Schöpfer ihn in eine Dynamik von Beziehungen hineingestellt hat, die für sein Werden konstitutiv sind. In der Tat ist dieser Status des Menschen vor allem in der Eigenart des *„organischen Mediums"* Bomɛnɔn, des Erzeugers, zum Ausdruck gebracht, der jede Seinsbeziehung zwischen Schöpfer und Geschöpf vermittelt. Bei früherer Gelegenheit haben wir bereits festgestellt, welche Perspektive eine solche Betrachtung für die christologische Reflexion eröffnet. Der auf Christus angewandte Status des *„organischen Mediums"* bedeutet hier, daß er schon immer das erste Da-sein-mit dem Höchsten Wesen wie auch das erste Da-sein-mit den anderen war; dann aber in Abhängigkeit vom Höchsten Wesen, obgleich von gleicher göttlicher Natur, und in Solidarität mit allen Geschöpfen, die, in ihm geschaffen, nur von ihm abhängen können.

a) Christus, das Da-sein-mit dem Höchsten Wesen
Wir brauchen hier weder die klassischen und als unbestritten geltenden Fakten des trinitarischen Diskurses, wie er im Westen üblich ist, zu wiederholen noch wollen wir uns in abstrakten Überlegungen ergehen, die das unaussprechliche Geheimnis der Heiligen Dreifaltigkeit eher verdunkeln als erhellen. Es wird mehr darum gehen, jene anthropologischen Gegebenheiten, die wir bisher genannt haben, als geeignet darzustellen für die Aufnahme eines solchen Geheimnisses *im Glauben* und sie auf eine für den Ewe-Mina-Christen relevante Weise zu interpretieren.

Wenn wir von der Eignung einer anthropologischen Gegebenheit sprechen, ein christliches Geheimnis aufzunehmen, dann bedeutet das keineswegs, daß eine solche Gegebenheit in der Lage wäre, aus sich heraus dieses Geheimnis zu schaffen oder verstehen zu lassen. Das besagt vielmehr, daß das christliche Geheimnis der Struktur oder dem Inhalt der anthropologischen Gegebenheit nicht widerspricht und viel weniger noch sie für nichtig erklärt, daß es sich vielmehr beide zu eigen machen kann als Ort der Begegnung und Bekehrung für den Menschen.

Nehmen wir z. B. die Sicht der Ewe-Mina über das Sein als eine notwendigerweise solidarische und gemeinschaftsorientierte Beziehung; es ist eine Sicht, die im Begriff vom *„organischen Medium"* sogar auf das Höchste Wesen angewandt wird. In dieser Perspektive erscheint das Geheimnis der Heiligsten Dreifaltigkeit, eine Glaubenswahrheit, die definiert wird als vollkommene Gemeinschaft oder Communio von göttlichen Personen(?), zunächst als eine *intra-trinitäre gemeinschaftliche Seinsstruktur*. Diese Beziehung bestimmt die Vaterschaft Gottvaters, die Sohnschaft von Gottsohn und den Ausgang des Heiligen Geistes vom Vater und vom Sohn. Die trinitarische Glaubenswahrheit versteht der Ewe-Mina daher nicht in erster Linie als gemeinsame göttliche Wesenheit, sondern vor allem als *eine Art der inneren Beziehung, die dieser Wesenheit eigen ist.*

Diese göttliche Wesenheit können wir als solche nicht erfassen, wie theologisch scharf auch immer unsere Betrachtungen über die immanente Trinität sein mögen. Letztlich ist das, was wir von Gott wahrzunehmen glauben, nicht so sehr das, was er in sich selber ist, sondern das, was er uns in seiner Beziehung zu uns von sich mitteilen möchte. Der Glaube an den Dreifaltigen Gott ist daher die Erkenntnis eines Gottes, der in seinem eigenen Innersten lebt und darum in allem, was von seinem Wesen ausströmt, eine Dynamik von Beziehungen ist, in denen sich seine Göttlichkeit fortwährend vollendet. Daher stellt Christus in der Tat das *„organische Medium"* dar, durch das unsere Beziehung zum Dreifaltigen Gott und folglich unsere Erkenntnis dessen, was er für uns ist, Gestalt annimmt. Mit anderen Worten, eine Erkenntnis des Dreifaltigen Gottes gibt es nur in der Erkenntnis, die in der Beziehung des Glaubens an Jesus Christus geschenkt wird. Eben darum die an Philippus gerichtete Frage Jesu: „*Glaubst du* nicht, daß ich im Vater bin und daß der Vater in mir ist?" und zuvor seine Erklärung: „Wer mich gesehen hat, hat den Vater gesehen" (Joh 14, 9 f.). Und weiter heißt es bei Johannes: „Wenn aber der Beistand kommt, den ich euch vom Vater aus senden werde, der Geist der Wahrheit, der vom Vater ausgeht, dann wird er Zeugnis für mich ablegen" (Joh 15, 26). Von daher öffnen sich folgende Wege der Reflexion:

– In der Sicht der Ewe-Mina-Anthropologie wird das Geheimnis des Dreifaltigen Gottes wahrgenommen als das eines Gottes-der-da-ist-mit-

Gott ist nicht der in sich selbst zurückgezogene, sondern der in Gemeinschaft verbundene und solidarische Gott. Was Gott in seiner Dreifaltigkeit definiert, das ist weniger die Substanz seiner göttlichen Wesenheit, als die innere Notwendigkeit einer solchen Wesenheit, Beziehung zu sein, in sich selbst ein „Da-sein-mit" zu sein. Ist es nicht eben das, was der Apostel Johannes meint, wenn er ganz schlicht sagt: „Gott ist die Liebe" (1 Joh 4, 8)? Die grundlegende Offenbarung des Jesus-Christus-Ereignisses für die Menschen ist, daß Gott in sich und für sich selbst Liebe ist. Die Schöpfung wie die Erlösung in Christus finden ihren Inhalt und ihre Finalität in der Dynamik einer solchen innertrinitarischen Liebesbeziehung. Anders ausgedrückt, Gott erschafft und errettet nach seinem Ebenbild, d. h. nach seiner inneren Seinsstruktur als Liebesgemeinschaft.

– Diese Grundgegebenheit des Glaubens erreicht zutiefst die Anthropologie der Ewe-Mina, die von ihrer Auffassung des Daseins als notwendige Beziehung her zu der Erkenntnis und Anerkenntnis kommt, wie sehr das Höchste Wesen in sich vollkommene Liebesbeziehung ist. Die wahre Erkenntnis des Dreifaltigen Gottes durch den Menschen hat daher weniger mit rationalen Kategorien zu tun, als vielmehr mit einer Form der Beziehung, die sich darum müht, dem Bild der innertrinitarischen Beziehung zu entsprechen. Hier stehen wir an der Schwelle der eschatologischen Gemeinschaft, die den hl. Augustinus sagen ließ: „Wenn wir also zu dir gelangen, dann wird das ‚viele', das ‚wir sagen' und zu dem ‚wir nicht gelangen', zu Ende sein, und bleiben wirst du allein, der du alles in allem bist."[16]

– Sich von Gott geliebt zu wissen, so wie Gott sich in sich selbst liebt, ist für den Ewe-Mina eine Offenbarung, die sein Gottesbewußtsein und -empfinden befreit und erleuchtet. Sie läßt ihn entdecken, daß der Herr der Geschicke (Sɛ), den das Höchste Wesen darstellt, dem Menschen kein anderes Schicksal zuteilt, als daß er ihm Anteil an seinem eigenen göttlichen Leben gibt. Nach dem Glauben an den Dreifaltigen Gott gibt es daher kein Schicksal, das ein für allemal schlecht oder das unabänderlich gut wäre. Das vom Schöpfer (Biɔva) vorbestimmte Schicksal kommt von einem Gott der Liebe, der den Menschen nach seinem Bild der Liebe erschaffen hat. Es ist daher ein Plan und eine Verheißung eines Lebens der Liebe, und dem Menschen ist es überlassen, dieses Schicksal in einer von der Liebe bestimmten Beziehung zu seinem Schöpfer in Freiheit anzunehmen. Das ist die ontologische Solidarität, die dem Dreifaltigen

---

[16] *Augustinus*, Schlußgebet von „De Trinitate", XV, 28, 51.

Gott eigen ist und die sich im Jesus-Christus-Ereignis für den Menschen offenbart und verwirklicht.

b) Christus, das Da-sein-mit dem Menschen und dem Kosmos
Im Licht der bisher angestellten Überlegungen erscheint das unergründliche Geheimnis des Kommens Christi in die Geschichte der Menschen und der erschaffenen Welt letztlich als radikale und notwendige (im Sinne eines Seins-Propriums) Konsequenz der ontologischen Solidarität im innersten Wesen Gottes. In dieser Perspektive kann der Schöpfungs- und Erlösungsakt nur die Entfaltung der als wechselseitige Liebesbeziehung definierten innertrinitarischen Seinsstruktur sein. Denn in der Schöpfung wie in der Erlösung hat Gott in Christus und mit jedem seiner Geschöpfe die ihm eigene differentielle Liebe begründet, ist doch das trinitarische Leben die vollkommene Communio der Unterschiede, die Einheit in der Vielfalt. So ist das Verhältnis Christi zum Menschen und zum Universum von seiner personalen Beziehung zu den anderen göttlichen Personen bestimmt. Die Entfaltung und Verwirklichung der Heilsgeschichte durch Gottsohn geschieht daher im Zusammenhang mit und kraft seiner Beziehung zum Vater und zum Geist und deren jeweiliger Beziehung zur Schöpfung.

Diese Gegebenheiten der trinitarischen Christologie stellen für die Anthropologie der Ewe-Mina äußerst suggestive Elemente der Begegnung dar. Wir werden hier nur zwei von ihnen aufgreifen, um sie mit dem Doppelbegriff des „organischen Mediums" und des „Da-Seins-mit" zu verbinden.

– Christus nimmt die ontologische Abhängigkeit an als eine Beziehung der Sohnesliebe.

Das Verhältnis Christi zum Menschen und zum Universum ist, wie wir bereits sagten, von seiner besonderen Beziehung zu den anderen göttlichen Personen bestimmt. Wie läßt sich diese Feststellung in die Perspektive der Ewe-Mina-Anthropologie einfügen?

Der Begriff des „organischen Mediums" impliziert, wie wir bereits oben angemerkt haben, eine ontologische Solidarität mit den Elementen, die es miteinander verbindet. Man könnte auch sagen, daß das „organische Medium" in dem, was sein „Da-sein-mit" kennzeichnet, etwas ontologisch Gemeinsames hat mit den Wesen, die es vermittelt. So ist es, wie gesagt, bei dem „organischen Medium" Bomɛnɔn, das als Gottheit wahrgenommen wird, das heißt als dem Höchsten Wesen nahestehend, das es zugleich den Menschen nahebringt.

Wenn wir diesen Begriff des „organischen Mediums" auf Christus anwenden, gehen wir über die Ewe-Mina-Auffassung hinaus, und zwar aus dem zweifachen Grund, weil Christus nicht einfach *als Gottheit wahrgenommen* wird, sondern von demselben göttlichen Wesen ist, und weil er dem Menschen nicht nur *nahe*, sondern selbst wahrer Mensch ist. Was nämlich Christus beispielsweise mit Gottvater gemeinsam hat, drückt er in Form einer *Seinsgemeinschaft*, und darin in einer *Beziehung der Filiation* aus: „... damit sie eins sind wie wir ... Wie du, Vater, in mir bist und ich in dir bin" (Joh 17, 11;21); und „Vater, die Stunde ist da. Verherrliche deinen Sohn, damit dein Sohn dich verherrlicht" (Joh 17, 1; vgl. Mt 17, 5; Joh 5, 21; 10, 36). Was andererseits Christus mit dem Menschen gemeinsam hat, findet ebenfalls seinen Ausdruck in einer Seinsgemeinschaft, aber in einer Beziehung brüderlicher Einheit: „Alle sollen eins sein: Wie du, Vater, in mir bist und ich in dir bin, sollen auch sie in uns sein" (Joh 17, 21–23; vgl. Joh 6, 56; 15, 4). Und: „Wer den Willen Gottes (meines Vaters) erfüllt, ist für mich Bruder und Schwester" (vgl. Mk 3, 32–35)[17]. Oder auch: „Ich nenne euch nicht mehr Knechte ... Vielmehr habe ich euch Freunde genannt" (Joh 15, 15). Diese Art von Gemeinschaft ist es, die durch die Sakramente erfahren und gestärkt wird.

In diesem Sinne weist Christus, das „organische Medium" zwischen Gottvater und dem Menschen, nicht nur darauf hin, daß er auf integrale Weise beiden vermittelten Elementen angehört, sondern auch darauf, daß diese beiden Elemente *von jeher* in einer Seinsgemeinschaft waren (vgl. 2 Tim 1, 9 f.). Gottsohn aber, in seiner Beziehung ewiger Sohnesliebe zum Vater, kann die Menschheit nur in dieser besonderen Weise der Beziehung in sich und mit sich zu Gottvater führen. Wir sind Söhne in ihm, dem Sohn (vgl. Gal 3, 26)[18].

Christus nimmt so das Bewußtsein an, das der Ewe-Mina von der ontologischen Abhängigkeit des Menschen und des Universums vom Höchsten Wesen hat. Mehr noch, er gibt ihm hinfort die Möglichkeit, sich in einer Beziehung der Kindesliebe auszudrücken und zu erproben. In Christus offenbart der „Gott-der-da-ist-mit" den Menschen und der erschaffenen Welt, das Höchste Wesen, seine Liebe als Vater.

---

[17] Vgl. Tradition Oecuménique de la Bible (TOB), Anm. f bei Mk 3, 32.
[18] „... Die Liebe des Vaters zeugt fortwährend den Sohn, wird schöpferische Liebe. Sie ruft Geschöpfe ins Leben, die nach dem Bild des Sohnes gestaltet sind und die in Gemeinschaft mit dem Sohn dem Vater ihre Liebe erweisen. Die Schöpfung hat ihren Ursprung in der Liebe des Vaters zum ewigen Sohn. Sie ist dazu bestimmt, sich mit dem Gehorsam des Sohnes und seiner Liebe, die er dem Vater erweist, zu verbinden und so das Glück des Vaters zu sein." *J. Moltmann*, Trinité et Royaume de Dieu (Paris: Cerf, 1984) 212.

c) Christus, das „Da-sein-mit" dem Universum
Der Sicht des Menschen, der Welt und der Geschichte, die den Gesellschaften Afrikas eigen ist, wird häufig vorgeworfen, sie beschränke sich auf die Sippe und den Stamm ohne jede Öffnung zur globalen und universalen Wirklichkeit. Auf Grund dessen befürchten einige sogar, daß eine Inkulturationstheologie die Universalität der Evangeliumsbotschaft in einen ruinösen Partikularismus einschließen würde. Eine nicht ganz grundlose Befürchtung, ist man doch andernorts dieser Gefahr nicht immer entgangen, und werden mitunter doch auch heute noch Theologien und Institutionen, die nach den Denkkategorien und Formen der geschichtlichen Entwicklung bestimmter Kulturen ausgearbeitet wurden, als universale Glaubensinhalte dargestellt.

Die Ewe-Mina-Anthropologie bietet für ihren Teil Möglichkeiten, den sogenannten Stammeshorizont zu weiten und Christus als organisches Medium, als das „Da-sein-mit" der Gesamtheit der Welt aufzunehmen.

Die Problematik des Bomɛnɔn-Mythos richtet sich nämlich, wie die jedes mythischen Entstehungsberichtes, auf den grundlegenden Sinn einer umfassenden Wirklichkeit. Sie läßt hier eine allgemeine Konzeption des Menschen erkennen, von dessen Herkunft sie sich ein Bild macht und den sie charakterisiert durch seine ontologische Abhängigkeit und sein Angelegtsein auf Vollendung. Das „organische Medium" Bomɛnɔn ist sozusagen nicht allein das der gesellschaftlichen Gruppen der Ewe-Mina, sondern das universale Symbol für eine Form der Beziehung jedes Menschen zu seinem Schöpfer.

Christus, das „organische Medium", erscheint demnach in der Sicht einer solchen Anthropologie als derjenige, dessen ontologische Solidarität alles berührt, was von ihm erschaffen wurde. In Christus ist jene anthropologische Solidarität begründet, die den Menschen mit dem Menschen und diesen mit dem Kosmos verbindet. Der Bruder oder Partner ist der, mit dem ich das gleiche Blut der Menschheit und die gleiche Bestimmung teile.

Auf der gastlichen Erde Afrikas ist man immer Bruder oder Schwester, Sohn oder Tochter, Onkel oder Tante, Vater oder Mutter von irgend jemandem. Dieser Sinn für ein anthropologisches Miteinander und Füreinander, das auch die Dynamik der Liebe Christi kennzeichnet, öffnet mit Sicherheit Horizonte der Brüderlichkeit, die von gewissen aktuellen Tendenzen und Praktiken immer noch verdunkelt werden. Man könnte demnach zu folgenden konkreten Schlüssen kommen:

– Jeder Mensch, jede gesellschaftliche Gruppe, welches auch immer ihr Alter, ihre Rasse, ihre Werte oder Unwerte, ihre Entwicklung oder ihre Rückständigkeit in Wissenschaft, Technologie und Wirtschaft sein mögen, ist Partner in der Menschheit; als solcher muß er respektiert und unterstützt werden. Die Planung der Beherrschung von einzelnen oder Gruppen in einem geschlossenen System der anthropologischen Verarmung ist anti-menschlich. Weit mehr als dem in seiner Würde verhöhnten Subjekt mangelt es dem Beherrscher an wahrer Menschenwürde.

– Gleichwertiger Partner desselben Christus zu sein, bedeutet, daß alle Völker, die im selben Heiligen Geist getauft sind und mit ihren Hirten denselben Glauben an den Dreifaltigen Gott feiern, gleichermaßen das Charisma der zu glaubenden Wahrheit tragen. Es gibt folglich keine ortskirchliche Gemeinschaft, die besser als die anderen das gemeinsame Glaubensgut interpretieren könnte. Die kulturelle Monopolisierung des Gotteswortes ist eine Verneinung der in Christus geoffenbarten und verwirklichten ontologischen universalen Solidarität.

3. Christus, die Vollendung des Menschen und des Universums

Die bisher skizzierte anthropologisch-christologische Abhandlung führt auf natürliche Weise zur Wahrnehmung Christi als „organisches Medium", das den Menschen und sein Universum zu vollenden vermag. Diesen Plan der Vollendung haben wir im Ewe-Mina-Milieu als einen Prozeß von Leben-Tod-Leben identifiziert, in dem das „Da-sein-mit" zur persönlichen, solidarischen und eschatologischen Reife gelangt. Der Inhalt eines solchen Planes hat es *hic et nunc* mit Fakten und Situationen zu tun, die ebenso viele Herausforderungen an jede aktuelle christologische Reflexion sind.

a) Kurzer Überblick über die menschlichen Probleme
Sie tragen die Namen und Gesichter der Männer und Frauen, Jugendlichen und Kinder, diese Hoffnungen, Ängste und Leiden, die bei den Ewe-Mina wie auch im übrigen Afrika heute Anfragen an die Heilsverheißung in Christus richten. Die wichtigsten sollen hier aufgezählt werden:

– Die Identitäts- und Sinnsuche, nicht in einer archaischen folkloristischen Vergangenheit, sondern in der Geschichte, den menschlichen, gesellschaftlichen, ökonomischen, moralischen und religiösen Werten, in allem, was das Leben des Afrikaners heute ganz allgemein bestimmt.

– Die Suche nach Wegen und Möglichkeiten, die die eigene Kultur wie auch die Begegnung mit anderen Kulturen für die Erfüllung legitimer Bestrebungen bietet, um
- seinen Hunger und Durst zu stillen,
- seine Krankheit zu behandeln,
- für die Zukunft zu sparen,
- gegen Dürre und andere Unbilden der Witterung zu kämpfen,
- in Freiheit die politische Führung und Regierungsform zu wählen,
- im Leben und in der Gesellschaft Erfolg zu haben, ohne durch Vergiftung oder unheilbringende Kräfte andere zu bedrohen oder selber bedroht zu werden,
- sich zu befreien von Ängsten und Täuschungen,
- nicht durch Nachahmung die Irrtümer anderer Zivilisationen zu wiederholen,
- sich deren Reichtümer zunutze zu machen, ohne von ihren brüderlichen Diensten abhängig zu werden,
- zur Bereicherung der anderen Brüder beizutragen, ohne sich von ihnen ausnutzen zu lassen,
- Gott auszusagen und ihn zu feiern mit allem, was er in den Traditionen der Ahnen nach seinem Bild erschaffen hat.

– Für die Christen und die Kirchen Afrikas kommt es darauf an,
- Christus von einem Christentum, d. h. von Institutionen, Praktiken, theologischen Strömungen usw., zu befreien, die auf einer monolithischen Kultur basieren und ihn in anderen Kulturen immer unkenntlicher machen. Viele Christen in Afrika sind auch heute noch der Ansicht, daß der Westen ihnen einen Christus mit gebundenen Händen und Füßen geliefert hat;
- Christus zu erkennen als den, der mit allen menschlichen Situationen radikal solidarisch ist als Erlöser des Menschen, des Verzweifelten wie auch des Zufriedenen. Ist Christus wirklich auf der Seite derer, die leiden, der unschuldigen und ohnmächtigen Opfer des Elends, der Willkür, der dramatischen Lage unserer ökologischen Umwelt? Wie daran glauben, daraus leben und leben lassen?
- Christus anzugehören als Afrikaner, im Namen dieses Glaubens fähig zu sein, die Herausforderungen der Ahnentraditionen, der durch die Interkulturalität bewirkten Umwandlungen wie auch der vielfältigen Formen des religiösen Lebens in Afrika heute anzunehmen, usw.

b) Von der ontologischen Solidarität zur anthropologischen Vollendung
Die entschiedene Feststellung der ontologischen Solidarität Christi mit dem Menschen und der erschaffenen Welt ist nur möglich in dem von seiner Menschwerdung, seinem Tod und seiner Auferstehung inspirierten Glauben. Eine solche Solidarität, die in der Ewe-Mina-Anthropologie als organische Vermittlung des Da-seins-mit vorausgeahnt wurde, hat sich in Christus als radikale Liebesbeziehung voll offenbart und verwirklicht. Sie mußte bis zur Vollendung gehen; sie konnte nur authentisch und glaubwürdig sein, indem sie den Menschen dahin führte, in seinem Schöpfer jene Seinsgemeinschaft zu erfahren, zu der dieser den Menschen von Ewigkeit her bestimmt hat.

Das Jesus-Christus-Ereignis steht daher zutiefst in Zusammenhang mit der radikalen Treue der Liebe Gottes zum Menschen und zur gesamten Schöpfung. Es ist ein Hinweis darauf, wie sehr die Schöpfung von allem Anfang an dazu berufen war, sich in Christus zu vollenden (vgl. Röm 8,22); wie sehr die Solidarität Christi letztlich darauf zielt, den Menschen zu vollenden, sein Streben nach einem volleren Menschsein zu erfüllen. Indem er in seinem Leben als Mensch die Ängste und Hoffnungen der Menschen erlebt, indem er das Sterben annimmt, um den Tod zu besiegen und indem er aufersteht zur Fülle des Lebens, durchschreitet Jesus Christus die Folge von Leben-Tod-Leben als Moment der Heilsvollendung des Menschen. Mit anderen Worten, Jesus integriert sich in das menschliche Leben, stirbt den Tod des Menschen und tritt ein in ein verwandeltes Leben nicht für sich selbst, sondern für den Menschen. Er dringt hier, wie Papst Johannes Paul II. sagt, in einzigartiger und unwiederholbarer Weise in das Geheimnis des Menschen ein [19]. Sein göttliches Sein senkt sich zutiefst in das menschliche Sein.

Letztes Ziel der ontologischen Solidarität Christi ist die anthropologische Vollendung der gesamten Schöpfung, auf daß Gott alles in allem sei (vgl. 1 Kor 15,28).

Gegenüber der anthropologischen Perspektive der Ewe-Mina und den aktuellen Herausforderungen der menschlichen Probleme legt das Jesus-Christus-Ereignis folgende Reflexionselemente nahe:
– Mensch und Universum können sich nur in einem Prozeß von Leben-Tod-Leben vollenden. Das Leben, so wie es vom Schöpfer geschenkt und von den Geschöpfen empfangen wird, ist ein Seinsplan. Dieser kann vom Menschen nur angenommen werden, wenn er sich mit seinem gan-

---

[19] *Johannes Paul II.*, Redemptor hominis, Nr. 8.

zen Leben in diesen Plan hineingibt. Christus hat den Inhalt dieses Plans offenbart und ihn im Gehorsam gegenüber dem Vatergott verwirklicht. Umkehr des Herzens, Absage an das Böse, das das Leben tötet, Hinauswachsen über sich selbst – dies alles sind Todesprüfungen, die den Menschen vorbereiten auf die endgültige Vollendung in Gott.

– Die ontologische Solidarität Christi, die die gesamte Schöpfung zur Vollendung führen will, erfordert ein totales und globales Engagement des Menschen. Kein Mensch, keine soziale Gruppe steht außerhalb dieser Liebesbeziehung, deren universaler Charakter bereits an anderer Stelle hervorgehoben wurde. Man weiß, wie der heilige Paulus die Universalität dieser Heilstatsache von der Typologie Adams her aufzeigt[20]. Das bedeutet, daß der immer entschlossenere Wille der afrikanischen Christen, ihre traditionellen Werte in das Leben in Christus einzubringen, bereits in sich einen grundlegenden Akt des christologischen Glaubens darstellt. Im Namen eines solchen Glaubens haben sie verstanden, daß sie, so wie sie nach dem Bild Gottes erschaffen wurden, über ihren Glauben Rechenschaft ablegen müssen. Auf diese Weise erreichen sie Christus in seiner ontologischen Solidarität, deren Fundament der Pluralismus des Dreifaltigen Gottes ist.

– Diese ontologische Solidarität erstreckt sich auf alle menschlichen Probleme insofern, als Christus in seiner Menschwerdung in allem wie die Menschen seiner Zeit gelebt hat. Durch sein Leben, seine Lehre, seine Wunder, seinen Tod und seine Auferstehung erreicht er den Menschen da, wo seine Ängste, Leiden und Hoffnungen zusammentreffen. Jedoch das Verhalten Christi vor den menschlichen Problemen ist von Grund auf bestimmt vom liebevollen Willen des Vater-Gottes. Dies bedeutet für den Ewe-Mina, daß der Mensch sich wirklich nach der Intention des Schöpfers vollendet; denn, so sagten wir, er ist überzeugt, daß jeder Mensch ein vom Schöpfer bestimmtes Schicksal in sich trägt, ein Schicksal, das in Christus umfassend als ontologische Solidarität und Liebesbeziehung wahrgenommen wird. Oder auch, daß der Mensch sich nicht vom Menschen ausgehend verwirklichen kann; er wird immer das Werk seines Schöpfers sein; und nur auf diese Weise kann jedes menschliche Tun zur Vollendung seinen letzten Sinn finden und verwirklichen. Anders ausgedrückt, die Vollendung des Menschen ist letztlich nicht eine Frage der menschlichen (ideologischen, politischen, wirtschaftlichen usw.) Mittel,

---

[20] Vgl. 1 Kor 15,20–22; Röm 5,12–21. Siehe diesbezüglich auch O. *Cullmann*, in: Christologie du Nouveau Testament (Paris: Delachaux et Niestlé, 1968) 150.

sondern vor allem eine Frage des Glaubens, der Umkehr und der Seinsgemeinschaft mit dem Ursprung allen Seins.

– Diese Gemeinschaft des Da-seins-mit dem Höchsten Sein ist, wie Christus gezeigt hat, nicht nur eine Geisteshaltung und auch kein Ziel nach dem Tod, das allein den Letzten Dingen vorbehalten wäre. Die Eschatologie der Ewe-Mina, so wie sie weiter oben definiert wurde, ermöglicht es, an einen *ganz und gar menschlichen*, zugleich geistlichen und weltlichen Christus zu glauben, und dies trotz der dualistischen oder monistischen Gefahren bestimmter Theologien der griechisch-lateinischen Kultur. Der Afrikaner hat recht, wenn er von Christus Gesundheit, Erfolg, Wohlergehen usw. erbittet – alles Dinge, die man nach der Auffassung vieler religiöser Traditionen nur erhält, wenn man redlichen Herzens und ohne Haß und Bosheit ist. Aber da steht nunmehr das Kreuz Christi, des Gottessohnes selbst, wie eine unerhörte Herausforderung vor uns. Es ist in der Tat Zeichen des Widerspruchs nur, weil es in der Auferstehung Zeichen der Hoffnung ist. Ist dies nicht die eigentliche und letzte Antwort auf alle unsere menschlichen Probleme?

Dieser Beitrag, der im Rahmen des vorliegenden Buches nur skizzenhaft sein konnte, hat das Thema Christologie nicht auf den bewährten Pfaden klassischer Methoden angehen wollen. Es war auch nicht sein Ziel, alle, nicht einmal alle wesentlichen, Aspekte des Glaubens an Christus zu beleuchten oder alle Folgerungen aus dem angesprochenen anthropologischen Bereich auszuschöpfen. Die Absicht war, von einer bestimmten anthropologischen Gegebenheit auszugehen und von daher einige Reflexionen über diesen Gott-für-den-Menschen, der sich in Christus geoffenbart hat, zu skizzieren. Bewußt haben wir es vermieden, in die großen christologischen Diskussionen einzutreten, um statt dessen in Ruhe über das Jesus-Christus-Ereignis in seinen Fundamenten nachzudenken.

Dabei haben wir Christus im Namen unseres Glaubens und nach dem Welt- und Menschenbild der Ewe-Mina neu entdeckt als „Organisches Medium", als das Da-sein-mit, das die ganze ontologische Solidarität des Schöpfers mit seinen Geschöpfen in einer radikalen Beziehung verwirklicht. Wir konnten erkennen: Christus ist fähig, alle religiösen Intuitionen und kulturellen Ausdrucksformen, die unseren afrikanischen Gesellschaften eigen sind, aufzunehmen – nicht, indem er sich ihnen anpaßt (ein unglücklicher Ausdruck!), sondern indem er sie in ihrer tiefsten Bedeutung erreicht, um sie in der Liebe des Dreifaltigen Gottes zur Reife zu führen.

ZWEITER TEIL

WIR SUCHEN DEINEN NAMEN

Christus als Häuptling

Von François Kabasélé

Seit etwa 20 Jahren wird das Wort „Christus" für die Liturgie in der Lubasprache mit „Malaba" übersetzt; dieses Luba-Wort bedeutet „Gesalbter". Bis zu dieser Zeit hatten die Missionare eine Übersetzung abgelehnt und es vorgezogen, die Bezeichnung „Christus", halbwegs der Lubasprache angepaßt als „Kristu", beizubehalten. Seitdem dieses Wort von den Bantu-Christen in ihre Sprache übernommen wurde („Mulaba"), ist der Name Jesus Christus für sie nicht mehr nur ein Eigenname, sondern eine Glaubensaussage, die ihre Aufmerksamkeit erregt. Und die Erklärung heischt: Gesalbt, womit und wozu? Dies ist offenbar wichtig für ein Reifen im Glauben. So wie die Indo-Europäer ein hebräisches Wort durch ihre eigene Vokabel ersetzt haben, so haben die Luba das indo-europäische „Christus" in ihre Sprache übersetzt.

Dieser Prozeß hat sich in den letzten Jahren beschleunigt; das zeigt sich u. a. darin, daß man Christus noch einige andere traditionelle Titel zuerkannt hat. Unter diesen ist der Titel „Häuptling" („chef") der bei weitem häufigste. Wir wollen sehen, wie die Bantu-Christen im Blick auf das, was Qualität, Anspruch und Identität eines Bantu-Häuptlings ausmacht, zu der Erkenntnis gekommen sind, daß Christus Jesus eigentlich dieser Titel zukommt.

Wir beginnen mit einigen Ausdrucksweisen, die unter vielen anderen dem täglichen Gebet der Gemeinden entnommen sind. In dem Bestreben, möglichst konkret und genau zu sein und einen überprüfbaren Ausgangspunkt zu haben, haben wir uns an das Luba-Missale der Diözese Mbuji-Mayi gehalten; es hat den Vorteil, ein originales Meßbuch zu sein, bei dem es sich nicht mehr um Übersetzungen der Gebete aus dem Lateinischen in die Lubasprache handelt, sondern um eine Neu-Fassung, die den Texten des Tages folgt und zugleich der Kultur derer, die da beten: ihrem Ahnenglauben an das Höchste Wesen, dem Geist ihrer Sprache ...

In einem zweiten Schritt werden wir uns fragen, warum sie Christus „Häuptling" nennen; mit anderen Worten, was in ihren auf die Macht bezogenen Traditionen diese Bezeichnung stützt und trägt. Schließlich werden wir sehen, wie die königliche Bantu-Symbolik in den Dienst der Verkündigung der Herrschaft Christi gestellt wird.

I. Einige Ausdrucksweisen

Jesus Christus wird zunächst „Häuptling" *(Mukalengé)* genannt; das ist die generelle Bezeichnung für den, der Autorität hat und einen Teil des Volkes regiert. Die Kolonialisten wurden allesamt *„Bakalengé"* (Mehrzahl von *Mukalengé*) genannt, denn sie hatten die Macht inne; Missionare und einheimische Priester werden „Bakalengé" genannt, weil sie die Pfarreien leiten; das gleiche gilt für die Obrigkeiten im zivilen Bereich.

> *„Häuptling* der Menschen,
> mögen dein Leib und dein Blut
> uns etwas von deiner Macht zum Erbe geben,
> Du, der lebendige Gott – Amen."[1]

Außer diesem allgemeinen Titel begegnen wir noch solchen, die sich auf die Macht beziehen, aber nur bestimmten Persönlichkeiten zugebilligt werden; niemals könnten Kolonialisten, Missionare oder Priester oder Verwaltungschefs als solche einen Titel dieser Art beanspruchen. So z. B. *„Ntita"* und *„Luaba"*, zwei Titel, die wir hier in ihrem euchologischen und traditionellen Kontext untersuchen wollen.

> *„Ntita*-der-Herrschaften-und-Fürstentümer-verteilt,
> Du hast uns genährt mit dem Angeld deiner Herrschaft
> (deines Reiches, deiner Macht, deines Fürstentums),
> Mach, daß wir immer in deinem Dienst bleiben,
> Du, der lebendige Gott – Amen."[2]

---

[1] Missale der Diözese Mbuji-Mayi, hrsg. von *Cimenga-Dipa-Dia-Nzambi* unter dem Titel *„Didia die Mfumu"* (Mahl des Herrn) (Kinshasa 1980), Année A, 232, nach der Kommunion. Bei weiteren Zitationen verwenden wir folgende Abkürzung: Missale MBM. (Übersetzungen und Hervorhebungen von uns).

[2] Missale MBM, A, S. 274, Gebet nach der Kommunion.

Der Brauch, auf den diese Oration anspielt, bezieht sich auf das Festmahl, das der neue Häuptling gibt: zu diesem prunkvollen Essen wurden das ganze Volk und die benachbarten Würdenträger eingeladen; der inthronisierte Häuptling bewies auf diese Weise seine Fähigkeit zur Macht, da eines der königlichen Vorrechte eben darin bestand, seinem Volk zu Hilfe zu kommen und es zu ernähren (wir werden darauf noch zurückkommen). In dem zitierten Gebet werden der Leib und das Blut Jesu daher mit diesem Festmahl des neuen Häuptlings verglichen.

Der Titel „*Ntita*" selbst aber wird nur besonderen Häuptlingen verliehen, die innerhalb eines größeren Gebietes befugt sind, andere Häuptlinge zu initiieren und einzusetzen. Mitunter wird er auch auf andere Personen ausgeweitet, die, ohne selbst Häuptlinge zu sein, die königlichen Insignien bewahren und mit deren Verleihung an den neu ernannten Häuptling beauftragt sind. Sie werden als diejenigen betrachtet, die den Häuptling „tragen"; dieses Amt geht oft vom Vater auf den Sohn über; da sie den Häuptling „tragen", stehen sie gleichsam über ihm wie die „*Ntita*". Der ideale Kontext, der diesem Titel seine volle Resonanz gibt, scheint mir das Christkönigsfest wie auch das Fest der Erscheinung des Herrn zu sein, wo Christus jeweils über die Könige gestellt wird. Hier ein Beispiel, wie dieser Titel am Epiphanie-Fest verwendet wird:

> „Häuptling der Häuptlinge, „*Ntita*",
> Hierarch der Hierarchen,
> mit den Häuptlingen des Orients sind wir gekommen,
> uns niederzuwerfen vor dir und dich anzubeten,
> denn deine Herrlichkeit überragt alles,
> Du, der lebendige Gott – Amen."[3]

Ein anderer besonderer Titel lautet „*Luaba*"; er wird denen zuerkannt, die für die Macht bestimmt sind, die nach der Macht streben, die für die Macht bezeichnet sind. In diesem letzteren Sinne wird der Titel Christus zuerkannt; mit anderen Worten, Jesus ist der, der ganz für die Macht bezeichnet ist. So heißt es in einem Gebet, das hier nur auszugsweise wiedergegeben wird:

> „Herr, Gott..., hilf uns,
> auf die Stimme Deines Wortes zu hören,
> nach dem Beispiel des Gesalbten,
> *Luaba* und unseres Häuptlings,

---

[3] Ebd. C, S. 87, Eingangsgebet.

der den Satan und alles Böse besiegte,
er, der das Leben hat und die Macht,
von Ewigkeit zu Ewigkeit. Amen."[4]

In der Verbindung der beiden Titel „*Luaba* und Häuptling" wird eine Spannung spürbar, die, wie uns scheint, eine harmonische Entsprechung darstellt zu der eschatologischen Spannung zwischen dem „Schon" und dem „Noch-nicht". Von ein und demselben Menschen wird nämlich gesagt, daß er „*Luaba*" ist (noch nicht Häuptling, aber dahin auf dem Weg) und zugleich (tatsächlich) „Häuptling". Das Reich hat begonnen, aber seine Fülle ist noch nicht erreicht.

II. Traditionelle Stützen

Warum aber haben die Bantu-Christen Christus in die Häuptlingskategorie eingeordnet? Zweifellos wird er von der christlichen Offenbarung als solcher verkündet (Phil 2); aber da ist noch etwas anderes: die Vorrechte eines Bantu-Häuptlings scheinen in Jesus Christus voll verwirklicht. Die Macht steht ihm wohl an, denn er ist ein mächtiger Held, er ist Häuptlingssohn und Gesandter des Häuptlings, er ist „stark", er ist großmütig und weise, und er ist Versöhner der Menschen.

Held

Wenn Christus bei den Bantus Häuptling genannt wird, dann zunächst, weil er den Satan besiegt und über ihn triumphiert hat. Mit der Gestalt des Bantu-Häuptlings ist nämlich die des Helden eng verbunden. Dieser erfüllt in der Tat eine der Aufgaben des Häuptlings, nämlich, Verteidiger und Beschützer des Volkes zu sein. Bei den Luba sind es z. B. die „*mwadia-mvita*" (berühmte Kämpfer), die die Macht des Häuptlings geerbt haben, nicht durch einen „Staatsstreich", sondern durch die Wahl der Notablen oder auch durch die Initiative des amtsmüden Häuptlings, dessen Kräfte schwinden. Dem Helden kommen mehrere Titel zu. In den Gebeten und Liedern der Luba-Christen werden folgende Titel auf Jesus Christus bezogen: „*Cimankinda* mit den unzähligen Pfeilen", derjenige, der vortritt und die Schlachtreihen anführt:

„*Cimankinda*, voller Leben und Ehre,
du hast dich selbst ausgeliefert,

---

[4] Ebd. C, S. 87, Eingangsgebet.

um unsere Sünden zu tilgen,
gib uns, das Gute zu tun,
so werden wir bei deinem Kommen bei dir sein ..."⁵

„Häuptling der Menschen,
Mulopu, Cimankinda mit den unzähligen Pfeilen,
durch dein Wort nimm hinweg
das Böse von unseren Herzen,
Du, der Gott ist... Amen."⁶

Er ist auch *Cilobo,* d. h. der Held, der niemals vor einem Feind flieht, der vielmehr immer diesen in die Flucht schlägt:

„Jesus, Gesalbter,
Cilobo, der niemals flieht vor dem Feind,
nimm an die Opfergabe unseres Glaubens,
und laß sie zum Vater kommen,
Du, der das Leben hat und die Macht... Amen."⁷

Er wird angerufen als *„Kanda Kazadi",* das heißt, der Siege erringt, dem keiner die Stirn zu bieten wagt. In den Christusliedern hört man oft Ausdrücke, die mit Tapferkeit und Mut zusammenhängen: Christus ist der *„mpanga-wa-mananga-nanga",* der Widder mit den starken Muskeln und dem majestätischen Schritt; der *„mukokodi-wa-ku-muele",* der mit dem Buschmesser nicht spaßt, dessen Buschmesser sein Ziel nicht verfehlt; der „Regenbogen, der dem Regen Einhalt gebietet" *(muanzankongolo-lukanda-mvula).* Der Regenbogen gehört zu den kosmischen Kräften, die allerdings bei den Bantu niemals vergöttlicht wurden; es handelt sich immer um eine Assoziation mit dem Bild des Helden: wie der Regenbogen dem bedrohlichsten Regen Einhalt gebietet, so lassen starke Menschen die furchterregendsten Feinde zurückweichen. In Kulturen, wo das Eisen bei der Herstellung von Waffen und Werkzeug eine vorrangige Rolle spielte, kehren die Bezeichnungen für die wertvollsten Arbeitsinstrumente auch in den Heldennamen wieder; so die Hacke und die Axt:

„Herr unser Gott,
Maweja, Sohn von Ciama,
dein Eingeborener hat den Tod angenommen,
um den Tod zu besiegen,
er, die „Axt-die-nicht-fürchtet-die-Disteln"
und die „Hacke-die-nicht-fürchtet-den-Dreck";

---

⁵ Ebd. C, S. 293, Gebet zur Opferung.
⁶ Ebd. B, S. 62, Gebet nach der Kommunion.
⁷ Ebd. C, S. 160, Gebet zur Opferung.

er schenke uns in seiner Güte den Mut,
Leiden und Tod anzunehmen,
damit wir mit deinem Sohn auferstehen,
durch denselben Jesus, deinen Sohn, den Gesalbten. Amen."[8]

Das Eisen der Axt fürchtet nicht die harten Stacheln (Disteln) insbesondere der Palmnußfruchtstände: diese umgeben sich nämlich zur Zeit der Reife mit einer Art Distelkranz mit gefährlich harten Stacheln, und es gibt kein besseres Werkzeug, um die Nüsse aus ihrem wehrhaften Fruchtstand herauszuschlagen, als eben die Axt: deren Eisen schreckt nicht davor zurück, sich tief in die Stacheln hineinzusenken. Das gleiche gilt für die Hacke: ihr Eisen durchdringt auch den schmutzigsten Boden. Sehr oft werden diese beiden Titel zusammen verwendet, wobei einer auf den anderen verweist. Beide spielen an auf den Mut und die Entschlossenheit des Helden.

Der Held ist auch gemeint in der Anrufung Christi als *„Kavunga-biombo"*, was wörtlich heißt: „Derjenige-der-Ringe-zusammenschließt"; das läßt an die Ringmuskeln der Python denken, jener Schlange, die in unseren Savannen und Wäldern am häufigsten anzutreffen ist. Hat die Python erst mit einem ihrer Ringmuskeln ein Tier oder einen Menschen umwunden, dann ist es fast unmöglich, sich aus der Umwindung zu lösen. Der Titel *„Kavunga-biombo"* beschwört also die Macht und Stärke des Helden:

„Du ..., der Gott ist, *Kavunga-biombo,*
du bist unser Reichtum und unsere (einzige) Hoffnung,
von Ewigkeit zu Ewigkeit. Amen."[9]

An diese Kraft des Helden erinnert auch der Titel *„mvunda-kavula-bamadiba, cipepele-kavundakaja-bisosa"*, wörtlich übersetzt: „Orkan, der diejenigen entkleidet, die ‚madiba' (Kleider aus Raphiafaser) tragen, Wind, der die Gräser peitscht"[10]. Hier wird die Energie des Windes und des Orkans als Symbol für die Macht Christi herangezogen. Diejenigen, die *„madiba"* tragen, sehen sich durch die Gewalt des Sturmes fast immer entblößt und sind gezwungen, innezuhalten und das Abflauen des Windes abzuwarten. Diese kosmischen Titel künden von einer sehr naturverbundenen Zivilisation, die der Natur so aufmerksam und respektvoll gegenübersteht, daß sie mit Leichtigkeit in ihr Offenbarungen des Jen-

---

[8] Ebd. C, S. 113, Eingangsgebet.
[9] Ebd. A, S. 59, Eingangsgebet.
[10] Ebd. A, S. 62 Gebet zur Opferung.

seits wahrnimmt. Gewiß ist die Kraft des Windes weit davon entfernt, mit der Macht Christi vergleichbar zu sein; aber das gilt letztlich für jedes Symbol: es enthüllt das von ihr Bezeichnete nur, indem es dieses verhüllt, selbst auf die Gefahr hin, es zu verraten.

In der Perspektive des Helden wird Christus schließlich auch mit dem Titel „Pfeiler" angerufen: er ist der Stützpfeiler, *„cipanda-wa-nshindamenu"*, ein traditioneller Titel für starke Persönlichkeiten, die für ihre Familien oder Dörfer Stütze und Halt waren. Die Luba-Christen haben diesem traditionellen Titel ein neues Element hinzugefügt: „Pfeiler-der-für-uns-wacht" *(cipanda-mutuimanini)*[11]. Die Anfügung liegt jedoch auf der gleichen Linie wie die Anrufung Christi als Stützpfeiler: der Stützpfeiler eines Hauses befindet sich nämlich im Innern des Hauses genau in der Mitte, und er steht da wie ein Wächter. Als Stützpfeiler wird immer ein Baumstamm ausgesucht, dessen Holz besonders widerstandsfähig gegen Ameisen, Nagetiere usw. ist. Außerdem wählte man für diesen Zweck Stämme mit sehr glattem Holz, weil der Stützpfeiler auch dazu diente, sich an ihm nach dem Essen die Hände abzureiben. So findet man diesen Titel auch in Verbindung mit einer Umschreibung: „Stützpfeiler, man hat ‚*nshima*' gegessen, man reibt sich an ihm die Hände blank"[12].

Häuptlingssohn, Gesandter

Häuptling wird Christus auch genannt, weil er Sohn des Häuptlings, das heißt, Sohn Gottes ist. Daß Christus der Sohn Gottes ist, haben die Bantu erst durch die christliche Offenbarung erfahren. Daß aber Gott der Häuptling des Universums und letzte Zuflucht ist, das wissen sie von ihrem Ahnenglauben her; der theologische Diskurs der Banturreligionen bestätigt dies von Anfang bis zum Ende[13]. Es mag in diesem Zusammenhang interessant sein, darauf hinzuweisen, daß einer der alten und am meisten gebräuchlichen Titel der Luba-Häuptlinge zur Bezeichnung Gottes diente: „*Mulopo*"[14]. Bei den Luba von Katanga wird Häuptling Lasongo immer durch „*Mulopo*"Kasongo ausgedrückt; während Gott ganz kurz „*Mulopo*" heißt. So haben die Luba-Christen im Hinblick auf die

---

[11] Ebd. A, S. 177, Eingangsgebet.
[12] Ebd. A, S. 63, Gebet nach der Kommunion.
[13] *C. M. Mulago*, La religion traditionnelle des Bantu et leur vision du monde (Kinshasa 1973); *O. Bimwenyi-Kweshi*, Alle Dinge erzählen von Gott. Grundlegung afrikanischer Theologie (Freiburg 1982).
[14] *L. Mpoyi*, Histoire wa Baluba (Kinshasa 1972).

Macht Gottes die von den Ahnen überkommene Ausdrucksweise[15] aufgegriffen:

> „*Mulopo Maweja* voller Güte,
> Sonne, in die man nicht hineinschauen kann
> – wer sie anschaut, wird geblendet von ihren Strahlen –
> hier kommen wir, dir unsere Herzen darzubringen;
> nimm gnädig unsere Opfergaben an,
> du, der du lebst... Amen."[16]

Da Christus sich als Sohn dieses „*Mulopo*" offenbart hat, geben die Bantu ihm in der Logik ihrer Auffassung von der Macht den Titel „*Mulopo*" oder auch „*Mulopo-muana*", d. h. „*Mulopo-der-Sohn*". Um nur ein Beispiel zu nennen:

> „*Mulopo*" *Maweja, Sohn von Cyame,*
> mögen dein Leib und dein Blut
> unsere erschlafften Herzen nähren und
> sie auf immer mit neuer Kraft erfüllen,
> du, der du lebst... Amen."[17]

„*Mulopo*" werden im übrigen auch die Gesandten des Häuptlings genannt. Jesus als spezieller Gesandter von „*Mulopo*" muß „*Mulopo*-von-Gott" genannt werden. Die Geister schließlich werden aufgrund ihrer Nähe zu Gott „*Milopo*" genannt; was sich im Hinblick auf Christus als noch mehr begründet erweist. Und mir scheint, daß aufgrund der Bezeichnung „*Milopo*" für die Geister, die Gott nahe sind, die Geisterbeschwörerinnen oder Heilerinnen, von denen es heißt, daß diese Geister in ihnen wohnen, „Mutter-der-*milopo*" oder „Mutter-von-*mulopo*" genannt werden. Hier der Auszug eines traditionellen Liedes, das an diese Nähe zu Gott, dem „*Mulopo*" erinnert:

> „Die auf Gott gestützte Eiche, yo yo y'e,
> die auf Gott gestützte Eiche;
> – Ich bin die Mutter von Gott (des Herrn oder Häuptlings)
> an welchem Ort kennt man mich nicht?
> – Fast hätte man ihr den Schädel gespalten
> mit einem Schilfrohr (Ironie);
> – die Mutter von Gott (des Häuptlings) kann keine Schönheitsmittel brauchen (denn sie bestreicht sich fortwährend mit Kaolin
> für die Heilungsriten);
> – sie ist wie eine Eiche, auf Gott (den Häuptling) gestützt."[18]

---

[15] *Mbuyi Wenu Buila*, Bankambua betu (Unsere Ahnen) (Kinshasa 1972) 29–33.
[16] Missale MBM, A, S. 217, Gebet zur Opferung.
[17] Ebd. A, S. 205, Gebet nach der Kommunion.
[18] Andere Übersetzungen geben das Wort „*Mulopo*" mit Herr wieder; ich bin jedoch der

Wenn die Geisterbeschwörerin, die von „Geistern bewohnt" ist, die Gott nahe sind, sich der Kraft Gottes erfreut (eine Eiche, die sich auf Gott stützt, wird noch dauerhafter und fester) in einem Maße, daß sie „Mutter-von *Mulopo*" genannt wird, dann kann Christus, dem Gottessohn und speziellen Gesandten Gottes nur der Titel „*Mulopo*" selbst zukommen.

Häuptling, weil „stark"

Der Bantu-Häuptling stellt eine ambivalente Figur dar[19]. Einesteils, weil er Träger einer Lebenskraft ist, die das Leben der Gruppe und des einzelnen stärkt, während er zugleich eine gewisse Gewalt ausübt, die zwingt, bestraft und sogar zerstört. Und andererseits ist der Häuptling ein doppelgesichtiges Wesen, dessen diesseitiges Gesicht einen Bereich des Jenseitigen verdeckt. Damit steht der Bantu-Häuptling an einem Schnittpunkt des Irdischen und Überirdischen, einer Sphäre, die von den Bantu Sphäre der „Starken" *(bakolé)* genannt wird.

Ohne Zweifel muß ein Häuptling stark und mächtig, aktiv und energisch, fest und unbeirrbar sein[20]. Aber es handelt sich hier nicht um eine Art von „Muskelkraft". Es geht vielmehr um die Kraft der „Seins-Partizipation". So umfaßt die Sphäre der „Starken" die Wahrsager, die „Mütter-von-*Mulopo*", die Heiler, die Initiatoren der verschiedenen sozialen Bereiche und Gruppen, die Manipulatoren der Naturkräfte. Man betrachtet sie als „stark", weil sie sehen, was wir nicht sehen, weil sie Stimmen hören, die mit „profanen" Ohren nicht vernehmbar sind. Die Welt ist ein weites Netzwerk mit einem Kreislauf von wechselseitigen Abhängigkeiten und Einflüssen zwischen den Wesen; die „Starken" sind fähig, sie im einzelnen zu erkennen und auf ein bestimmtes Ziel hinzulenken. Der Heiler kennt das Geheimnis der Pflanzen und weiß daher ihre „Kraft" zu nutzen. Er braucht dazu nicht nur ein praktisches Wissen und Können, er muß sich auch eine „Seinsdisposition" aneignen, die bewirkt, daß er mit den Pflanzen gleichsam in einen Dialog eintritt, bevor er ihnen ein wenig von ihrem Saft oder ihrer Rinde entnimmt[21]. Und diese innere Disposition ist es, die ihn den richtigen Augenblick wählen läßt für die

---

Meinung, daß es mit Gott übersetzt werden muß, wenn kein anderer Eigenname folgt, der einen bestimmten Häuptling bezeichnet. Vgl. *Katende Cyovo*, Voilà la nouvelle lune, dansons! (Ceeba, Bandundu 1977) 11.

[19] *Dooma-Lola*, Lieux de l'expérience et de sens de soi. Thèse de doctorat, 3e cycle, Paris V (nicht veröffentlicht), S. 73.

[20] *D. Biebuyck*, Hero and Chief (California 1938) 111.

[21] *E. De Rosny*, Les yeux de ma chèvre (Paris 1981).

Entnahme der erforderlichen Elemente, was für die erhoffte Wirkung unerläßlich ist; sie läßt ihn schließlich auch die verborgenen und tiefsten Ursachen des zu behandelnden Leidens entdecken, dessen völlige Heilung ohne Hilfe des Jenseits nicht zu erreichen ist.

Eine solche Persönlichkeit muß *initiiert* sein: die Initiationsriten bewirken in dem Betreffenden eine Seinsumwandlung, die weit über ein praktisch-technisches Wissen und Können hinausgeht, das ebenfalls unerläßlich ist. Daher gibt es bei den Bantu keinen Häuptling, der nicht initiiert wäre. Er gehört zur Kategorie der „Starken" insofern, als er Garant für das Wachstum des Lebens in der sozialen Gruppe ist und er durch diese seine Häuptlingsfunktion Anteil hat an der Verantwortung und Aufgabe, die dem Jenseits (den Ahnen) zufällt. Der Bantu-Häuptling übt die Macht nicht aus, er hält sie in Händen. Er ist „das Sammelbecken der Kräfte, die in einem bestimmten geopolitischen und sozialen Raum am Werk sind: für jede ernste Störung wird gegebenenfalls er verantwortlich gemacht; das geht so weit, daß seine Existenz in bestimmten Fällen sogar ausgelöscht werden kann, um das dynamische Gleichgewicht der Gesellschaft wiederherzustellen."[22]

In der Erfüllung einer solchen Aufgabe sind das Religiöse und das Politische untrennbar miteinander verbunden, allerdings nach Inhalt und Form auf eine andere Weise als bei den theokratischen Regimen, wie sie lange Zeit im Westen herrschten, oder in Systemen, die von religiösen Kasten beherrscht sind. Dort, wo nach dem Prinzip „cuius regio eius religio" geherrscht wurde, handelte es sich um einen Mißbrauch, der aus der Religion ein Mittel zur Unterstützung der Macht des Souverains machte. Bei den Bantu impliziert die Verbindung zwischen Politik und Religion die Ausrichtung des Häuptlings nach den religiösen Idealen und Praktiken der uralten Erfahrung des Volkes, die zugleich seine Lebensauffassung und soziale Ethik sind.

Der Aspekt des „Starken" bildet, wie uns scheint, eine der Hauptstützen für die Verleihung des Titels „Häuptling" an Christus: sein Handeln, sein Denken, seine Sendung verweisen ihn für den Bantu eindeutig in die Kategorie der „Starken". Die Evangelien stellen ihn dar als denjenigen, der von oben kommt (vgl. die Verkündigung an Maria und die Kindheitsevangelien). Jesus selbst sagt ausdrücklich: er kommt vom Vater, und von ihm ist er gesandt (vgl. Joh 8, 42). Zudem wird in ihm das Unsichtbare sichtbar gemacht; Gott hat sich gezeigt:

---

[22] M. H. Piault, La personne du pouvoir ou la souveraineté du souverain en pays mawri, in: La notion de personne en Afrique noire (Paris 1981) 460.

„*Mulopo Maweja*, Gott, den man nicht sehen kann, unser Schöpfer,
du hast dich uns zeigen wollen im Gesalbten, deinem Sohn,
und damit hast du uns die Freude geschenkt, das Heil zu erlangen.
Unsere Gemeinschaft mit ihm hat uns vereinigt mit dir, der dort
oben ist;
das ist es, was uns am meisten freut,
und das einzige, wonach wir verlangen
im Namen Jesu, des Gesalbten und unseres Häuptlings. Amen."[23]

„Das Wort ist Fleisch geworden": ein solches Fleisch, Spiegel des Jenseits, muß für den *Muntu* in den Bereich des „Starken" gehören und entspricht voll und ganz der Identität des Häuptlings[24].

Für die Bantus erweist Christus sich als „stark" in den Wundern, die er tut, in der Wirksamkeit und im Gewicht seines Wortes. Ein Wort mit verborgenem Sinn ...: „Reißt diesen Tempel nieder, in drei Tagen werde ich ihn wieder aufrichten" (Joh 2, 19). Ein Wort, das oft erst nachträglich verstanden wurde (Joh 20, 9, Lk 24, 32–34). Ein rätselhaftes Wort, das ein *Muntu* ohne weiteres neben das des Wahrsagers, des Heilers stellt ... Es geht in solchen Worten um das „Übernatürliche", und die Worte, die aus dem Mund des Häuptlings kommen, werden mit diesem Hintergrundverständnis aufgenommen, denn die Macht ist ihrem Wesen nach übernatürlich[25]. In gewissem Grade gehören diese Worte zum Bereich der „Zauberei", der guten Zauberei, der des Häuptlings[26], die dem Schutz des Lebens dient, im Gegensatz zur bösen Zauberei, die auf den Tod zielt und vom Haß gelenkt ist.

Häuptling, weil großmütig

Was die Parallele zwischen Christus und Häuptling stützen könnte, findet sich auch in anderen Qualitäten, die die Bantus von ihren Häuptlingen erwarten; so u. a. Großmut, Weisheit, einen Geist, der Versöhnung unter den Menschen stiftet[27]. Der Häuptling ist großmütig, er muß das Leben für seine Untertanen angenehm und gedeihlich gestalten

---

[23] Missale MBH, C, S. 96, Gebet nach der Kommunion.
[24] *Ndaywel è Nziem*, Note sur les structures d'autorité chez les Ngwi et leur origine, in: Revue Zaïroise des Sciences de l'Homme, 2 (1973) 88.
[25] *A. M. D. Lebeuf*, Les principautés Kotoko (Essai sur le caractère sacré de l'autorité), C. N. R. S. (Paris 1969).
[26] *Ndaywel è Nziem*, a. a. O. 101.
[27] Es empfiehlt sich, nachzuschlagen bei *G. Balandier*, Sociologie actuelle de l'Afrique noire, P. U. F. (Paris 1963); *H. Baumann – D. Westermann*, Die Völker Afrikas und ihre traditionellen Kulturen

können. Er ist derjenige, der segnet und selber Herr des Segens ist[28]. Damit im Zusammenhang sehen wir die Qualität der „Gegenwart": der Häuptling ist unter seinem Volk gegenwärtig, denn ein abwesender Häuptling ist niemals verfügbar[29].

Jesus hat sich offenbart als der, der gegenwärtig ist, als der Emmanuel (Mt 1, 24), der Hirte, der bei seiner Herde bleibt. Er ist großmütig in der Verteilung seiner Gaben: er sättigt die hungernde Menge über alle Erwartungen, er richtet seinen Aufruf an alle, Gute und Böse: unterwegs, auf Steinen, inmitten von Dornen, auf gutem Boden ... Seine Großmut geht bis zur Hingabe seines Lebens (Joh 10, 18).

Bei den Bantus vollzog sich der Zugang zur Macht niemals „automatisch". Gewiß fiel Vererbung schwer in die Waagschale, aber unter den Kandidaten der verschiedenen königlichen Sippen bzw. unter den Söhnen des verstorbenen Häuptlings wählten die Notabeln doch den, der sich als weise erwiesen hatte und von dem man guten Rat erwarten konnte. Impulsive, aufbrausende oder unbeholfene Prinzen wurden von der Wahl ausgeschlossen[30], mitunter auch zugunsten einer Heldenfigur mit reichen Qualitäten[31].

Den Bantus erscheint Christus schon deswegen als die Weisheit in Person, weil er dem Willen des Vaters folgt, weil er nichts anderes tut als das, was er den Vater tun sieht (Joh 5, 19). So wie die Bantus die Ahnen nur in der Übereinstimmung mit dem Willen und den Wünschen des Höchsten Wesens sehen (wir kommen an anderer Stelle noch darauf zurück), ersetzt ein Muntu *Vater* durch *Väter*. Der Bantu-Häuptling tut nicht, was ihm selbst beliebt, sondern was ihnen (den Vätern) gefällt, und im gleichen Maße lassen diese ihn nicht allein (Joh 8, 29).

Diese Weisheit der Bantu-Häuptlinge kommt auch in ihrem guten Urteil zum Ausdruck: sie dürfen nicht nach ihren Interessen oder Launen urteilen und auch nicht nach dem äußeren Anschein. Der Häuptling muß geschickt und gewitzt sein, er muß Fallen erkennen – nicht um die anderen an der Nase herumzuführen wie die „*Kabundi*", denen man die Macht verweigerte[32]. Die Bantus sind besonders beeindruckt von der Art, in der

---

[28] D. Biebuyck, a. a. O. (vgl. Anm. 20) 111.
[29] Ndaywel è Nziem, a. a. O. (vgl. Anm. 24) 94.
[30] Traditionelle Gesänge spielen oft darauf an; vgl. *Kantende Cyovo*, Je désire danser (Ceeba, 49, Bandundu 1979) 39.
[31] Vgl. die Legende des Helden Mikomb'a Kalewo, in: *Katende Cyovo*, Source (Ceeba, 72, Bandundu 1981) 91.
[32] *Katende Cyovo*, ebd. 31–33.

Christus diesen Aspekt radikalisiert (hinsichtlich der Brüche kommen wir darauf noch zurück): „Wenn nun ich, der Herr und Meister, euch die Füße gewaschen habe..." (Joh 13,14). So weit sind die Bantu-Prinzen ganz sicher nicht gegangen; doch wer zu Lebzeiten seines Vater-Königs die Neigung zeigte, sich von seinen Altersgenossen bedienen zu lassen, oder wer diese gar als Sklaven behandelte, schloß sich damit selbst von der Wahl der Notablen aus[33].

Häuptling, weil versöhnender Vermittler
Schließlich muß der Bantu-Häuptling ein *„Cinkunku-*der-die Jägerversammelt" sein; der *Cinkunku* ist ein mächtiger Baum, in dessen Schatten sich alle zusammenfinden, die an einer Jagd teilgenommen haben: dort wird dann die Beute geteilt und werden Erfahrungen über die gemeinsam durchstandenen Jagdabenteuer ausgetauscht.

Wenn der Muntu bei der Lektüre der Evangelien darauf stößt, daß Jesus sich dem Geist der Rache entgegenstellt (Mt 5,38), daß er nachdrücklich für die Vergebung eintritt (Mt 18,21) und daß seine letzte Empfehlung, bevor er starb, die Liebe und die Einheit war, dann verleiht der Muntu Jesus spontan den traditionellen Titel *„Cinkunku-*der-die-Jäger-versammelt" oder „Mörser-der-die-Stampfenden-vereint"; es sind Titel, die den Ahnen oder den Häuptlingen zukommen, denn diese sind die Versöhner schlechthin. Wegen des Prinzips der „lebendigen Einheit" (d.h. der Lebensgemeinschaft der Mitglieder einer Sippe, die alle teilhaben an dem von einem Ahnen geschenkten Leben und die sich gegenseitig halten, wie die Glieder einer langen Kette) ist Uneinigkeit innerhalb eines Volkes das verhängnisvollste aller Übel, das die unverzügliche Anordnung des „Notstandes" erfordert.

Das Handeln, die Persönlichkeit und die Worte Jesu sowie die Zustimmung des Vaters bestätigen daher die Herrschaft Jesu ganz in Übereinstimmung mit der Bantu-Tradition, wenn es auch Brüche und Begrenzungen gibt, auf die wir in diesem Beitrag noch zurückkommen werden. Insofern aber, als die ersten Jünger erst nach ihren konkret gemachten Erfahrungen zum Glauben kamen, mag es schon jetzt von besonderem Interesse sein festzustellen, daß Bantu-Christen im Zusammenhang mit ihren auf die Machtausübung bezogenen Traditionen nachträglich ent-

---

[33] *L. Mpoyi,* Histoire wa Baluba (Kinshasa 1972). Vgl. den Streit um die Macht unter den Prinzen.

decken, daß Christus für sie der Häuptling ist und daß seine Person völlig mit dem Wesen der Bantu-Macht übereinstimmt:

> „Häuptling der Häuptlinge,
> Hierarch der Hierarchen,
> dem es in hervorragender Weise ansteht, Häuptling zu sein,
> wir haben gegessen
> und uns gesättigt mit der Nahrung der Heiligen.
> Stärke in uns das Verlangen, dir treu zu dienen,
> du, der du der lebendige Gott bist – Amen."[34]

III. Symbole

„Christus hat keine anderen Hände, keine anderen Füße, und er gebraucht keine anderen Worte oder Bilder als die des gläubigen Menschen."[35] So verwenden auch die Bantus einige Symbole ihrer königlichen Überlieferungen, um die Autorität Christi auszudrücken. Einige von ihnen möchten wir hier vorstellen.

Das Fell des Leoparden

Die großen Häuptlinge und wahren Inhaber der Macht werden „Häuptlinge-durch-den-Leoparden" *(mukalenge wa nkashama)* oder (wie bei den Otetela) einfach „Mutter-Leopard", „Vom-Schoß-des-Leoparden" genannt[36]. Bei den meisten Bantuvölkern stammt die festliche Kleidung des Häuptlings vom Leoparden: entweder trägt er zwei Leopardenfelle, eines vorn, das andere auf dem Rücken, oder eine Leopardenmütze oder eine Halskette aus Raphiafaser (oder auch Elefantenhaar), an der Leopardenzähne hängen. Bei den Bashi (in Ruanda) glaubt man, daß jeder Mensch nach dem Tode eine Metamorphose durchmacht. Von ganz besonderer Art ist die Metamorphose der großen Fürsten und des Königs: beim König nämlich wandert die *cizunguzungu* (luftartig-ätherische Projektion des inneren Lebensprinzips oder auch der Schatten-Seele) durch einen aus dem König hervorgegangenen Wurm, der sich zu einem *Leoparden* entwickelt und die *„muzimu"* (Geist-Seele) befreit[37]. Bei den Luba tragen die gewöhnlichen Häuptlinge bei jedem offiziellen Auftritt

---

[34] Missale MBM, A, S. 267.
[35] A. Vergote, la réalisation symbolique dans l'expression culturelle, in: La maison Dieu, 111 (1972) 112.
[36] *Djomo-Lola*, a.a.O. (vgl. Anm. 19) 30.
[37] C. M. Mulago, a.a.O. (vgl. Anm. 13) 42f.

ein Stück von einem Leopardenfell, das entweder am Gürtel oder am rechten Arm befestigt ist. Bei den Bakongo besteigt der gewählte Häuptling den „*myalu*", eine Art Trage, die aus einem Leopardenfell hergestellt und als „*mbisi*" oder Tier der Herrschaft betrachtet wird[38].

Die Übernahme der Leopardensymbolik durch die moderne Zivilmacht in Zaire ist ein weiterer Beweis für ihren Fortbestand. Zu Beginn der Unabhängigkeit (1960) war es in Kasai der politische Führer Albert Kalonji, den man mit einem Stück Leopardenfell am Gürtel sehen konnte, und im damaligen Léopoldville (heute Kinshasa) war es Patrice Lumumba, der öfter mit einem Halsriemen aus Leopardenfell zu sehen war; noch heute tragen Präsident Mobutu und hohe Würdenträger der Partei Kappen aus Leopardenfell.

Wir können daher verstehen, daß die Bantu-Christen das Fell des Leoparden ohne Zögern als Schmuck für den Tabernakel verwenden, denn dieser ist der Wohnsitz des großen Häuptlings[39]. Wurde Gott selber doch traditionell als „Leopard-mit-eigenem-Wald" angerufen[40]. Inspiriert von dieser traditionellen Hymnologie haben die Klarissinnen von Mbuji-Mayi[41] das liturgische Bischofsgewand aus einem Stoff geschneidert, dessen Muster ein Leopardenfell imitiert: der Bischof ist sehr wohl der *Häuptling der christlichen Versammlung,* und er *steht der Konstitution der Kirche vor*. Die Bethanien-Schwestern legen ihre feierlichen Gelübde vor einem Kreuz ab, das auf einem Leopardenfell steht; damit knüpfen sie an die Tradition der feierlichen Eide an, die stets auf einem Leopardenfell geleistet wurden, dem Symbol der zum Zeugen genommenen Hierarchie des Universums[42]. Die Ablegung des Gelübdes ihrer Bindung an Christus vor einem Kreuz, das auf einem Leopardenfell steht, ist für diese Schwestern eine Weise zu verkünden, daß Christus der Herr der Welt ist und daß ihr Engagement im Dienst seiner Herrschaft steht[43].

Axt, Lanze, Elefantenstoßzähne

Das Leopardenfell ist immer mit anderen Insignien verbunden, so mit der Axt, die der Häuptling über der Schulter oder in der Hand trägt. Die

---

[38] *Van Wing,* Etudes Bakongo (Brüssel 1921) 138–147.
[39] Kapelle des Noviziats der Soeurs Thérésiennes in Mbuji-Mayi.
[40] Vgl. O. *Bimwenyi-Kweshi,* a. a. O. (vgl. Anm. 13) 134–141: Die Konstellation des Nkashama (Leoparden) und des Diba (Sonne).
[41] B.P. 76, Mbuji-Mayi. ·
[42] *Mbuyi Wenu Bula,* a. a. O. (vgl. Anm. 15) 191–193.
[43] *F. Kabasélé,* A travers des rites nouveaux, un christianisme africain, in: Bulletin de Théologie Africaine, 10, vol. V (1983) 235 f.

Elefantenstoßzähne finden sich häufig, zusammen mit einigen Lanzen, am Eingang des umfriedeten Häuptlingswohnsitzes. Diese Kampfinsignien erwecken Furcht und Vertrauen zugleich: Furcht beim Feind und Vertrauen beim Volk, dessen Beschützer der Häuptling ist. Durch die gleichen Insignien drücken die Bantu-Christen ihre Überzeugung aus, daß Jesus Christus ihr Verteidiger ist in einer Welt, die sie auch weiterhin als ein großes Schlachtfeld betrachten, auf dem Leben und Tod einander gegenüberstehen. So sieht man in den Kirchen (vor allem in Kinshasa) häufig zwei riesige Lanzen, die zu beiden Seiten des Tabernakels aufgestellt sind; mitunter werden die Lanzen neben dem Tabernakel auch durch Elefantenstoßzähne ersetzt [44].

Die königliche Halskette

Statt der Leopardenzähne sind es mitunter auch Kauris oder seltene Perlen, die man an der Halskette der Bantu-Häuptlinge sieht. Nach der afrikanischen Symbolik sind Kauris ein Symbol für Reichtum [45]. Das paßt zur Situation des Häuptlings, der für sein Volk der Versorger und „Lieferant" par excellence ist. So findet man auf einigen von kongolesischen Künstlern hergestellten Kruzifixen aus dem 16. Jahrhundert Christus mit einer königlichen Halskette aus Perlen und Kauris dargestellt [46]. Ich war überrascht, solche Kreuze bei einer Palmsonntagsfeier in Mbanza-Ngungu (im Unteren Zaire) anzutreffen. In diesem Gebiet, das die Wiege der Evangelisierung in Zaire ist, hatte ein Redemptoristen-Missionar eine Sammlung dieser Kreuze zusammengestellt. In einer Predigt über Christus, den König der Welt, erhob der Missionar eines dieser Messingkreuze, das Christus mit dem Schmuck der königlichen Halskette des Kongo zeigt, und er schloß seine Predigt mit den Worten: „Seht, so haben eure Ahnen im 16. Jahrhundert bereits an die höchste Macht Jesu Christi geglaubt!"

---

[44] Kapelle im Bischofshaus von Mbuji-Mayi, Kapelle der Karmelitinnen in Citenge und der Klarissen in Mbuji-Mayi.
[45] E. Mveng, L'art d'Afrique noire (Rom 1964) 31.
[46] Cahiers des Religions Africaines, 31–32, vol. XVI, Janv.–Juillet (1982) 137–147.

Christus als Ahne und Ältester

Von François Kabasélé

Jesus hat zu Thomas gesagt: „Ich bin der Weg und die Wahrheit und das Leben; niemand kommt zum Vater außer durch mich" (Joh 14,6). Diese Worte wecken bei einem Muntu unmittelbar die Vorstellung von denen, die *Quelle des Lebens* und *notwendiger Durchgang* zum Höchsten Wesen sind: die Ahnen. Das Bild des Baumes (Weinstocks), das Jesus gebraucht, um darzustellen, auf welche Weise sein Leben auf die Jünger übergeht, erinnert die Bantus an die Notwendigkeit des ständigen Kontaktes mit den Ahnen, damit das Leben fortbesteht: ohne die lebendige Verbindung mit ihnen verkümmert und verdorrt man wie eine vom Rebstock abgerissene Rebe (Joh 15,5 ff.).

Die von der christlichen Verkündigung gezogene Parallele zwischen Jesus und Adam konzentriert das Bild und die Vorstellung der Ahnen noch mehr auf die Gestalt Jesu. „Adam aber ist die Gestalt, die auf den Kommenden hinweist ... sind durch die Übertretung des einen die vielen dem Tod anheimgefallen, so ist erst recht die Gnade Gottes und die Gabe, die durch die Gnadentat des einen Menschen Jesus Christus bewirkt worden ist, den vielen reichlich zuteil geworden" (Röm 5,14b, 15b).

Die wechselseitige Abhängigkeit der Mitglieder einer Bantusippe läßt an die kommunizierenden Gefäße denken: der an einer Stelle auf die Flüssigkeit ausgeübte Druck setzt sich gleichmäßig durch alle Gefäße fort. Nach der Bantuauffassung ist das Leben mit dieser Flüssigkeit vergleichbar; der einzelne empfängt es vom ersten der Gefäße, das seinen Ahnen darstellt, mit dem er in fortwährender Verbindung bleibt. Alles, was im weiteren Verlauf den Grad der Teilhabe am Leben wachsen läßt, interessiert im höchsten Maße die Ahnen und wirkt sich auf alle übrigen Mitglieder der Sippe aus. Jesus Christus hat ein neues Gleichgewicht und ein neues Kommunikationsnetz in diese Gefäße eingeführt und sie zugleich durch ein „Höchstmaß an Füllung" auf ein neues Niveau gebracht. Er ist der Letzte Adam, der zum lebendigmachenden Geist wurde (vgl. 1 Kor 15,45).

Die meisten der geistlichen Erweckungsbewegungen in Schwarzafrika sind geprägt von einem starken Sinn für Vermittlung[1]. Das Beispiel der *Jamaa*, um nur dieses hier zu nennen, bietet eine streng hierarchisch strukturierte Spiritualität, die eine Parallele einerseits zwischen Christus und dem männlichen Ahnen und andererseits zwischen der Heiligen Jungfrau und dem neuen weiblichen Ahnen zieht. Für die *Jamaa*-Spiritualität sind Jesus und Maria Modelle und bewirken eine neue Flut im Heilswerk Gottes. Indem man sich leiten läßt von der Liebe Jesu und Mariä, bewahrt und vermehrt man die Liebe in der christlichen Familie und damit auch im Leben der Ehepartner:

„Die *Jamaa*-Ehepaare wenden sich an *Christus und die Jungfrau Maria* als ihre Ahnen, deren Gemeinschaft sie suchen. Wie die traditionellen Ahnen gehören sie zur Welt ihrer Familie ... Christus ist der Ahne schlechthin ... In der Heilsgeschichte sind Christus und Maria, der neue Adam und die neue Eva, der Mittler und die Mitwirkende aus überströmender Liebe, die Urbilder der Treue nach dem Plan Gottes, denen die Ehepartner nacheifern wollen."[2]

In Katechesen aus der Zeit der „Adaptation" wurde versucht, den Jesus-Christus-Kult durch den Ahnenkult verständlich zu machen. Hierfür ein Beispiel: „Jesus Christus steht also über allen Geistern. Er ist für uns unser (Ahnen-)Geist, weil wir ... ein zweites Mal geboren wurden in der Taufe. Wir sind Menschen, aber durch die Taufe sind wir auch vom Stamme Gottes. *Daher haben wir auf zweifache Weise Ahnen.* Der große (Ahnen-)Geist bleibt immer Christus, der Sohn Gottes, der gestorben und auferstanden ist. Er ist der Erstgeborene unter den Toten. *Nach Christus aber haben wir auch noch andere Gründer-Geister.* Zunächst die Hl. Jungfrau Maria ... Und dann sind da auch die Heiligen ... Nicht zu vergessen unsere Verstorbenen ... Wenn in unseren Familien irgend etwas nicht stimmt, dann wollen wir uns in der Kirche versammeln. Wir wollen dorthin gehen mit allen unseren Brüdern, auch den Heiden, wir wollen dorthin gehen mit den Ältesten des Dorfes ... Denn jetzt haben wir ein Opfer darzubringen, das über allen früheren Opfern erhaben

---

[1] Wir verweisen in diesem Zusammenhang auf Bd. 8 der Reihe „Theologie der Dritten Welt": *V. Mulago gwa Cikala M.* (Hrsg.), Afrikanische Spiritualität und christlicher Glaube. Erfahrungen der Inkulturation (Freiburg: Herder, 1986).
[2] Im gleichen Band (vgl. Anm. 1): *Kalond Mukeng'a,* Eine afrikanische Ehe-Spiritualität: Fallstudie Jamaa, 172 f.

ist ... Laßt uns dieses einzigartige Opfer darbringen, indem wir die Messe feiern ..."[3]

Das ist die Ausdrucksweise der Bantu-Christen. Wir wollen der Beziehung, in die man Christus zum Ahnen gestellt hat, nachgehen, und zwar zunächst im Lichte dessen, was der Ahne für den Muntu bedeutet, sodann, indem wir auf Christus die verschiedenen Register anwenden, unter denen die Beziehung eines Muntu mit seinem Ahnen zum Ausdruck kommt.

I. Der Bantu-Ahne

Die Ahnen sind die ersten, denen Gott seine „Lebenskraft" übermittelt hat; sie bilden daher in der Pyramide der Lebewesen nach Gott das höchste Glied. Aber sie sind und bleiben Menschen. Dadurch, daß sie durch den Tod hindurchgegangen sind, sind sie mit ihrer Fähigkeit, Einfluß auszuüben, die Lebenskraft der Irdischen zu stärken oder zu schwächen, mächtiger als die Menschen auf Erden. An ihrem Aufenthaltsort sehen sie Gott und seine Untertanen. Nicht jeder gelangt zum Rang eines Ahnen; es genügt dafür nicht zu sterben: man muß gut gelebt haben, d. h. ein tugendhaftes Leben geführt haben:

– Man muß die Gesetze praktiziert haben und sich weder des Diebstahls noch der Ausschweifung schuldig gemacht haben; man darf nicht jähzornig, nicht streitsüchtig und nicht in Zauberei verwickelt gewesen sein; man muß ein Element der Einheit und der Gemeinschaft unter den Menschen gewesen sein [4].

– Man muß Nachkommen auf Erden haben, denn das empfangene Leben muß weitergegeben werden; je mehr das geschieht, desto stärker wird es; der Ahne darf das Leben nicht gebremst oder blockiert haben: wenn man keine Nachkommen hat, wie kann man dann zum Zeichen und Hort der Lebensvermittlung werden und die Rolle des Vermittlers schlechthin zwischen den Menschen und dem Höchsten Wesen spielen?

– Man muß „gut" gestorben sein, d. h. einen „natürlichen" Tod gehabt haben: sei es gesättigt an Jahren, sei es, nachdem man seine Botschaft an

---

[3] *Nkongolo wa Mbiye*, Le culte des Esprits, hrsg. vom Centre d'Etudes Pastorales (Kinshasa 1974) 18–20 (Kursivschrift von uns).
[4] Nähere Ausführungen zu diesem Thema in *C. M. Mulago*, La religion traditionnelle des Bantu et leur conception du monde (Kinshasa 1973); siehe auch *L. V. Thomas – R. Luneau*, Les religions d'Afrique noire Bd. I, 78–82 und passim (Paris: Stock-Plus, 1981).

die Seinen weitergegeben hat und auf angemessene Weise bestattet worden ist.

Nun wird die Bezeichnung „Ahnen" zweifellos auch auf solche Verstorbene ausgeweitet, die nicht alle diese Bedingungen erfüllt haben; die Rolle der Lebensvermittlung zwischen Gott und den Menschen aber können nur diejenigen übernehmen, die diese Bedingungen erfüllt haben. Sie üben diese Vermittlung aus, indem sie den Ihrigen auf Erden zu Fruchtbarkeit, Gesundheit und Erfolg in ihren Unternehmungen (Viehzucht, Handel, Landwirtschaft, Jagd), kurz, zu einem erfüllten und glücklichen Leben verhelfen. Aufgrund der Teilhabe aller Nachkommen an dem von den Ahnen ausgegangenen Leben üben diese ihre Vermittlung über die Verbindungslinie der Sippe, der Blutsverwandtschaft aus: dies ist der Weg par excellence der Wechselwirkung der Kräfte. Immer ist es das Leben, das von Gott wie auch von den Ahnen erbeten wird:

„Gott des Himmels, Herr,
Gib mir Lebenskraft, auf daß ich stark sei,
Gib mir Wohlergehen.
Daß ich heirate und Kinder zeuge;
Daß ich Ziegen züchte und Hühner,
Daß ich zu Geld und Gut komme;
Daß ich blühe von Gesundheit und Leben."[5]

„Zira! Es ist wahr,
Gott des Himmels, du leuchtest: mögest du es immer mehr tun!
Nimm an den weißen Hahn und gib ihn dem Großvater.
Zira, das ist der weiße Hahn, nimm an, was ich dir opfere.
Du bist es, der dieses Haus bewohnt hat,
ich bin gekommen und habe es erbaut vorgefunden.
Ich schenke dir diesen Hahn, auf daß du es gut beschützest.
Beschütze die Enkelkinder, die Frauen deiner Enkelsöhne.
Sieh mich an und beschütze mich bei Nacht und um die Mittagszeit.
Beschütze mich auf dem Markt, beschütze meine Frau, wenn sie
die Nahrung bereitet, wenn sie Holz suchen geht.
Mach, daß es immer Nahrung in diesem Haus gibt.
Streck beide Hände aus und empfange die Gabe."[6]

Wie aber leben die Ahnen? Nach dem Glauben der Bantus leben sie in Dörfern wie die Menschen auf Erden; sie haben auch weiterhin, wenn auch auf geheimnisvoll-spirituelle Weise, die menschlichen Bedürfnisse. Der Kult, den man ihnen erweist, antwortet zum Teil auf diese Bedürf-

---

[5] L. V. *Thomas* – R. *Luneau*, a. a. O. (vgl. Anm. 4) 65.
[6] Ebd. 85.

nisse. Der Mann bleibt Mann im Dorf der Ahnen, die Frau bleibt Frau, der König für immer König, der Reiche bleibt reich, der Arme bleibt arm. Aber ihr Leben ist jetzt ohne Ende, und es hat ein anderes Aussehen: Die Lebenden auf Erden, die ihre Ahnen zu deren Lebzeiten kannten, können sie jetzt nicht mehr erkennen; wenn die Ahnen sich den Lebenden zeigen, dann „in einem nebelhaften Körper, einem Schatten mit ungenauen Konturen; sie ziehen vorüber wie der Wind"[7].

Aber man wendet sich an die Ahnen nicht nur, um irgendeine Gunst zu erbitten: eine Heilung oder die Befriedigung irgendeines Bedürfnisses. Das geschieht auch um des bloßen Gedenkens willen, um ein Andenken wachzuhalten, eine Geschichte, Taten und Worte, eine Erfahrung des Sieges des Lebens über den Tod. Die Anrufung der Ahnen wird, was immer der Anlaß oder Grund sein mag, immer zu einer Quelle des Segens. Daher werden alle wichtigen Ereignisse im Leben des Muntu entweder zu einer Epiphanie des Handelns der Ahnen oder zu einer Gelegenheit, aufs neue Verbindung mit ihnen aufzunehmen, um wie in einer Schlacht die Reihen fester zu schließen. Für die „Frömmsten" unter den Bantus muß alles Tun des täglichen Lebens im Zeichen der Gegenwart der Ahnen stehen: bevor er etwas trinkt und von einer Speise etwas zu sich nimmt, schüttet der fromme Bantu einen Tropfen des Getränkes auf den Boden zum Zeichen der Ehrerbietung vor den Ahnen und der Teilhabe des Lebens an ihrem Leben. Geschieht es, daß einer niesen muß, dann nennt er den Namen eines seiner Ahnen, wie um dessen Segen zu erbitten. Erstaunt ihn etwas, nennt er den Namen des Ahnen, wie um ihm zu sagen: „Staune mit mir".[8]

II. Anwendung auf Christus

Die Gestalt des Ahnen ist sehr komplex. Andererseits hängen die verschiedenen Aspekte so eng zusammen, daß jeder Versuch der Trennung eine solch noble Gestalt eher entstellen würde. Unser Anliegen aber macht dies bis zu einem gewissen Grad notwendig. So haben wir verschiedene Elemente der Ahnengestalt unter einigen wesentlichen Gesichtspunkten zusammengefaßt, um in diesem Licht zu erkennen, wie diese Bantu-Gestalt auf Jesus Christus angewandt werden kann.

---

[7] *C. M. Mulago,* a. a. O. (vgl. Anm. 4) 43–45.
[8] Eine bei den Luba-Frauen übliche Weise der Verwunderung ist der Ausruf: „... we!" wobei der Name ihres Vaters genannt wird.

Der Bereich des Lebens

„Denn du hast ihm Macht über alle Menschen gegeben, damit er allen, die du ihm gegeben hast, ewiges Leben schenkt" (Joh 17, 2). Das Wichtigste an den Ahnen ist die Rolle, die sie in der Übermittlung und Bewahrung des Lebens gespielt haben. Das Leben des Menschen kommt von anderswo her, von Gott, von dem die Bantus sagen, daß er *„mayi mfuki 'a mukele"* (Wasser-aus-dem-das-Salz-kommt) ist. Aber es hat seinen Weg über die Ahnen genommen, denen Gott Macht über ihre Nachkommen verliehen hat.

So sind die Ahnen gewissermaßen unsere „Ursprünge", diejenigen, aus denen wir hervorgegangen sind. Man kann nicht die Rolle des Ahnen spielen, wenn man das Leben nicht weitergegeben hat; der größte Fluch besteht für einen Muntu darin, kinderlos zu sterben. Leben heißt Leben schenken; je mehr Leben man schenkt, um so mehr wächst man in seiner Seinskapazität. Das Leben lieben heißt das Leben *schenken.* Wir werden später noch die Brüche sehen, die sich in dieser Hinsicht aufdrängen. Zunächst wollen wir uns darauf beschränken, genauer zu formulieren, um welches Leben es hier geht: es ist ein zugleich biologisches und spirituelles Leben, denn bei den Bantus sind diese beiden Aspekte des Lebens eng verknüpft. Wer nämlich innerhalb einer sozialen Gruppe die Gemeinschaft fördert, wer dort Frieden, Freude und Liebe sät, der ist der Verbündete des Lebens, der ist „Lebensspender". Zu ihrer Fülle gelangt diese Spende aber erst unter ihrem biologischen Aspekt.

Christus ist gekommen, das „Leben" zu schenken und es in Fülle zu schenken. Durch ihn erben wir das Leben des Vaters. Der Vater ist es, der das Leben schenkt, aber durch Jesus. Die Tatsache, daß Christus die Liebe in den Mittelpunkt seiner Moral gestellt hat, deckt sich völlig mit dem Ahnen-Ideal der Bantus; denn ohne die Liebe gibt es kein Gedeihklima für die Entfaltung des Lebens. Christus ist Lebensquelle durch sein Wort: „Der Mensch lebt nicht nur von Brot, sondern von jedem Wort, das aus Gottes Mund kommt" (Mt 4, 4); wer an Christus glaubt, hat das Leben: selbst wenn er stirbt, wird er leben (Joh 11, 25); wer an Christus glaubt, aus dem sprudeln Quellen, deren Wasser ewiges Leben schenken (Joh 4, 14). Christus schenkt sich uns als Lebensnahrung: „Das Brot, das ich geben werde, ist mein Fleisch für das Leben der Welt" (Joh 6, 51). Wie die Ahnen über das Leben der Nachkommen wachen und es fortwährend stärken, so nährt Christus fortwährend das Leben der Gläubigen.

Der Bereich der Gegenwart

„Ich bin bei euch alle Tage
bis zum Ende der Welt" (Mt 28,20).

Die Bantu-Ahnen sind keine Toten, sondern Lebende. Damit ist, wenn auch vielleicht etwas überspitzt, der ganze Unterschied zwischen einem europäischen Ahnen und einem Bantu-Ahnen ausgedrückt: jener ist eine Erinnerung, dieser eine Gegenwart[9]. An den ersten erinnert man sich, wenn man die Familiengeschichte erzählt und im Charakter des einen oder anderen Familienmitgliedes Ähnlichkeiten mit diesem oder jenem Ahnen festzustellen glaubt. Der Bantu-Ahne aber wird bei jedem wichtigen Ereignis angerufen: man unterhält sich mit ihm und man läßt ihn sogar an dem Trank, den man zu sich nimmt, wie auch am gemeinschaftlichen Mahl der Familie oder Sippe teilhaben, das oftmals eigens zu seinen Ehren veranstaltet wird[10].

Die Ahnen sind die Haupt-„Verbündeten" der Lebenden auf Erden: sie achten ständig auf Gefahren, die diese bedrohen; mit starker Hand stehen sie ihnen zur Seite im Kampf für den Triumph des Lebens über den Tod.

Der Bereich der Ältesten

Christus ist Ahne auch im Sinne des Ältesten. Dem Bantubegriff des Ältesten liegt die Idee des zeitlichen Vorangehens zugrunde: der Älteste ist derjenige, der den Quellen und den Grundlagen am nächsten ist, der als erster da war. Und der erste der Ältesten, dem dieser Titel zukommt, ist Gott. Schon der Name Gottes in der Lubasprache ist in dieser Hinsicht aufschlußreich: *„Mvidi-Mukulu",* d.h. wörtlich *„Mvidi-*Ältester". Die wörtliche Übersetzung wäre „Geist-Ältester", wobei jedoch die materiellen Aspekte des Begriffes *„Mvidi"* unberücksichtigt bleiben.

Das Wort *„Mvidi"* bezeichnet eine Kategorie von Bäumen, die sich sowohl durch Samen und Wurzeln wie auch durch Zweige vermehren. Ihre Rinde sondert einen weißen, schleimigen Saft ab. Diese Bäume verdorren nicht während der trockenen Jahreszeit. Wenn immer ein Luba zu Glück und Erfolg gekommen war (zu üppigem Wohlstand, zu aufsehenerregen-

---

[9] Eine Griechin erzählte mir, daß es vorkäme, daß sie sich mit ihrem verstorbenen Großvater unterhält. Letzterer war orthodoxer Priester, und er besuchte (im Traum) auch weiterhin die Seinen. Der Verstorbene war ihnen jedoch nicht so weit gegenwärtig, daß sie sich in ihrem Leben von ihm abhängig gefühlt hätten.
[10] *Mbuyi Wenu Buila,* Bankamba betu (Unsere Ahnen), 4 (Kinshasa 1972) 74.

den Siegen in Schlachten, zu zahlreichen und schönen Nachkommen), dann pflanzte er einen „*Mvidi*" vor sein Haus als Symbol des Glückes und als „Denkmal" (im deuteronomischen Sinn) dessen, was er erlebt hatte. Fortan versammelte sich die Familie zum gemeinschaftlichen Mahl unter diesem Baum, dessen Stamm weiß angestrichen wurde – mit der Farbe des Jenseits und der Ahnen.

Wenn Gott mit dem Namen dieses Baumes angerufen wird, dann, so scheint uns, um zu bekunden, daß Gott die Quelle des Lebens ist, eines überquellenden und dauerhaften Lebens. Hier aber ist es die Tatsache, daß diesem Namen das Attribut „Ältester" beigefügt wird, die uns interessiert. Der volle Titel „*Mvidi*-Ältester" verweist auf die Autorität Gottes über das gesamte Sein und Leben.

Christus, sein einziger Sohn, erhält das gleiche Attribut „Ältester". Denn bei den Bantus bleiben auch die Söhne des älteren Bruders für die Söhne des jüngeren Bruders „Ältere", selbst wenn sie in Wirklichkeit jünger sind, denn die vom älteren Bruder ausgegangene Linie ist immer die „höhere", der die übrigen Linien Respekt und Ehrerbietung schulden. In den Versammlungen der Sippe bleibt ihnen stets das letzte Wort vorbehalten wie auch die Initiative, diese Zusammenkünfte einzuberufen. Die Söhne aus der Linie des Ältesten haben Anrecht auf Gaben seitens der Jüngeren; denn ein Luba-Sprichwort sagt: „Es ist niemals die Erde, die den Regen beschenkt, sondern der Regen macht der Erde ein Geschenk." Bei den patrilinearen Volksstämmen der Kasaï (ein Gebiet in Zaire) verlangt der Respekt gegenüber dem Ältesten, daß der Mann, der seine erste und zweite Tochter verheiratet, den Brautpreis nicht für sich verwenden darf, sondern ihn vollständig seinem ältesten Bruder oder dessen Söhnen zu geben hat. Das gleiche gilt für das erste Gehalt des Jüngeren: er überläßt es voll und ganz dem Ältesten.

Unter diesem Aspekt wird Christus als „Ältester" gesehen, denn er allein ist es, dem man opfern muß. Oder anders ausgedrückt: Seit wir ihn kennen, müssen alle unsere Opfergaben hinfort über ihn gehen. Denn der Älteste ist es, der für alle anderen den Ahnen und dem Höchsten Wesen die Opfergaben darbringt. Dazu ein Kommentar, der der Gelübdefeier der Bethanien-Schwestern entnommen ist und der diesen Aspekt sehr gut hervorhebt:

„Christus hat sich als erster dem Vater dargebracht, er ist von nun an Ursprung und Ziel aller unserer Opfergaben. Das haben unsere Ahnen noch nicht gewußt; wir aber wissen es, und darum müssen wir unsere Opfergaben über ihn darbringen. Das ist es, was diese Ordensschwestern tun werden, die Sie soeben das Gelübde ihrer Bindung an Gott haben ablegen sehen."[11]

In einigen Liedern unserer christlichen Gemeinden wird Christus der Titel „Ältester der Gesalbten" *(Mulaba-Mukulu)* verliehen, und zwar in dem Sinne, daß er das Vorbild ist, nach dem die anderen gesalbt werden. Der Bantu-Älteste stellt in der Tat ein Leitbild dar, dem man folgt, es sei denn, sein Verhalten wäre nicht das eines „Ältesten". Denn um die oben erwähnten Vorrechte zu genießen, genügt es nicht, das Licht der Welt vor anderen erblickt zu haben. Wie in jeder gesellschaftlichen Gruppe gibt es auch hier einzelne, die in bezug auf die ihnen übertragene Rolle nicht den Erwartungen der Gemeinschaft entsprechen. Man nennt sie bei uns „Erbärmliche Älteste", weil sie die Hoffnungen der „Nachgeborenen" enttäuscht haben. Zu denen, die eine soziale Aufgabe übertragen bekommen, sagt man: „Mach es nicht wie der so sehr erwartete Älteste, der sich mit der Axt verletzt hat." In dieser Redensart deutet das Wort „erwartet" auf eine gefühlsbetonte Note in der Gestalt des Ältesten hin; er wird immer „so sehr erwartet", wie „der erste Regen" nach der Dürre; so wird der „Älteste" oft auch *„kavula-mbedi"* (der erste Regen) genannt. Und so begegnen wir auch im Refrain eines religiösen Luba-Liedes der Bitte an Christus: „O unser *kavula-mbedi,* gib uns Lebenskraft und Stärke"; in der Tat schenkt der erste Regen der keimenden Saat im Erdreich Lebenskraft und Stärke.

Christus ist ein echter Ältester, der sowohl unsere Erwartungen wie auch die des Vaters nicht enttäuscht hat. Dieser hat ihn rehabilitiert und gekrönt (Auferstehung). Uns aber hat Jesus ein Beispiel gegeben: „Ich habe euch ein Beispiel gegeben, damit auch ihr so handelt, wie ich an euch gehandelt habe" (Joh 13, 15). Für die Jüngeren oder die nachfolgende Altersgruppe ist der Älteste nämlich immer Vorbild. Für die Lebenden sind die Ahnen diejenigen, die die Fundamente der Gesellschaften gelegt haben, auf denen das Leben sich aufbauen und erhalten kann. Darum muß man ihnen folgen, wenn man das Leben bewahren will; denn der Wille der Ahnen ist entscheidend.

Wegen der Beispielhaftigkeit, die vom Ältesten gefordert wird, obliegt diesem auch die Verantwortung für das Handeln der Jüngeren. Für die Bantus hat Christus sich wahrhaft als Ältester erwiesen, weil er unsere Schuld auf sich genommen und für uns gesühnt hat (Jes 53, 4 f.; Hebr

---

[11] *Ngoyi-Kasanui,* Cifingu cia Bamamu by Béthanie (= Weihe der Schwestern von Bethanien), unveröffentlicht (Ngandanjika 1981); übersetzt vom Verf.

8–10). Dies führt uns zum letzten Aspekt der Gestalt des Ahnen: der Vermittlung zwischen den Menschen und dem Höchsten Wesen.

Der Bereich der Vermittlung

Christus entspricht der Kategorie des Ahnen, weil er letztendlich alle Vermittlungen in sich vereint (Hebr 8). Zunächst müssen wir hier die Idee der Vermittlung im Bantu-Kontext genauer beschreiben.

Die Bedeutung der Vermittlung in der spirituellen Suche der Bantus ist Teil ihrer Weltsicht und ihrer Auffassung von der Rolle, die die Gemeinschaft im Leben und Denken des einzelnen spielt. Das Universum der Afrikaner und ganz besonders der Bantus ist, wie schon wiederholt gesagt wurde, eine hierarchisch geordnete Welt, in der alle Wesen am Leben des Höchsten Wesens auf verschiedenen Ebenen, je nach ihrer Natur, teilhaben. Im Mittelpunkt steht der Mensch, bei dem sich diese Teilhabe auf der höchsten und reichsten Ebene in bevorzugter Weise vollzieht. Diese Partizipation aber ist nicht unmittelbar; denn die Welt ist hierarchisch geordnet, und deshalb gibt es zwischen den verschiedenen Bereichen Vermittler. Das Höchste Wesen, die Welt der Geister und die Welt der Menschen sind voneinander unterschieden und getrennt, wenngleich sie sich gegenseitig beeinflussen. Und eben darum bedarf es im Kontakt zwischen den drei Bereichen der Vermittlung.

Die Konstitution des menschlichen Seins in der Bantu-Anthropologie begründet ebenfalls diese Vermittlung: der Mensch ist ein untrennbares Ganzes, das sich aus Sichtbarem und Unsichtbarem zusammensetzt: nur über das, was man sieht, hat man Zugang zu dem, was man nicht sieht. Der Zauberer und der Übeltäter erreichen den Menschen selbst nur über materielle Substrate: seine Finger- oder Zehennägel, seinen Körperschweiß, der an seinen Kleidern haftet, von denen sie sich eine Faser beschaffen; alles, was den Menschen umgibt, partizipiert letztlich an seinem Sein und wird zum leitenden Draht.

In ganz Schwarzafrika findet sich die Überzeugung, daß Gott, obwohl ihn noch kein Mensch je gesehen hat, doch eine Verbindung zwischen sich und den von ihm erschaffenen Wesen aufrechterhält. Der Kontakt mit ihm geschieht durch seine Gesandten und Beauftragten, die Vermittler, die eben jene Wesen sind, die der Quelle allen Lebens am nächsten sind, oder auch solche, die durch eine besondere Gottesgabe mit einem speziellen Netz der Kommunikation mit Gott ausgestattet sind. Das sind im hier vorliegenden Fall die Wahrsager, die „Starken" ...

Wenn bei den Schwarzafrikanern die Gemeinschaft eine so-entscheidende Rolle spielt, so deswegen, weil sie sich dessen bewußt sind, daß die Gemeinschaft die hauptsächliche Vermittlerin der Initiation des einzelnen in das Leben ist. Aber nicht nur der einzelne Mensch kann nicht ohne die Gemeinschaft der Menschen auskommen, seine ganze Existenz wäre außerhalb der Gemeinschaft jeden Sinnes beraubt. In der Welt der Bantus lebt man durch die Gemeinschaft und für die Gemeinschaft. Sprichwörter wie die folgenden sagen viel darüber aus: „Was einer anbaut, wird von vielen gegessen."[12] „Es ist besser, mit Menschen zugedeckt zu sein als mit Stroh." (Stroh ist zu verstehen als: Dinge, Reichtümer, die wie das Stroh leicht verbrennen.)[13] Die „Härte" des gegenwärtigen Lebens macht es notwendig, Zuflucht zu nehmen zur Gemeinschaft: „Es ist schwer hienieden, die hohen und harten Gräser werden als *bereits da vorgefunden*."[14] Weil das so ist, ergibt sich als elementarste Weisheit, daß man sich an diejenigen wenden muß, die man als *bereits da vorgefunden* hat: „Wenn du zu den Bakuba kommst, dann fange nicht damit an, Fallen zu stellen; beobachte zuerst, wie die Bakuba die ihren stellen."[15] Diejenigen, die wir als *„bereits-da" vorgefunden* haben, sind eine unerläßliche Vermittlung in unserer Beziehung zu dieser Welt, die wir ja auch als *„bereits-da" vorgefunden* haben.

In dieser vermittelnden Gemeinschaft nehmen die Ahnen den ersten Platz ein: sie sind der Quelle näher, und sie kennen uns näher. Ihre Beziehung zum Höchsten Wesen und zu den Lebenden auf Erden verleiht ihnen eine bevorzugte Vermittlerstellung:

> „Mein Vater, mein Ahne,
> Ihr, die ihr im unteren Teil der Welt seid,
> Ihr mit Gott und der Erde,
> Ihr seid es, der spricht,
> Was mich betrifft, ich sehe nichts, nirgendwo,
> Empfangt nun diese Feder (Huhn)
> Und bringt sie dem (Höchsten) Wesen, das ihr kennt, dem ihr nahe seid,
> Und daß nur der Friede zu mir komme."[16]

Christus selbst hat von seiner Vermittlung zwischen den Menschen und seinem Vater gesprochen. Er ist die „Tür" des Zugangs zum Vater (Joh

---

[12] Luba-Sprichwort: „ciadima unue diadia bangi".
[13] Luba-Redensart: „baakufinga bentu kabakufingi nsona".
[14] Luba-Redensart: „panu mpakole, masela ne bilunda mbisangana bimena".
[15] Luba-Redensart: die Bakuba sind ein Volk von Künstlern, das vor der Kolonialzeit große und mächtige Reiche gegründet hat; „n'uya ku Bakuba kudianji kuteya, wanji kumona Bakuba muteyateyabo".
[16] *L. V. Thomas – R. Luneau*, a. a. O. (vgl. Anm. 4), Bd. II, 182 f.

10, 9). Nach seinem Wort kennt niemand den Vater, nur der Sohn und der, dem es der Sohn offenbaren will (Lk 10, 27). Für die Bantu-Christen übt Christus durch seinen Vermittlerdienst die Funktion des Ahnen aus. Er ist der Ahne par excellence, der alle Worte und Taten der Vermittlung unserer Ahnen in sich zur Vollendung bringt[17].

Soll das heißen, daß diese Bantu-Christen sich nicht mehr an ihre Ahnen wenden? Oder, anders ausgedrückt, macht Christus als Ahne die Rolle der Bantu-Ahnen überflüssig? Es scheint nicht. Die frühere Missionskatechese hatte den Bantu-Ahnen den Krieg erklärt[18]. Alles, was sie damit erreichte, war, daß die Bantus in ihrer Seele hin- und hergerissen waren. In der Sorge um die Beilegung dieses Konfliktes haben sich zairische Katecheten um eine Harmonisierung der Anschauungen bemüht. Hier ein Auszug aus einer Predigt:

„Der Stamm lebt nicht nur hier auf Erden. Er ist in zwei Teile geteilt: die Toten und die Lebenden. Alles, was den Lebenden widerfährt, wird auch von den Toten erlebt, alles wird miteinander zum Wohl des Stammes geordnet: durch die Lebenden mit den Geistern der Ahnen. Die Geister, das sind diese Toten: sie haben ihr Dorf, sie leben. Natürlich auf eine andere Weise als wir. Unter der Erde, im Dorf der Ahnen, ist alles anders als hier. Aber sie leben, es sind die Geister ... Als Christen fühlen wir uns dem sehr nahe und haben durchaus kein Verlangen, dies zu leugnen. Ist es nicht der *Ahne der Christen* selbst, der uns gesagt hat: ‚Ich werde euch nicht als Waisen zurücklassen, sondern ich komme wieder zu euch' ... Unser Geisterhäuschen muß in unserer Kirche sein ... Auf den Altar, wo wir die Messe feiern, sollten wir einen großen Geisterbaum malen. Dann würden wir immer, wenn wir in die Kirche hineingehen, an unsere Toten denken und ihre Geister ehren ... Die Kirche ist das Haus der Geister, denn sie ist das Haus des Häuptlings der Geister, Jesus Christus ..."[19]

Auch andere Katecheten haben sich um eine Lösung dieses Konfliktes bemüht und versucht, die Ahnen in die Kategorie der Heiligen einzubeziehen, so wie es auch mit den Gerechten des Alten Bundes gemacht wurde, die von Christus in seinem Sieg über den Tod in den Himmel ge-

---

[17] R. Luneau – J. M. Ela, Voici le temps des héritiers (Paris: Karthala, 1981) 212; Auszug aus einer von uns gehaltenen Predigt.
[18] Siehe v. a. die von den Scheut-Missionaren in Kasai gegründete Zeitschrift *Nkuruse;* siehe auch G. A. Smal – J. Mbuyi, Femme congolaise, réveille-toi.
[19] *Nkongolo wa Mbiye,* Le culte des Esprits, hrsg. vom Centre d'Etudes Pastorales (Kinshasa 1974) 7, 20 f.

führt wurden[20]. Diese, wie uns scheint, allzu einfache Form der Einbeziehung der Bantu-Ahnen ist aus der guten Absicht entstanden, die Notwendigkeit unserer Rettung durch Jesus Christus mit der Güte des Schöpfers zu verbinden, der doch diejenigen nicht verwerfen kann, die auch von seinen Händen und nach seinem Ebenbild geformt wurden und die nur das „Pech" hatten, seinem Sohn nicht begegnet zu sein. Meiner Ansicht nach läßt sich beides durchaus miteinander verbinden, ohne den Begriff des „Heiligen" in der Kirche zu verfälschen und ohne Christus in Strukturen einzuschließen, auch wenn diese christlich geworden sind. In der christlichen Kirche gilt der Heiligenkult zunächst und vor allem den Märtyrern. Ausschlaggebend ist daher der Begriff der *Beispielhaftigkeit für das Ausharren im Glauben an Christus.* Die christlichen Heiligen sind Zeugen des Glückes, das einen Menschen erfüllt, der fest mit Christus verbunden ist. Da unsere Bantu-Ahnen aber den Glauben an Jesus Christus weder gekannt noch gelebt haben, können sie auch nicht die Rolle von Zeugen dieses Glaubens bzw. der Beispielhaftigkeit für die Christusverbundenheit spielen. Aber sie können sehr wohl beispielhaft sein im Hinblick auf Werte, die ihrem Ursprung nach nicht christlich sind, die es aber werden könnten – etwa in der Art eines Spätergekommenen, der im Saal einen noch freien Platz einnimmt: den Sitz, der für ihn reserviert war. In dem Maße, als neue Kulturen Christus begegnen, werden sicher noch verschiedene „freie Sitze" im Christentum besetzt werden. Bantuwerte, wie etwa der Ahnenkult, werden christlich durch die Tatsache, daß sie von Bantu-Christen in einer Synthese gelebt werden, die weder mit den Bantus noch mit Christus bricht, einer Synthese, deren vorherrschendes Kriterium die bedingungslose und absolute Liebe zu Gott und den Brüdern ist.

Unsere Bantu-Ahnen haben es nicht nötig, als „Heilige" eingefärbt zu werden, um unsere Verehrung zu verdienen. So, wie sie sind, sind sie die Gründer unserer Gesellschaften, versöhnende Vermittler für die Menschen und gegenwärtig in unserem täglichen Leben. Die Botschaft Christi hat uns verstehen lassen, daß auch sie auf dem Weg zur Vollendung sind. Und eben dies steht in vollkommenem Einklang mit der Bantu-Kultur, die uns zeigt, daß die Ahnen uns noch brauchen, daß ihr Glück gewissermaßen vom Wachstum des Lebens ihrer Nachkommen abhängt. Darum

---

[20] Ebd. 11; vgl. auch *B. Bujo,* Nos ancêtres, ces saints inconnus, in: Bulletin de Théologie Africaine, Vol. 1,2 (1979) 165–178.

haben wir vorgeschlagen, die Trankopfer für die Ahnen beizubehalten[21]. Statt sie durch die hl. Messe zu ersetzen, haben wir es für sinnvoller gehalten, sie in die Eucharistiefeier zu integrieren, und zwar so, daß sie zum Ausdruck bringen, daß Christus die Fülle ist, daß er in sich das Wesen der Ahnen zur Vollendung bringt. Kurz: so, daß unser Trankopfer darauf hinweist, daß ohne den Leib und das Blut des Gottessohnes unsere Ahnen nicht zur Fülle des Lebens gelangen, und dadurch verkündet, daß Jesus Christus der Herr ist zur Verherrlichung Gottes des Vaters.

So wie Christus, der einzige Priester, die menschlichen Vermittlungen nicht aufhebt[22], sondern sie in sich vollendet, so vollendet er in sich auch die von unseren Ahnen ausgeübte Vermittlung, eine Vermittlung, die er nicht aufhebt, die sich jedoch hinfort in Ihm als untergeordnet erweist. Wie dem auch sei, es mag uns genügen festzustellen, daß die Vermittlung der Ahnen den Bantu-Christen zu einem besseren Verständnis der Fülle der Vermittlung durch Jesus Christus verhelfen kann.

---

[21] „Du canon romain au rite zairois", in: Bulletin de Théologie Africaine, No. 8, Vol. V 227 f.
[22] Man denke an die im Widerspruch zum Amtspriestertum stehende Strömung bei den Reformatoren.

Jesus, Meister der Initiation*

Von Anselme Titianma Sanon

„Ihr aber sollt euch nicht Rabbi nennen lassen;
denn nur einer ist euer Meister,
Ihr alle aber seid Brüder" (Mt 23, 8).

Wie Mose vor dem brennenden Dornbusch höre ich eine Stimme aus dem Innern eines Busches: „Tritt nicht näher: löse deine Sandalen, verhülle dein Angesicht und fall nieder auf die Knie, wenn du dich dem heiligen Antlitz Christi nähern willst."
  Was ist es, das mich in meiner Suche nach dem Antlitz Christi bewegt?
  Ist es Neugier oder Anruf und Anziehung? Eine Anziehung, wie sie von bestimmten Gesichtern ausgeht, die zu faszinieren scheinen? Ganz sicher geht eine Faszination aus von diesem Antlitz, das zu vermitteln 2000 Jahre intellektueller und spiritueller, theologischer, künstlerischer und ästhetischer Versuche – um nicht zu sagen Versuchungen! – nicht fertig geworden sind.
  In der Tradition einer Region meiner Ethnie entsteht ein neues Dorf immer an den Ufern zweier Wasserläufe, und an deren Zusammenfluß liegt der Wurzelgrund bzw. der Ort der Verwurzelung des Dorfes.
  Auch in der neuen Gemeinde Christi, die sich an allen Ufern der Welt bilden soll, muß die verbindende Stelle an einem Zusammenfluß liegen, wo die Reichtümer aller Völker und Länder in den großen Strom fließen hin zum Ufer aller Ufer, dem Antlitz Jesu Christi.
  Noch ist der afrikanische Zustrom ein dünnes Rinnsal, das sich sein Flußbett graben muß, so wie es zutrifft, daß „die vordringlichste theologische Aufgabe in den meisten afrikanischen Ländern darin besteht, das

---

* Der französische Originalbeitrag ist in der deutschen Übersetzung leicht gekürzt. Das Thema wird ausführlich behandelt in Band 7 der Buchreihe „Theologie der Dritten Welt": A. T. *Sanon*, Das Evangelium verwurzeln. Glaubenserschließung im Raum afrikanischer Stammesinitiationen (Freiburg 1985).

wahre Antlitz Jesu Christi zu entdecken, damit die Christen es zutiefst und entsprechend ihrem eigenen Genius erleben können".[1]

Meine persönliche Erfahrung geht auf eine Meditation als junger Seminarist zurück. Langsam, fast buchstabierend, folgte ich einem Schrifttext, um ihm und damit Dem auf die Spur zu kommen, auf den er hinwies.

Es war am Christkönigsfest. Und Christus offenbarte sich mir in der ergreifenden Darstellung des Kolosserbriefes (Kol 1, 15–29). „Er ist das Ebenbild des unsichtbaren Gottes, der Erstgeborene der ganzen Schöpfung."

Übersetzen wir in die Sprache unserer Tradition:
– Er ist es, das Ebenbild des unsichtbaren Gottes:
àà zèba wo Wuro ta bisigi[2]
(es ist schwierig zu sehen, wie Gott ist)
– Der Erstgeborene der ganzen Schöpfung:
danfa si pepe na gwere-yi
danfa si pepe na pra-yi
danfa si pepe na fan-yi
a pia danfa si pepe zin
– Denn in ihm wurde alles erschaffen:
awe laforoma hon, danfa (si) pepe dan (tè)
– im Himmel und auf Erden:
wuro hon ko lo ma
– das Sichtbare und das Unsichtbare:
zè-dia-ye ko zèbarea-ye.
Ich bin hier von einer klassifizierenden Terminologie ausgegangen, in der es beides gibt:
– das Bild *(eidon)*[3] = *ja, dia,* das Double, das verschwommen ist oder getrübt werden kann
– das Ebenbild *(eikon)* = *bisigi, yeréworo, ven-no,* das Re-präsentierende, das wahrhaft gegenwärtig macht, das Wahre, geboren aus dem Wahren, das durchscheint, das durch seine Authentizität sichtbar wird.

Mein spirituelles Leben als afrikanischer Seminarist stand von diesem unvergeßlichen Augenblick an im Einklang mit der Religion meiner Ahnen.

---

[1] *E. Sambou,* zitiert nach „Lumière et Vie", No. 159, S. 32.
[2] Texte in der Madarè-Sprache der Bobos von Burkina Faso.
[3] Präsentation nach den griechischen Wortwurzeln.

Jesus Christus,
ohne Antlitz,
ist das sichtbare, äußere Ebenbild *(eidôlon)* des unsichtbaren Gottes, den er sichtbar macht *(eikon).*
    Er ist: Mensch, das sichtbare Antlitz-Ebenbild des Unsichtbaren.
    Der Gott ohne Gesicht wird sichtbar: *eidôlon*
in dem Menschen, in dem das Unsichtbare durchscheint:*eikon* (Symbol).
    Öfters habe ich es mir zur Aufgabe gemacht, die Symbole des Kolosserbriefes in meine Muttersprache zu übersetzen und dabei ihre Dynamik zu erhalten. Hier einige Elemente dieses Versuches einer Gegenüberstellung:

Bild/Ebenbild . . . . des Erstgeborenen
Zeichen . . . . der (Ahnen-)Maske[4]
Gestus . . . . der Initiation
Person . . . . des Ältesten
Wesen . . . . des Gründers

Die quasi unmittelbare Erfahrung, die hier gemacht wird, muß, um sich auszudrücken, voll Respekt Anleihen machen bei Bildern und Sprechweisen meiner eigenen traditionellen Kultur, die zwischen Jesus und mir vermitteln können.
    So erleuchtet der auferstandene Christus, das Ebenbild des unsichtbaren Gottes (Kol 1,15; 2 Kor 4,4), meine Tradition, die ihrerseits hilft, ihn in mir zu verwurzeln. So heißt es nämlich in einem grundlegenden Text meiner überlieferten Religion: „Bis heute ist noch niemand zu Gott hingegangen, um ihn zu hören oder zu sehen; wir können nur den Botschafter Gottes sehen und hören."
    Der Auferstandene ist der von Gott gekommene Botschafter, der uns ihn sehen und hören läßt. Nicht nur die biblische Tradition, die eine Tradition des Hörens und des Sehens ist, auch die Tradition meiner Ahnen wird von ihm aufgegriffen und bestätigt. Beide religiöse Traditionen sind Religionen des Hörens und des Schauens. In der letzteren bleiben das Wort und das Schauen geheimnisvoll und rätselhaft; in der Tradition Christi aber enthüllt sich das Wort in einer klaren Sprache und in einem menschlichen Antlitz. Gott, den keiner sehen kann, hat sich unseren Au-

---

[4] (Ahnen-)Maske: im Sinne eines maskierten Menschen, aber nach der Überlieferung soll damit der Ahne offenbart werden.

gen zu erkennen gegeben unter verschiedenen Gestalten (Mk 16,12):
– in der menschlichen Gestalt dessen, den wir sehen
– in der trans-humanen Gestalt Christi in der Taufe, in der Verklärung
– in der Gestalt des auferstandenen Christus
– in der Gestalt des brüderlichen, sakramentalen, mystischen oder relationalen Leibes Christi,
• der sich identifiziert mit den Armen
• der in seinen Gliedern Afrikaner wird,
wie Papst Johannes-Paul II. gesagt hat,
• Bruder einer Vielzahl von Menschen in aller Welt
– und schließlich in der Gestalt des allumfassenden apokalyptischen Christus.

Mit Hilfe dieser Bilder versuchen wir nunmehr, uns dem Namen und Antlitz dessen zu nähern, auf den sie verweisen, und vermittels der Symbole das Geheimnis zu ergründen, auf das diese hindeuten.

I. Tabelle der Konvergenzen. Kulturelle Bilder

Einer unserer jungen Künstler hat uns das Bild eines Christus in seiner Erlöser-Passion entworfen.

Unter der schrecklich-erschreckenden Gestalt der Maske zeichnet sich das Antlitz Christi ab, der sein Kreuz trägt, der sein Kreuz ist, der der Weg des Kreuzes ist. Und der Blick, der durch das Masken-Auge dringt, zeigt uns die Züge des leidenden Gottesknechtes: „Er hatte keine schöne und edle Gestalt" heißt es bei Jesaja 53,2; und wir übersetzen: Wir wußten nicht, wie wir ihn anschauen sollten ... sein Blick und der unsere trafen sich nicht mehr, denn sein Antlitz entsprach nicht mehr dem Bild, das wir uns von ihm gemacht hatten.

Eine Übersetzung der Lieder vom Gottesknecht aus dem Hebräischen in unsere Muttersprache versuchte, unseren ethnischen Familienüberlieferungen, genealogischen Stammesberichten, die wir *Sini* nennen, Rechnung zu tragen. Eine Gegenüberstellung beider Traditionen schien mir im Zusammenhang mit unserem Thema sehr aufschlußreich:

Bei Jesaja	In der Sini-Tradition[5]
– Gedichte, Lieder, Schriften	– Mündlich überlieferte Genealogien (gesungen, rezitiert)
– für Israel, einen Propheten, den Rest;	– für die Großfamilien
– geschichtliche Fakten;	– von geschichtlichen Fakten ausgehend
– Bilder: Knecht/Diener, auserwählt, leidend, sein Leben hingebend für die Vielen;	– Häuptling, Gründer, Erbauer, Fürsprecher, Freund des Sklaven und des Armen
– erhöht.	

Das Bemühen der Übertragung der Jesaja-Texte aus dem Hebräischen in unsere Muttersprache (das *Madarè*) führt von den schriftlichen Texten vom leidenden Gottesknecht zur mündlichen Überlieferung der Genealogien der großen ethnischen Familien und öffnet den Geist und den Genius dieser Tradition für den Geist der Bibel.

Der Schlüssel zum Verständnis ist das Bild vom Gottesknecht: er hatte keine schöne und edle Gestalt, was für den leidenden Christus gilt und gleichermaßen für die Maske als Symbol der traditionellen Religion, der sogenannten Do-Religion als Ort der Gemeinschaft mit den Ahnen.

Unsere von kulturellen Bildern ausgehende Christologie muß anknüpfen an die grundlegenden Symbole unserer Ahnen-Tradition. Drei kulturelle Bilder stehen in der Gestalt des Ältesten vor uns: der Älteste des Dorfes ist, wie der Initiationsmeister, Gründer, Erbauer, Fürsprecher.

Der Dorfhäuptling und der Initiationsmeister sind zwei Hauptverantwortliche, die von den verantwortlichen Familien beauftragt sind. Beide sind Häuptlinge, Älteste. Sie gründen und leiten das Dorf, bauen es weiter auf, unterstützt von dem jeweils anderen.

Der Älteste, Häuptling oder Meister ist der Erstgeborene, der große Bruder, der Beauftragte. Er kann der in Zeit und Raum früher Dagewesene *(gwere-yi)* sein; er kann der an erster Stelle Stehende *(zin-te, zegete)* sein; vor allem aber ist er der nach Alter und Erfahrung am meisten Ge-

---

[5] *Sini:* Genealogische Lieder und Erzählungen, die für die Großfamilien der Bobo-Ethnie in Burkina Faso typisch sind. Vgl. L. K. Sanon, Le chant du „Sini": une approche du Projet madarè de l'homme (I.C.A.O., Abidjan, 1982) 141; und „Projet d'un ‚Sini' chrétien (une lecture madarè des chants du Serviteur de Yahvé)" (I.C.A.O., 1983) 141 S.

reifte *pra-yi*) und der in dieser Erfahrung vor allen anderen Bestätigte (*fan-yi*).

Hier wird deutlich, daß das Wort bzw. die Idee des Häuptlings-Meisters die Qualität der Brüderlichkeit erfordert, während die Idee der Brüderlichkeit ein Anderssein in der Identität, niemals aber in der Gleichheit (*ye tala, ye sra-sra ga*) bedeutet.

Ohne diese Tradition in ihrer tiefsten Auffassung zu verraten, kann man sagen, daß sie den Häuptling als einen Ältesten sieht: als einen, der der erste im Menschsein, in der Brüderlichkeit, in der Abstammung, in der Würde und im Dienst ist. Seine Rolle ist es, „die Gemeinschaft zu gründen, das Dorf aufzubauen und für die Seinen einzutreten, wie Gott selbst es tun würde".

Die Aneignung des kulturellen Antlitzes Christi, des Ebenbildes des unsichtbaren Gottes, des Erstgeborenen der ganzen Schöpfung, geschieht durch grundlegende Bilder, die wir in einer Gegenüberstellung zum Kolosserbrief betrachten wollen:

Maske	sichtbares (nur schwer zu sehendes) Ebenbild des unsichtbaren Gottes
von den Ahnen überliefert	das in ihm erschaffene Sichtbare und Unsichtbare
Uralter Adel	er ist der Anfang
Ältester in Gott	Erstgeborener der ganzen Schöpfung, Sohn der Liebe Gottes
Ältester im Menschsein Sohn und Bruder	Erstgeborener unter den Toten (gleicher Ursprung, gleiche Stellung: Hebr 2, 10–18)
würdiger Diener Diener des Sklaven und des Armen	(und wurde wie ein Sklave: Phil 2,7)
Gründer	er hat in allem den Vorrang
Erbauer	durch das Blut des Kreuzes
Fürsprecher	alle versöhnend, Frieden stiftend,
Gott	in ihm wohnt die ganze Fülle (Joh 1, 16).

Das Bild des Häuptlings, des Ältesten, der sich mit dem Sklaven zusammentut, sich mit ihm gleichstellt, so wie es im Lied vom Gottesknecht wie auch in der traditionellen Sini-Genealogie erscheint, fehlt im Kolosserbrief. Aber der Brief an die Philipper (2, 6–8) und der 2. Korintherbrief (2 Kor 8, 9) ergänzen diese Lücke ohne weiteres.

Christus, überlieferte Ahnenmaske, uralter Adel, Erstgeborener vor aller Schöpfung, Sohn der Liebe Gottes, in unser Menschsein gekommen, um der Erste unter den Sterblichen zu sein, Menschensohn, erster großer Bruder der Menschen (Hebr 2, 10–18), gekommen als würdiger Diener, der die Stellung des Sklaven, das entstellte Antlitz des Sünders annimmt, Freund der Armen, bis hin zu den armen Sündern, du, der den Armen in seiner Armut liebt, du hast in allem Vorrang, denn du hast alles grundgelegt durch das Blut deines Kreuzes, du kannst alle versöhnen und Frieden stiften, du, der einzige Fürsprecher, der einzige Mittler (1 Tim 2, 1–6), in dem Gott wohnt in seiner ganzen Fülle.

Die Lieder vom leidenden Gottesknecht, der Lobgesang der Kenosis Christi (Phil 2, 6–8), der Hymnus an Christus, den Häuptling des Universums (Kol 1, 12–23), sind dazu geeignet, von unserer kulturellen Sini-Tradition her verstanden und kommentiert zu werden und eine authentische Christologie gemäß der Sicht des Konzils von Chalkedon zu verwurzeln. Es wird für unsere kulturelle Tradition darauf ankommen, vom Bild und von der Wahrheit Christi, des wahren Gottes und wahren Menschen, ohne Vermischung und Verwechslung Zeugnis zu geben.

II. Antlitz ohne Namen?

Zeige mir dein Antlitz, sage mir deinen Namen ... viele Male kommt dieser Schrei von den Lippen der Freunde Gottes. Offenbart das Antlitz den Menschen, so übt der ausgesprochene Name einen Einfluß auf diesen Menschen und sein Antlitz aus.

Das Antlitz Christi sehen, sein afrikanisches Antlitz erkennen, das heißt, einen afrikanischen Namen für ihn zu finden.

Wir kennen Übersetzungen, die eigentlich keine sind, die lediglich aus dem Lateinischen, Griechischen oder aus modernen westlichen Sprachen in den Klang afrikanischer Sprache transponieren *(krista, sakrama, batemi)*, ohne ein hinreichendes Bemühen um die Konversion der Wurzeln.

Die Tradition der Familiengenealogien war das Reservoir der Namen, die den Familien und ihren Mitgliedern gegeben wurden: es waren zugleich Familien- und Personen-Eigennamen. Einen solchen Namen bei der Initiation oder auch bei der Geburt zu erhalten, bedeutete, daß man

Vollmitglied dieser oder jener Familie war. Mit der Bitte um die Verleihung eines Namens drückte man den Wunsch aus, anerkannt zu sein als Angehöriger dieser oder jener Großfamilie.

Name und Antlitz wollen auf die persönliche und relationale Identität verweisen, auf das persönliche und soziale Wesen, bzw. sie versuchen das persönliche Wesen in seinen sozialen Bindungen, in seiner gemeinschaftsbezogenen Dimension zum Ausdruck zu bringen. In der Tradition der Genealogien müßte eine für Christus typische christlich-afrikanische Genealogie gefunden werden, um sein Antlitz und seinen Namen in unserer Tradition zu verwurzeln. Dies ist möglich vom Bild der Ahnen-Maske her, das wir uns von ihm gemacht haben.

Die aus dem Katechismus stammende und am meisten geläufige Formel heißt, daß Jesus Christus der menschgewordene Sohn Gottes ist. Wahrer Gott, wahrer Mensch: das ist die Lehre der Kirche.

Weil aber noch niemand bei Gott war, um ihn zu sehen und zu hören, hat Gott weder ein Antlitz, noch ein Bild, noch einen Altar, noch einen Namen. Er hat nur Attribute, die je nach den Umständen, in denen sein Handeln offenbar wird, formuliert werden.

Man muß also zum Gesandten Gottes gehen; man muß den Namen und das Antlitz dieses Menschen kennen, den ER gesandt hat.

Auf welchen Wegen?

Wenn wir dem dynamischen Inhalt der aus Jesaja, dem Philipper- und Kolosserbrief zitierten Stellen folgen, um ihn in die Tradition der Genealogien zu verwurzeln, öffnen sich uns drei Wege: der negative Weg, der kenotische Weg der Erniedrigung und der Weg der Einbeziehung.

- Der negative Weg

„Er hatte keine schöne und edle Gestalt."

Wir übersetzen: Sein Antlitz entsprach nicht mehr dem Bild, das wir uns von ihm gemacht hatten, „... so entstellt sah er aus ..., seine Gestalt war nicht mehr die eines Menschen ... er sah nicht so aus, daß wir Gefallen fanden an ihm" (Jes 52, 14. 53, 2).

Ohne Antlitz, ohne Namen, das greift ineinander über; ohne Namen, ohne Erbe, ohne Nachkommenschaft: das ist die gleiche Verknüpfung. Ein Antlitz haben (*zin gun* = den Vorrang oder den Primat erlangen), anerkannt sein, das heißt, seinen Namen im Guten nennen zu hören; das heißt, einen Namen zu haben und in seinen Söhnen weiterzuleben.

Die Tradition der Genealogien folgt nicht dem negativen Weg, sondern dem der Fragestellung: Wer ist er, wenn es heißt, er ist der

Häuptling? Was tut er, das zeigt, daß er der Häuptling ist? Dieser Art der Fragestellung begegnen wir auch bei Jesaja (Jes 53,1).
- „Die Stellung des Sklaven annehmen"

Der zweite Weg ordnet die Person in einem Rang ein, der ihre Stellung ausdrückt.

Er war Meister und Herr: er hat sich zum Diener gemacht; aus der Stellung des Häuptlings ist er zum Sklaven geworden; vom Rang Gottes ist er hinübergewechselt zum Rang des Menschen.

Man könnte denken, jede dieser Behauptungen relativiere die andere. Bei näherem Zusehen aber entdeckt man, daß beide korrelativ sind. Diese Situationen offenbaren das Nichtgesehene, das Nichtgehörte in dem, was man sieht und hört (Jes 53,10).

Das kommt zum Ausdruck in der Tatsache, daß
- unser Herr unser Diener ist,
- unser Häuptling auf gleicher Ebene mit uns, seinen Sklaven, steht,
- unser Gott sich auf gleichen Rang mit dem Menschen stellt.

Die *Sini*-Dichtungen drücken diese Wechselbeziehung so aus, daß sie den Häuptling den Liebhaber des Armen nennen. Es ist ein gegenseitiger Austausch, der die Stellung wie auch den Namen berührt; da geschieht eine Übertragung ohne Einbuße auf der einen oder der anderen Seite.
- Der Weg der Einbeziehung

Der dritte Weg nutzt die geheime Kraft jeder Kommunikation in der Beziehung zwischen mir und den anderen, zwischen dem Wir und dem Ihr.

Meine Muttersprache kennt nicht das „Ihr" oder Wir des Pluralis majestatis, wohl aber das Wir der Einbeziehung, wo derjenige, der spricht (der Sprecher), sich gleichstellt mit dem Gesprächspartner: Auf diese Weise erscheint der kollektive, der einschließende Name. Das einschließende Wir steht zwischen den beiden Gesprächspartnern gleichsam als Empfänger dessen, an den es sich wendet. Auf dieser Plattform werden Solidarität, Partizipation und Vermittlung zugleich erfahren.

Mit anderen Worten, das sich gegenseitig ausschließende Ihr und Wir wird hier solidarisch in einer Verbindung, die die Autorität, die Vermittlung einschließt, mit welcher Begründung oder welchem Recht auch immer.

Das Antlitz Christi, der Name Christi sind für uns auf dieser Ebene zu verstehen, nicht wie ein Wir, das oberhalb und damit außerhalb und unerreichbar bliebe, sondern wie ein tiefinnerlich einschließendes Wir. Das ist es, was der Hebräerbrief nahelegt, wenn Christus sich dort darstellt als der große Bruder der Menschen: „Seht, ich und die Kinder, die Gott mir geschenkt hat" (Hebr 2, 10–13).

Um den Namen und das Antlitz Christi in einer bestimmten Tradition heimisch zu machen, haben wir uns den Bildern und Namen zugewandt, die dieser Kultur eigen sind; der nächste Schritt auf diesem Weg führt uns nunmehr konkret auf das Gebiet der Initiation.

III. Jesus, Meister der Initiation?

Als Pilger der späten Stunde sind wir endlich an dem Ort angelangt, wo man Jesus bewacht.

Wie Johannes beugen wir uns vor, um in das Grab hineinzusehen, um beim Nähertreten im Gefolge des Petrus festzustellen, daß mit dem Schweißtuch zusammen bereits alles ordentlich gefaltet an seinem Platz liegt, säuberlich mit Etiketten versehen von den nachfolgenden Generationen. Was könnte man von Jesus von Nazaret noch Neues sagen? Bilder, Ikonen, Zeichnungen, Filme, Gemälde und Skulpturen: alles ist versucht und verwirklicht worden, um dieses Antlitz auf die bestmögliche Weise darzustellen, das Geheimnis seiner Schönheit zu enthüllen.

„Jesus, Ahne – Jesus, Meister der Initiation?

Welcher Fremdling und späte Weggefährte stört da die Abendruhe der Jünger von Emmaus?

Ja, wir sind vom Schlag dieses Fremdlings, des einzigen in Jerusalem, der noch nicht verstanden hat, was jedermann in seinem Kulturkreis begriffen hat. Jetzt sind wir es, die rufen und bitten: „Wenn ihr es seid, die ihn weggebracht haben, so sagt es uns, dann wollen wir ihn holen!" (vgl. Joh 20, 15).

Aber ohne jede Anmaßung: denn auch unsere besondere Tradition muß, berührt von der universalen Gnade, von innen her geformt werden: in ihrer Eigenart ergriffen, muß sie in eben dieser kulturellen Eigenart die universale Dimension dieses heiligen Antlitzes auszudrücken versuchen. Und das ist es, was wir nennen: „die besondere Tradition der Initiation evangelisieren".

Ein legitimes Recht

Zwei Jahrtausende eines unablässigen heißen Bemühens um das Verständnis der Wahrheiten unseres Glaubens haben uns viele Wege geöffnet, die zum Herrn führen. Was gibt uns dann das Recht, in ihm einen Initiationsmeister zu sehen? Macht ein solches Bild den Anblick des Erlösers nicht unerträglich? Heißt das nicht ihn entstellen, verstümmeln? Das mag wahr sein. Aber unsere Intention verdient, verstanden zu werden: es geht für uns darum, andere Aspekte des Erlösers aufzuzeigen (Mk 16,12), andere Gesichter von ihm anzubieten, in menschlichen Kulturen, die er nicht ablehnen kann, sein Gesicht auf andere Weise darzustellen.

Ein solches, theoretisch legitimes, Vorgehen kann sich in unserem Fall auf glaubwürdige Referenzen stützen.

So ist Christus nach dem Hebräerbrief, der hier unser Leitfaden ist, derjenige, der uns zum Heil führt. Denn es war angemessen, daß Gott, für den und durch den das All ist und der viele Söhne zur Herrlichkeit führen wollte, denjenigen durch Leiden vollendete, der sie als Häuptling zu ihrem Heil führen sollte (vgl. Hebr 2,10).

Diese Stelle läßt an die progressive Dynamik denken, die der Initiation eigen und im Hebräerbrief von den ersten Seiten an gegenwärtig ist (vgl. Hebr 1,1–3).

Das Heil entspricht dem Endzustand der Dinge und der Menschen; um hinzuführen zu dieser endgültigen Vollendung und das bereits Begonnene zu einem guten Ende zu bringen, bedarf es eines Meisters, eines Häuptlings, der auf diesem Weg des Heils dynamisch führt. Die Initiationsbewegung kann als ein Ingangsetzen, ein ständiges Voranschreiten hin zur angestrebten Vollendung betrachtet werden. Der Initiationsmeister ist im Verlauf der einzelnen Etappen immer gegenwärtig.

Wenn wir daher sagen, daß Jesus unser Initiationsmeister ist, dann erkennen wir in ihm nach unserem kulturellen Raster den Ältesten, der diejenigen zum Heil führt, die bei der Initiation dabei waren, d. h. die sich mit ihm zusammen auf den Weg gemacht haben, um das Unsichtbare im Sichtbaren zu erfahren, um Gott im Menschen zu begegnen, um durch das Symbol des gegenwärtigen Lebens hindurch die Ewigkeit zu berühren.

Übertragen wir nicht eine Kultur in eine andere, wenn wir von Jesus, der doch Jude und weit entfernt von der hier angesprochenen afrikanischen Tradition war, als unserem Initiationsmeister sprechen? Eine allgemeine Antwort könnte die sein, daß man anhand zahlreicher gründlich untersuchter Beispiele den gemeinsamen Grund aufzeigt, der die biblische und die afrikanische Kultur einander näher sein läßt, als es die westliche Kultur, insbesondere in ihrer rationalistischen und modernen Ausprägung, zu sein vermag.

Man müßte sich auch fragen, worin die Initiationspädagogik eigentlich im Widerspruch stehen soll zum Projekt der Inkarnation, diesem großen Plan Gottes, der, statt sich von Anfang an voll und ganz zu offenbaren, sich dem Menschen schrittweise enthüllt bis hin zur Zeit der Vollendung?

Auf diesem Hintergrund betrachtet, kann Jesus nach der Initiationstradition nur deshalb Meister sein, weil er selber Subjekt der Initiationserfahrung gewesen ist. Der Häuptling, der als Initiationsmeister fungiert, muß selber diese Erfahrung gemacht haben.

Von seiner Geburt bis hin zu seiner Grablegung hat Jesus auf die Weise der Seinen nach der ihm gegebenen Tradition gelebt. Diese Tradition war, auch wenn sie sich der Vermittlung des Buches bediente, vor allem von den grundlegenden Rhythmen des biologischen und sozialen Lebens bestimmt. Häufig hat Jesus vermittels der empfangenen Tradition überraschende Neuerungen eingeführt, zum Beispiel das eucharistische Mahl, das sich in die Tradition des Paschamahls einfügt. So wurde Jesus gemäß der Tradition auf die Weise der Seinen und von dieser Tradition ausgehend initiiert. Er ist für uns ein Initiationshäuptling gewesen, der in jede kulturelle Tradition etwas radikal Neues einführt, das nicht vergeht.

Die Zeit ist noch nicht gekommen, unser legitimes Recht zu begründen. Wir setzen es als anerkannt voraus... Im übrigen ist es der Herr, der es uns gibt, er, der sich uns offenbaren will in Gesichtern und Gestalten, die es uns eher ermöglichen, ihn zu erkennen.

1. Initiiert in das Menschsein in seiner Tradition

Jesus ist nach dem Hebräerbrief derjenige, der die erlöste Menschheit auf endgültige Weise zu ihrer Vollendung führt. Der von ihm begründete Initiationsrhythmus ist der Rhythmus seines ganzen Lebens. Geborenwerden, aufwachsen, leiden, sterben und begrabenwerden mit dem Verlangen nach einem Glück ohne Ende: das ist eine Erfahrung, die den Horizont aller Menschen prägt. In der Erfahrung Jesu nehmen diese Phasen die leidvolle Gestalt des Kreuzes an, verkünden jedoch zugleich die glorreiche Auferstehung.

Wenn Jesus sagt: „Es ist vollbracht", erkennen wir, daß er seine eigene menschliche Initiation vollendet; alles ist an dem vom Vater vorgesehenen Endziel angelangt.

Der gleiche Brief führt uns in das Zentrum unseres Anliegens: „Denn durch ein einziges Opfer hat er die, die geheiligt werden, für immer zur Vollendung geführt" (Hebr 10,14).

Das Opfer Christi, seine Ganzhingabe durch das Opfer am Kreuz, ist für ihn selbst der endgültige Initiationsakt, der zugleich für alle Menschen gilt. Es ist der sichtbar grundlegende Akt der Erlösung.

Eine aufmerksame Lektüre dieser Schriftstelle läßt nicht nur das Initiationsvokabular klar erkennen, sondern auch die einzelnen Phasen der Initiationserfahrung. Jesus ging hinein in diese Erfahrung aus freiem Willen (Hebr 10,7) als ältester Sohn. In der Nachfolge des Initiationsmeisters kommen die Jünger wie im Laufschritt voran, die Worte wiederholend, die er vorspricht, begierig zu sehen, worauf er hinweist, und voller Hoffnung, dorthin zu gelangen, wohin er führt.

Einige wesentliche Punkte aus den vorangegangenen Überlegungen wollen wir hier noch einmal festhalten:

a) Die Initiation geschieht immer von einem bestimmten, kulturell oder traditionell geprägten Menschsein ausgehend; sie enthält bzw. bedingt eine Dimension der Schöpfung und der Inkarnation: so auch bei Jesus, der von einer Frau geboren und aus dem Geschlecht Davids stammend Mensch geworden ist (Gal 4,4; Joh 1,14).

b) Die von den Ahnen begründete und im Geist ihrer Tradition durchgeführte Initiation ist ein Werk der Generation der Söhne. Der jeweilige Initiationsjahrgang betrachtet sich als eine Gruppe von Söhnen, die aus dem gleichen Leben geboren sind, auch wenn es unter ihnen eine Hierarchie der Brüderlichkeit gibt.

Sehr intensiv spüren wir diese brüderliche Verbundenheit mit Christus: er ist der Sohn im Haus seines Vaters (Lk 2,49; Joh 8,35). Er hat den Weg der Initiation gewählt als Sohn, der seinem Vater gehorchen wollte. Er, der die Sünde der Auflehnung in Solidarität mit seinen Brüdern nicht kannte, wird erfahren, was der Gehorsam zugunsten dessen, der das Haus des Vaters verlassen hat, kostet (Hebr 2,14–18. 8,11. 2,10f.).

Wir begegnen hier einem der Aspekte der Brüderlichkeit in der Initiation: dem der Vermittlung. Nach dieser Tradition ist immer einer der Initiationsbrüder, meist der älteste, der Häuptling des Jahrgangs; er repräsentiert die Gruppe, er ist die Gruppe – im Guten wie im Bösen. In ihm sieht man den „Fürsprecher, wie Gott selbst es tun würde", „er tritt ein für den Allerärmsten".

c) Christus spielt die Rolle des ältesten Bruders, der sich in vielen Brüdern wiedererkennt: der erste große Bruder der Menschen (Hebr 2,9–18). In Solidarität mit ihnen nimmt er alle Prüfungen des menschlichen Daseins auf sich und vollendet, zunächst für sie und dann mit ihnen, den schmerzvollen Weg zurück ins Vaterhaus. Er tut dies als Meister und Herr.

Er übt damit jene Art von Autorität aus, die auch den Initiationsgesellschaften eigen ist: er ist zwar Häuptling, aber als Bruder. Er ist Meister, aber als Diener.

In der Tradition unserer Kultur kann die Autorität sowohl dem Vater wie auch der Mutter oder dem Bruder zufallen. Unbeschadet der väterlichen bzw. mütterlichen Autorität im engeren oder weiteren Familienbereich gibt es in der Initiationstradition eine Autorität, die auf brüderliche Weise ausgeübt wird, sobald es sich um eine Gruppe handelt, die nicht aus dem Wollen von Fleisch und Blut entstanden ist, sondern aus dem Geist einer Tradition.

d) Eine auf diese Weise entstandene Gemeinschaft hat ihre Grundlage in der Initiation und im Geist der Tradition, der die Initiation leitet. Was die Mitglieder untereinander verbindet, muß vom gleichen Geist beseelt und vom gleichen Dynamismus erfüllt sein. Wenn sich ein Initiationsjahrgang wiedertrifft, dann nicht nur, um die Prüfungen der Initiation in Erinnerung zu rufen, sondern auch, um festzustellen, ob man miteinander und in der menschlichen Gemeinschaft so lebt, wie es dem Geist dieser Initiationstradition entspricht.

Man kann sagen, daß der Initiations-Älteste im Dienst der Gruppe steht, indem er der Garant dieses Geistes und all dessen ist, was man im Feuer des Initiationsweges gelernt hat. Letztlich genügt es, daß dieser Geist einer verantwortlichen und solidarischen Brüderlichkeit bewahrt wird, damit die Gruppe lebt und ihre eigentliche Aufgabe in der Gemeinschaft erfüllt.

e) In der Sicht einer solchen Tradition erscheint uns Jesus als Initiations-Ältester: initiiert auf die Weise der Seinen, d. h. als Mensch in ihrer Tradition, hat er vor allem den Akt der Erlösung wie die *große Geste* der Initiation vollzogen: das Geheimnis seines Todes und seiner Auferstehung entschlüsselt sich uns ohne weiteres im Kontext der Initiation. Als ältester Sohn, ältester Bruder und Initiationsmeister ist er zugleich mit seinen Brüdern solidarisch und zu ihrem Vermittler geworden.

Für uns aber ist er der Meister der Initiation, der als einziger den im Innersten jeder Initiationstradition verborgenen Plan zu Ende geführt hat: Generation für Generation zur vollen und authentischen Würde von Söhnen und Brüdern in der Gemeinschaft der Menschen zu führen. Mögen die verschiedenen Initiationsunternehmen bis heutezu mit der Vermehrung ihrer Riten auch die Zahl der Initiationsmeister vermehrt haben, so kennen wir für unseren Teil doch nur einen einzigen Meister der Initiation, in dessen Nachfolge wir alle Brüder sind (Mt 23, 8).

2. Initiiert durch die Riten des Symbols

Im Verlauf der Initiation soll ein unvollkommenes Wesen neu geboren werden. Mit Nikodemus möchte man fragen: Wie soll das geschehen, wenn man schon alt ist? (Joh 3, 4).

Das Initiationsritual benutzt dazu eine Vielzahl von Symbolen, die sich zusammenfassen lassen in einer großen Prüfung der Trennung und Loslösung, des Begrabenwerdens und der Rückkehr zum Leben, des Todes und des Zugangs zu einer neuen Weise des Daseins und des Wissens.

Der moderne Betrachter sieht in diesen Ritualen ein rein symbolisches und psychologisches Spiel. Das ist verständlich in dem Maße, als eine wesentliche Dimension übersehen wird: die der Erfahrung. In der Initiationserfahrung nämlich fühlt sich der Mensch schutzlos dem Unbekannten ausgeliefert. Er weiß nicht, ob er lebend da herauskommt, und er weiß, daß, wenn er überlebt, er nicht mehr der gleiche wie zuvor sein wird. Das Symbol ist da, wenn mit dem Tod, den man erleidet, das Leben geschenkt wird. Dann läßt sich der Mensch, der sich seines Körpers und jeden Pulsschlags seines Lebens bewußt ist, vom unsichtbaren Absoluten ergreifen, das sich in diesem Augenblick und an diesem Ort konkretisiert: er lebt, aber auf eine Art, die ihn entblößt und zur Wahrheit seines Wesens zurückführt. Er erlebt eine Art Dezentrierung seiner selbst. Sozusagen sich selbst entzogen, vermag er ein Mehr an Wahrheit über sich selbst zu empfangen. Er wird irgendwie anders und bleibt doch zutiefst er selbst.

In dieser Erfahrung stellt das Symbol als lebendige Gegebenheit der mitunter widersprüchlichen Realitäten die Wirklichkeit des Lebens dar. So ist der Tod Jesu seine Auferstehung wie in jedem Initiationsritual; aber wie dieser Tod das ganze Leben ergreift, so auch seine Auferstehung. Bis zur Auferstehung Jesu war das Leben unwiderruflich dem Tod unterworfen; von nun an aber befreit der Tod zu einem größeren Leben, zum Leben des Auferstandenen, der durch seinen Tod der Welt das Leben geschenkt hat.

Paulus hat diesen Rhythmus: Tod, Grablegung und Auferstehung Christi (Röm 6, 1–11) als Symbol der Oster- und Tauf-Erfahrung sowohl für die Initiation jedes Getauften wie auch die der ganzen kirchlichen Gemeinschaft festgehalten. Das heißt, wir sind Empfänger eines Erbes, das allen Erfahrungen gemeinsam ist, die religiöse Gemeinschaft und religiöses Leben begründen, insofern diese vom Unsichtbaren durch die Gegebenheiten unseres sichtbaren Horizontes ergriffen werden.

Dazu abschließend einige Orte oder Symbole dieser Erfahrung:

a) Da ist zunächst der Leib als Ort der Inkarnation des Geistes. Wenn es wahr ist, daß die Seele durch einen Leib in der Welt ist, dann ist das erste Zeichen der Manifestation des Geistes der Leib, der schrittweise vermenschlicht und vergeistigt wird.

b) Sodann der Name als Symbol eines personalen und sozialen Wesens. Er drückt die persönliche Identität aus und macht unser eigenes Wesen zugleich zugänglich für den Anruf der anderen.

c) Der dritte Bereich der Initiationssymbole ist der des Rituals selber. Es ist ein soziales Erbe, das zwar die kulturelle Identität ausdrückt, jedoch durch Riten, die auf das gemeinsame Menschsein verweisen. Damit stellen uns die Initiationskulturen, wenn sie für ihre Anhänger die Weise ihres Daseins in der Welt bestimmen, ein Menschenbild vor Augen, das nicht ohne Resonanz ist in der Sorge Dessen, der den Menschen gewollt hat.

Muß man noch betonen, daß das Universale sich im Partikularen offenbart und das Partikulare vom Universalen berührt wird? Sicher ist, daß sich das Universale in den je eigenen Gesichtern des Menschlichen konkretisiert.

Man könnte sich fragen, welches der religiöse Stellenwert dieses gemeinsamen Grundes im Verhältnis zur endgültigen Offenbarung ist, unter Berücksichtigung der bevorzugten Berufung des Alten Testaments in dieser fortschreitenden Offenbarung (Hebr 1, 1–3). Diese Überlegungen wären es wert, weiterentwickelt zu werden: ein Unternehmen, das jedoch den Rahmen unseres Ansatzes hier überschreitet.

Für uns hat Jesus eine menschliche und kulturelle Erfahrung gelebt, die ihn – menschlich – befähigt, sich auch anderen menschlichen und kulturellen Erfahrungen zu öffnen. Dieses kulturelle Menschsein, das er bei seiner Inkarnation annimmt, dient als Vermittlung für sein erlösendes Menschsein und für seine Rolle, die ganze Menschheit aufzunehmen.

Dieser vom Unendlichen der Gottheit angenommene Mensch ist fähig, das ganze Menschsein anzunehmen, er ist offen für die ganze Menschheit und für die Menschen aller Zeiten und Räume, um sie zu heilen und zum Heil zu führen.

3. Initiiert auf endgültige und entscheidende Weise

Auf welche Weise ist Jesus unser Initiationsmeister? Er ist es ein für allemal, auf endgültige und entscheidende Weise.

Gewiß, alle Initiationen versuchen, das Geheimnis der Kraft, des Lebens, der Macht und aller höchsten Werte dem Unsichtbaren zu entreißen. Jesus, unser Initiationshäuptling, stellt uns, wie es jeder Initiationsmeister tut, diese höchsten Werte in Form von Symbolen vor Augen.

a) Er tut dies als ältester Sohn, d. h. als Bruder von vielen. Er bestätigt, daß die Ordnung der Initiation nicht auf der Ebene von Eroberung und Besitz angesiedelt ist, sondern auf der des Empfangens und Mit-Teilens. Der Sohn empfängt als Ältester und teilt das Erbe seinen Brüdern mit. So hat er unter uns das Wort, weil er das Wort ist. Er gibt uns Anteil daran, damit wir das Leben haben und zu seiner Wahrheit gelangen.

b) Seine Sohnschaft, die er in der Haltung des Sohnes und Bruders zum Ausdruck bringt, begründet seine Autorität, denn er wird vom Vater gehört, und wie jedem wahren großen Bruder folgen ihm seine Brüder. Er übt die vom Vater empfangene Autorität gegenüber seinen Jüngern wie ein Bruder aus. Alles, was er vom Vater erfahren hat, wird er an sie weitergeben, aber stufenweise und unter dem Beistand des Hl. Geistes. Sie ihrerseits werden in das Geheimnis seines Lebens und seiner Mission eintreten. So werden sie die Geheimnisse des Reiches Gottes verstehen lernen, dieses umfassenden Planes der Liebe Gottes zu den Menschen, dessen erste Zeugen sie sein werden.

c) Sein Tod am Kreuz wird das vollkommene und entscheidende Symbol seines Initiationsgeheimnisses sein. Er leitet die Ära der Auferstehung ein, von der her sich die neue Gemeinschaft aufbaut, die geboren wird aus dem ein für allemal geschenkten Leben.

Wenn wir auf das Holz des Kreuzes blicken, sehen wir den Baum der Ganzhingabe, den Baum der Initiationserfahrung. Der Initiationsort ist der Raum der Kirche, die Sichtbares und Unsichtbares in sich schließt. Die Zeit der Dauer dieser Welt ist die Zeit der Initiation der einzelnen wie der Völker, die auf die Fülle der Erlösungsgnade zugehen.

In den Sakramenten erkennen wir gerne die Zeichen und Symbole dieser Initiation. Durch diese sich ständig wiederholenden Handlungen werden die einzelnen Phasen im Leben des Volkes Gottes und seiner Mitglieder im regelmäßigen Rhythmus in das umfassende Mysterium hineingenommen.

d) Unter den höchsten Werten, die Jesus seinen Jüngern als Symbol hinterläßt, ist als radikale Neuheit der Geist des Dienens. Er ist der zum Diener gewordene Meister. Herr ist er; zum Diener wurde er, nahm für immer die Stellung des Dieners unter seinen Brüdern ein in einer Geste des Schenkens, die so weit geht, wie nur die Liebe zu gehen vermag. So bringt er das höchste Opfer seines Lebens und gibt uns ein Beispiel, wie nur er es geben konnte. Glücklich sind wir, wenn wir uns nach Art der jungen Initiierten in die Nachfolge des Meisters begeben, um es ihm gleichzutun.

Das neue Gebot der Liebe und das Reich Gottes mit seinen in den Seligpreisungen der Bergpredigt formulierten Forderungen sind insgesamt Ausdruck dieser radikalen Hingabe, die der Initiationsmeister denen vorlebt, die dem Weg folgen, den er als erster gegangen ist.

e) Im Gegensatz zu den von den Menschen vorgestellten Initiationsmeistern führt Christus seinen Initiationsweg zur Vollendung: was er sagt, erfüllt er selbst voll und ganz durch sein eigenes Beispiel. Er gibt nicht nur Worte und Weisungen, er gibt sein Leben, indem er den Willen des Vaters vollkommen und in uneingeschränkter Solidarität mit den Menschen, seinen Brüdern, tut.

Damit erfüllt Jesus den geheimen Wunsch jedes Initiationsvorhabens – nämlich, die Kandidaten auf den Weg zur Vollendung zu bringen und sie ständig fortschreitend zum Ziel zu führen.

In Ihm und durch Ihn haben wir das endgültige Initiationsmodell, das sowohl dem zerbrechlichen Rhythmus des Menschen entspricht wie auch seinem Verlangen, zum Unsichtbaren zu gelangen.

4. Gedanken über Jesus als Meister der Initiation

a) Im Rückgriff auf die Symbole und die symbolische Tradition der Menschheit erweist Jesus sich als Initiationsmeister, der die Grenzen seiner eigenen Tradition überschreitet. Er gehört zwar einer bestimmten kulturellen Tradition an, die er in seiner Menschwerdung angenommen hat, aber durch sie offenbart er sich den anderen Traditionen der Menschheit, den Traditionen der verschiedensten Völker der Erde.

b) Zugleich führt Jesus alle diese verschiedenen Traditionen zu einer Einheit. Durch diese ganze Vielfalt hindurch offenbart er ihnen das, wonach sie im Grunde alle streben: das Geheimnis des Reiches Gottes, das nicht erobert, sondern empfangen wird.

c) Und schließlich führt er in das Raster dieser vergänglichen und bruchstückhaften Pädagogik das entscheidend Neue ein, das nicht mehr vergeht: das durch die bescheidenen Gesten und Riten des täglichen Lebens in unsere Reichweite gerückte Geheimnis, die Zeichen des Geheimnisses, Zeichen der Ganzhingabe seines Lebens und seiner Gegenwart sind.

So zeigt sich Jesus uns in dreifacher Weise als unser Initiationsmeister: durch das, was er auf kulturelle Weise mit uns zusammen ist oder wird, durch das, was er aus unserer Initiationstradition im Blick auf das Reich Gottes macht, und durch das, was er als Pädagogik übernimmt, um uns das Reich leben und verstehen zu lassen.

Eine symbolische Christologie

Der traditionelle Afrikaner wußte: Jedes Gesicht ist ein Geheimnis, das man nicht ergründen und durchdringen kann, wenn es sich nicht von sich aus öffnet und den Geist offenbart, der es beseelt.

Das Antlitz Christi ist auf ganz besondere Weise ein Geheimnis, dem wir uns nur schrittweise und in aller Demut nähern können. Dieses schrittweise und symbolische Vorgehen praktiziert das Initiationsmodell.

Aus den Elementen dieser symbolischen Annäherung haben wir u. a. die kulturellen Bilder, den Namen, die Vermittlung der verschiedenen Symbole, das Gesetz des Initiationsrhythmus in seinen österlichen Phasen von Tod, Grablegung und Auferstehung hervorgehoben.

Wir möchten hier noch den künstlerischen Ausdruck hinzufügen. Wir fragen uns nämlich, ob der Eingang durch die Pforte der Glaubenslehre der einzig wahre Zugang für eine der afrikanischen Mentalität entsprechende Christologie ist. Ich denke an andere Dinge der Glaubensübermittlung, die unter unserem christlichen Volk weitaus mehr verbreitet sind: Heiligenbilder, Statuen, nicht zu vergessen die Orte und Gegenstände des Kultes.

Eine von der Christologie inspirierte Kunst und Liturgie formen das Gebet und letztlich den Glauben unserer Gemeinden. Die Geschichte der Universalkirche zeigt uns grundverschiedene Optionen zwischen der Bilderwelt der westlichen und der Ikonographie der östlichen Tradition.

Unser Plädoyer für eine authentische Christologie erfordert zunächst eine Untersuchung der Symbolik: welche Symbole geben am besten das wieder, was das Herz eines bekehrten Afrikaners im Kontakt mit dem Auferstandenen empfindet? Welchen Namen gibt er Christus? Welchen Klang nimmt seine Stimme an, wenn er im Umdrehen den Herrn erkennt und ausruft: „Rabbuni!" „Das ist der Herr!" „Mein Herr und mein Gott!" Welche Zeichen sind für ihn beredt und ausdrucksstark?

Eine Aufstellung authentischer Namen, die Christus in Afrika gegeben werden, eine Bestandsaufnahme der Kunstwerke, in denen das Antlitz Christi in afrikanischer Symbolik erkennbar wird, vermehrte Aufmerksamkeit für schöne künstlerische Realisationen im Dienst des Glaubens, könnten die Kreativität unserer Künstler sehr fördern und den Weg zum theologischen Diskurs ebnen.

Leider ist die afrikanische Bilder- und Vorstellungswelt und ihr symbolischer Ausdruck noch immer von einem starken Handicap belastet. Die Seele der entweder verachteten, vermarkteten oder verdammten afrikanischen Kunst wie auch der afrikanischen Kultur fühlt sich zu Tode verwundet. Allzu lange hat man in afrikanischer Kunst und Symbolik nur anstößige Objekte, bloße Fetische oder primitive Götzen gesehen!

Die Rehabilitierung und Wiederbelebung wird nicht leicht sein, wie es die Geschichte einer afrikanischen Ordensfrau zeigt, die zugleich Künstlerin und zutiefst christlich war. Zum ersten Mal begegnete ich ihr in ihrem Kloster: sie kontemplierte, schnitzte und modellierte. Sie, die von eher kräftiger Statur war, schuf aus Holz oder Ton Objekte von femininer Zartheit und Ausdruckskraft, und die Christusbildnisse, die unter ihren Händen entstanden, waren von großer Schönheit und voller Leben.

„Was machen Sie mit diesem Holz, daß so schöne Dinge daraus entstehen?" fragte ich sie. Ohne Zögern und für mich unvergeßlich kam die Antwort: „Ich betrachte es sehr lange, bis ich dann Christus daraus hervortreten lasse."

Das ist es, worauf es ankommt! Man kann das andere als Objekt oder als Subjekt betrachten, so wie dieses Holz: für den einen ist es gut zum Feuermachen, der andere läßt das Antlitz Christi daraus hervortreten. Als Objekt betrachtet, ist das andere niemals ein lebendiges Wesen; als Subjekt betrachtet, wird es, ist es lebendig. Ist die Kontemplation unserer afrikanischen christianisierten Gemeinden lang und tief genug gewesen, daß aus ihr ein afrikanisches Antlitz Christi entsteht?

Um das Naturtalent dieser kontemplativen Schwester zu fördern, wurde sie auf eine Reise in den Westen geschickt, wo sie mit einer völlig anderen Formenwelt in Berührung kam. Als ich sie nach ihrer Rückkehr zum zweiten Mal traf, war sie in ihrer kulturellen und kontemplativen Seele zutiefst gestört, und sie schnitzte und modellierte nicht mehr. Kunst, Betrachtung und religiöses Leben waren in ihr Symbol ein und derselben Berufung gewesen.

Bei unserer dritten Begegnung in einer unserer afrikanischen Großstädte erschien sie mir wie eine verdorrte Pflanze, die man aus ihrem kontemplativen und künstlerischen Mutterboden in fremdes Erdreich verpflanzt hatte.

Wiederholen wir noch einmal: wenn wir eine von afrikanischen Werten bereicherte Christologie haben wollen, brauchen wir eine Kunst und Liturgie, die reich an afrikanischer Symbolik sind und die sich allmählich selbst in den Glauben hineinverwurzeln. Denn die Gegenwart Christi in einer kulturellen Welt ruft in dieser eine neue Symbolik des Menschen, der Sprache und der zwischenmenschlichen Beziehungen hervor. Dieses Neue aber muß, um sich auszudrücken, immer den Weg des bereits Dagewesenen beschreiten. Wir werden also nur von unseren alten kulturellen Bildern her ein Antlitz Christi modellieren können, das afrikanisch und christlich zugleich ist.

Die Form der Litanei, wie sie uns im Kolosserbrief begegnet, erscheint uns noch immer als der glücklichste Ausdruck eines solchen Ansatzes. In der Litanei vereint sich nämlich die liturgische Anrufung mit dem künstlerischen und dem symbolischen Ausdruck im Versuch, das Geheimnis des Antlitzes Christi zu erfassen und ihm einen Namen zu geben, der sein Antlitz fixiert. Wir befinden uns damit auf dem gleichen Wege wie die genealogische *Sini*-Tradition. Im Zusammenfluß der beiden Versuche bekommt das Antlitz Christi folgende afrikanische Namen:

„Ahnenmaske,
mit dem Blick, der das unsichtbare Göttliche transparent macht,
mit dem einzigartigen Antlitz des Häuptlings-Dieners,
unzerreißbarer Faden, der uns mit dem Geschenk des Vaters verbindet;
Begründer der Anfänge der Welt,
Meister des Wortes, das die Menschen initiiert,
Bewahrer des Geheimnisses des Reiches Gottes,
der den Namen der Namen trägt, die von Gott bekannt sind..."

Ein afrikanisches Christus-Antlitz? Ja, vorausgesetzt, wir erkennen an, daß wir noch an der Schwelle einer großen Hoffnung stehen. Eine Christologie, die den Beitrag der afrikanischen Traditionen als Huldigung an Christus berücksichtigt, ist im Entstehen. Sie wird aus dem zutiefst christlichen Leben der Gemeinden und aus der fruchtbaren Reflexion der Theologen erwachsen, die das Wort des Lebens zu kontemplieren wissen, um sein Antlitz aus der reichen Vielfalt der afrikanischen Symbolik für uns neu erstehen zu lassen. In aller Demut halten wir hier inne an der Schwelle einer solchen Christologie, die wir aus ganzem Herzen erhoffen.

Jesus – Heiler?

Von Cécé Kolié

Wenn es darum geht, in der Verkündigung der Evangeliumsbotschaft im heutigen Schwarzafrika das Antlitz Jesu als Therapeuten herauszuarbeiten, dann bin ich versucht zu glauben, daß es für den afrikanischen Theologen leichter ist, Jesus als den Großen Initiationsmeister, als Ahnen par excellence oder auch als Häuptling der Häuptlinge darzustellen. Wer Jesus als den Großen Heiler verkünden will, der muß sich intensiv mit den Millionen von Hungernden im Sahel, mit den Opfern von Ungerechtigkeit und Korruption und mit den an einer Vielzahl von parasitären Erkrankungen Leidenden in den Tropenwäldern befassen.

Es genügt nicht, wie ein Anthropologe und Afrikanist einmal sagte, „Jesus bei den Unsrigen zu beglaubigen, seinen Anspruch zu legitimieren, der einzige Vermittler zu sein, der zum Leben führt"[1]. Mir scheint, daß nur aus der lebendig erfahrenen Ankunft Christi in den Lebensproblemen unserer Gemeinschaften ein kohärentes theologisches Reden entstehen kann, das nicht an der Oberfläche bleibt.

Ein theologisches Reden, das nur auf der oben genannten Beglaubigung und Legitimation basiert, kann inmitten einer destrukturierten, gedemütigten und ausgebeuteten Gesellschaft, die Opfer aller möglichen Veruntreuungen ist, leicht zu Entgegnungen wie dieser führen: „Dein kleiner Jesus da, war es nicht erst vorgestern, daß er sich uns vorgestellt hat, während unsere Ahnen schon immer da waren?"[2]

I. Die Heilungen als hauptsächliches Tun Jesu

Würde man aus den Evangelien jene Passagen entfernen, die sich auf alle Arten von Heilungen beziehen, dann bliebe (vor der Passion Jesu) außer

---

[1] *J.-P. Eschlimann*, Rundbrief „Dein kleiner Jesus", Tankessé, Elfenbeinküste, in: Afrique et Parole (Paris), Nr. 10, Nov. 1984.
[2] Ebd. 2.

den Gleichnissen und Kindheitsgeschichten wenig übrig. In seiner von Jesaja entlehnten programmatischen Rede stellt Jesus sich vor allem als Heiler dar (Lk 4,18 f.).

Wie wir noch sehen werden, sind die Heilungsberichte in den Evangelien in umfassendem Sinn mit dem Leben und Sterben Jesu verbunden. Nur im Zusammenhang mit dem Leiden und der Auferstehung Christi sind sie ganz zu verstehen.

Matthäus schreibt, daß Jesus in ganz Galiläa umherzog, in der Synagoge lehrte, die Frohbotschaft vom Reich verkündete und im Volk alle Krankheiten und Leiden heilte (Mt 4,23).

Und Markus läßt Jesus folgende Worte sprechen, die den letzten Sinn seines ganzen Lebens enthüllen: „... der Menschensohn ist nicht gekommen, um sich dienen zu lassen, sondern um zu dienen und sein Leben hinzugeben als Lösegeld für viele" (Mk 10,45).

Christus ist gekommen, damit die Menschen das Leben haben und es in Fülle haben, sagt Johannes (vgl. Joh 10,10).

Wir möchten hier darauf verweisen, daß das heilende Tun Jesu nicht zu trennen ist von seiner Ankündigung des Reiches Gottes, für das die Heilungen Voraussetzungen sind, das Leiden und die Auferstehung Jesu aber *die* Voraussetzung.

Eine nähere Untersuchung der Formen in den Evangelien läßt uns drei Kategorien der von Jesus bewirkten Heilungen unterscheiden.

1. Die gewöhnlichen Krankheiten

Es gibt keinen Zweifel: Jesus hatte die Gabe des Heilens, und er hat dieses Talent genutzt und mehr als einem Menschen die Gesundheit geschenkt. Man kann sagen, daß es in Israel seit jeher viele Heiler gegeben hat. Jesus heilte durch ein einfaches Eingreifen, durch ein Wort, eine Geste. Nur in einem Fall, und zwar am Teich Schiloach, benutzte Jesus ein Drittelement zwischen sich und dem Kranken: das Wasser.

So ist es also allein durch die Wirkkraft seines Wortes, seiner Geste oder seines Speichels, daß Jesus Heilung bewirkt. Mitunter genügte es, sein Gewand zu berühren. Das ruft bei seinen Zeitgenossen Staunen und Bewunderung hervor. Das Wort Jesu erscheint als eine Wiederholung des Wortes Gottes, das an die Propheten erging. In ihm verwirklicht sich die geschichtliche Begegnung der Propheten mit dem Volk, das die Erfüllung der göttlichen Verheißungen erwartete.

2. Die Heilungen im Zusammenhang mit dem mosaischen Gesetz

Die Aussätzigen, vom Herrn geschlagene (Num 12, 9 f.) und aus der liturgischen Gemeinschaft der Lebenden ausgeschlossene Menschen, sind mit Jesus rehabilitiert. Jesus schafft die Grenzen zwischen rein und unrein ab, er gibt dem Sabbat seinen Sinn wieder als Tag, der für die Menschen gemacht ist und nicht umgekehrt. Die Berührung mit der an Blutfluß leidenden Frau befleckt ihn nicht, wie das Gesetz sagt (Lev 15, 25), sie befreit vielmehr die Frau.

Jesus stellt sich in Widerspruch zum Gesetz: am Sabbat heilen, Blutende und Tote berühren, mit Zöllnern und Sündern essen – indem er all dies tut, erweist Jesus sich als der, der eine neue Weise der Beziehung zwischen Gott und den Menschen einführt: das ist der Neue Bund.

Man wird Jesus fragen, in wessen Namen er heilt: im Namen Gottes oder Beelzebuls? Durch seinen Tod wird er sich offenbaren. Er wird sein Heilen mit seinem Leben bezahlen. Er wird sich als schwach erweisen und ohnmächtig, sich selbst zu retten. Er wird aufs neue den leidenden Knecht in Jesaja (Kap 53) verkörpern. A priori heilt Jesus sicherlich nicht direkt durch die Kraft seines Leidens und die Wirksamkeit seines Leidens und Sterbens.

Mit P. Beauchamp kann man sagen, daß „sein wirksames Mitleid ein Vorgeschmack seines wirksamen Leidens und Sterbens ist".

3. Die besonderen Heilungen: Exorzismen der Besessenen

Jesus gebietet den Dämonen und treibt sie aus den Besessenen aus. Er erinnert an die Allmacht Gottes, wie sie sich in den Geschichten von Jona, der Sündflut und dem Durchzug durch das Rote Meer offenbart. Er gebietet, und was er sagt, geschieht.

Merken wir an, daß Jesus der Umwelt des Besessenen, der sich ins Feuer stürzt, und der der anderen Kranken ausdrücklich Rechnung trägt: er bemüht sich, sie wieder in die Gesellschaft zu integrieren.

Wie die übrigen Heilungen, so stehen auch diese in tiefinnerem Zusammenhang mit dem Glauben, dem Gebet und dem Fasten. Die Apostel wundern sich, daß sie keinen Dämon auszutreiben vermögen; Jesus antwortet ihnen, daß ein solcher nur durch Gebet und Fasten vertrieben werden könne. Hier ist das Wort Jesu der Entmystifizierung preisgegeben, und seine Wirksamkeit kann nur Reaktionen der Zustimmung oder der Mißbilligung, der Bewunderung oder des Hasses, der Betroffenheit oder des Mißtrauens, des Glaubens oder des Zweifels auslösen. „Mit Hilfe von Beelzebul, dem Anführer der Dämonen, treibt er die Dämonen aus" (Lk 11,15), so werden die Juden sagen.

Läuft der Wundertäter nicht Gefahr, das Image des erwarteten Messias zu verdunkeln und zu trüben, der den sozialen Frieden und die Harmonie der Naturelemente wiederherstellen soll: „Dann wohnt der Wolf beim Lamm, der Panther liegt beim Böcklein..." (Jes 11,6–8)?

Wie dem auch sei, das Risiko und die Herausforderung des Glaubens liegt ja gerade darin zu akzeptieren, wie sehr sich die Formen der Erwartung bis in die Erhörung hinein verändern können. Und eben diesen Glauben fordert Jesus von seinen Patienten. Beachten wir auch, daß Jesus gelegentlich sogar den Heiden Bewunderung zollt: sie haben in Israel nicht ihresgleichen, sagt er, was das Vertrauen angeht, das sie in Gott setzen!

4. Katechetische Heilungen, Auferweckungen und soziale Reintegration

Die Gelähmten, die Toten stehen auf. „Steh auf und geh umher": es ist die Geste des Auferstandenen vom Ostermorgen.

Jesus wirkt auch Wunder im „Kontext seiner Lehre". Das Wunder wird so zur Veranschaulichung der Evangeliumsbotschaft[3].

a) In seinen Heilungen *berücksichtigt Jesus immer die soziale Umwelt* seines Patienten. Er gliedert die Leprakranken und die am Blutfluß Leidenden wieder in ihr jeweiliges soziales Milieu ein. Wegen ihrer Krankheit waren sie ausgeschlossen, auf die Seite geschoben, marginalisiert: indem er sie heilt, resozialisiert Jesus die Kranken. Er vollbringt zahlreiche Wunder der Wohltätigkeit: sieben Heilungen[4] und die Auferweckung der Tochter des Jaïrus, die (zwei?) Brotvermehrungen, die Besänftigung des Sturmes usw.

b) Wenn Jesus heilt, *fordert er eine Gegengabe:* Glauben, Dankbarkeit (die 10 Leprakranken), sich den Priestern zu zeigen usw. In anderen Geschichten, besonders solchen, die von Wundern der Wohltätigkeit berichten, verlangt er nichts. Im Fall der geistlichen Heilungen, wo die Sünde als Ursache der körperlichen Krankheit betrachtet wird, mahnt Jesus, nicht mehr zu sündigen und mehr zu glauben.

---

[3] Lk 13,10–17; 5,17–26; 6,6–11.
[4] Mk 5,1–20; 5,24–34; 6,13; 6,53–56; 7,24–30; 7,32–37; 8,22–26.

c) Wie es sich bei jedem Therapeuten bestätigt, so wird auch Jesus rasch gewahr, daß seine Heilungen – und zwar mit zunehmender Schärfe – eine *entscheidende Frage hinsichtlich seiner sozialen Integration und Anerkennung* aufwerfen. Er muß sehr bald die gleichen Anschuldigungen hinnehmen wie die anderen Therapeuten seiner Zeit: er sei wohl mit dem Satan im Bunde (Mt 12, 24).

Die Deontologie der Therapie Jesu drückt sich in einem Handeln aus, das auf die Veränderung der sozialen Beziehungen gerichtet ist. Er ist sich dessen bewußt, daß man niemals nur im physischen Bereich taub oder blind ist, und folglich können auch Heilung und Heil sich nicht allein auf diesen Bereich beschränken. So sind die Evangelisten darauf bedacht, uns einen Jesus vorzustellen, dem es gleichermaßen um die Heilung von Leiden wie auch um die Verkündigung der Frohbotschaft geht. Beides ist in seinen Augen nicht ohne wechselseitigen Bezug, und die Tauben, Blinden, Stummen, Hinkenden und Lahmen, die er heilt, bestätigen dies ihrerseits klar und eindeutig.

Doch eben die Verbindung zwischen diesem Tun und der Verkündigung ist es, die sehr bald zahlreiche Reaktionen hervorruft, die über Erstaunen und Neid hinaus bis zur erklärten Feindseligkeit gehen: „Gott hat ihm eine Macht gegeben"; „er könnte König sein!"... Er wird schließlich verhaftet und gekreuzigt. Man wird ihm zurufen: „Andere hast du gerettet, nun rette dich doch selbst; steig herab, und wir werden glauben!" Er aber scheint dann schwach und ohnmächtig zu sein. Er wird sich nur noch hilfesuchend an „seinen Vater" wenden, um vom Tode errettet zu werden.

Wenngleich er denen, die er heilt, zu einer verbesserten Lebenssituation verhilft, stört er doch die soziale Ordnung. Und zugleich exponiert er sich selbst. Allein durch die Tatsache, daß er subversiv ist, ist er gefährdet. Während er für andere, zumindest für die, die es am nötigsten brauchen, das Gute will und tut, wagt er viel – wagt er *alles* in bezug auf sich selbst.

d) Indem er das Werk des Heilers tut, *verschenkt er einen Teil seines eigenen Menschseins* an die, denen es daran mangelt. Daher der Ausdruck „Gabe der Heilung"; es handelt sich um etwas, das man zusätzlich empfängt, um es weiterzuschenken an diejenigen, die dessen bedürfen.

„Die Selbsthingabe gipfelt in der Verschmelzung mit dem Kranken. Der Heiler verschmelzt sozusagen mit dem ‚Übel', der Krankheit; das therapeutische Tun des Heilers ist notwendigerweise für ihn selbst pathogen, ohne dies kann die verschmelzende therapeutische Beziehung nicht stattfinden." Der Heiler muß durch einen symbolischen Tod hindurchgehen. Denn „das Wachstum des therapeutischen Kapitals der Heiler ist ein Prozeß, durch den die ‚Gabe' der einfachen therapeutischen Kraft im Verlauf der magischen therapeutischen Beziehung zu einem Akt therapeutischer Macht wird."[5]

Die Selbsthingabe kann kein belangloser Akt sein. Sie hat ihren Preis, sie schließt Risiken ein, sie kann auch nicht angenommen werden.

Wenn Jesus sich schwach macht bis dahin, daß er zu einem der unseren wird, daß er sich taufen läßt, dann nicht, weil er sich schutzsuchend unter die Massen mischen möchte. Es ist für ihn vielmehr eine Weise, mit uns solidarisch zu sein bis zum Letzten und in allem, die Sünde ausgenommen. Er tritt ein in die Beziehung Heiler–Kranker.

Er ist zugleich Heiler und Kranker. Seine Heiler-Rolle wird sehr bald zu der des Kranken. Statt die Beziehung vom Heiler zum Kranken zu praktizieren, kommt er von der anderen Seite der Schranke und wirkt innerhalb der Beziehung Kranker–Heiler. Vielleicht liegt gerade darin der christliche Stil.

Bevor wir überlegen, wie wir in Afrika das Antlitz Christi als das eines Heilers darstellen können, müssen wir uns näher befassen mit dem, was Krankheit und Heilung in diesem Kontinent bedeuten.

II. Krankheit und Heilung in Afrika

Nach Feststellung der Weltgesundheitsorganisation ist Gesundheit ein „Zustand des umfassenden körperlichen, seelischen und sozialen Wohlbefindens". Diese knappe Definition ist sicher nicht unzutreffend. Aber sie übersieht eine wesentliche Dimension, und zwar die Gesundheit als Zustand einer bestimmten sozialen *Gruppe* in ihrer jeweiligen wirtschaftlichen und politischen Situation. In diesem Zusammenhang definiert, erscheint der Begriff Gesundheit weniger abstrakt, er wird dynamischer und leichter zu umschreiben.

---

[5] *D. Friedmann*, Les guérisseurs, Splendeurs et misères du don, hrsg. von A.-M. Métaille (Paris 1981) 113.

1. Kranksein in Afrika

Für den afrikanischen Menschen ist die Krankheit zunächst und grundlegend eine Störung im Gleichgewicht des menschlichen Organismus, aber auch und vor allem ein Riß im sozialen Gefüge. Der soziale und politische Körper, der ebenfalls dem Gesetz des Verfalls unterworfen ist, und zwar nicht allein in der Person des Herrschers, sondern auch auf der Ebene der Reiche, bemüht sich, der zerstörenden Kraft zu entrinnen. So partizipiert der König an zwei Daseinsformen: an der des physischen und sterblichen Körpers des Individuums und an der der mystischen Existenz als Inkarnation des Volkes. Unter dem letzteren Aspekt darf die Macht nicht dem Tod unterworfen sein. Der Tod eines Königs wird nicht bekannt gemacht, bevor nicht sein Nachfolger bestimmt ist.

Auf diese Weise entging der Herrscher dem Naturgesetz des Verfalls. Er war auf ewig Kraft und Vitalität. Wurde er kraftlos und gebrechlich, dann brachte man ihn um. Während des Interregnums wurde nicht etwa das Königtum außer Kraft gesetzt, sondern die Zeit. Landwirtschaft, Fischfang und Jagd wurden so lange untersagt. In der kollektiven politischen und sozialen Vorstellung wurde der Zeit sozusagen eine Falle gestellt. In diesem Kontext wollen wir versuchen, uns der Frage von Gesundheit und Krankheit in Afrika zu nähern.

Für den schwarzafrikanischen Menschen ist das Verlangen nach dem *Leben,* nach Unvergänglichkeit so vorherrschend, daß diejenigen, in deren Zuständigkeit das Leben in besonderer Weise fällt, einen überragenden Platz einnehmen. Die Wahrsager und Heiler, die Therapeuten und Mediziner aller Art sind die Säulen des gesellschaftlichen Lebens.

Daher sind der Islam und das Christentum für den Afrikaner nur in dem Maße glaubwürdig, als sie an seiner Seite am *Kampf für das Leben* teilnehmen. Dieser *Kult des Lebens,* den man unglücklicherweise als „Animismus" im abwertenden Sinn dieses Ausdrucks bezeichnet hat, erklärt auch die wachsende Zahl der Sekten im heutigen Afrika. Sie haben alle einen gemeinsamen Nenner, der zugleich ihr Schwerpunkt ist: die Berücksichtigung von Krankheit und die Gebete und Riten der Heilung.

Die traditionelle Herrschaftsausübung, die Initiationsmeister, die juristisch-politischen Institutionen und Riten usw. sind in Afrika im Schwinden begriffen. Die Wahrsager, Seher und Heiler aber gibt es nach wie vor. Das ist zugleich ein Hinweis auf den Fortbestand dessen, was heute wie ehedem Ziel des Lebens ist: dem Zahn der Zeit und der Vergänglichkeit zu entrinnen.

Ursache und Bedeutung der Krankheit fallen weit mehr ins Gewicht als die klinischen Symptome. Um kohärent zu sein, muß die Erarbeitung einer traditionellen Krankheitslehre, die systematische Einordnung der Krankheit, nicht nur vom allgemeinen Sprechen über die Krankheit her erfolgen, sondern auch und vor allem unter Berücksichtigung der sozio- und ethno-klinischen örtlichen Gegebenheiten.

a) Die Segnungen
So beginnt bei den *Kpèlé* und den *Logoma* in Guinea keine Feier oder Versammlung, ohne daß man zuvor Segenswünsche für Gesundheit, Glück, Frieden, soziale Eintracht und Harmonie, Fruchtbarkeit und Produktivität zum Ausdruck gebracht hätte. Das ist der *luwô*. Es gibt Personen, deren *luwô* aufgrund ihrer Rechtschaffenheit wirksamer ist als der anderer – sie haben, wie man sagt, ein „sauberes Inneres" –, und ihr Segen für die Versammlung oder für einen einzelnen kommt aus der Tiefe ihres Herzens. In den *luwô* wünscht man den Tod und das völlige Verschwinden des Feindes schlechthin, des Zauberers, daß er ißt oder nicht ißt, daß er trinkt oder nicht trinkt usw. Man wünscht denjenigen, um derentwillen man sich versammelt hat (dem Neugeborenen, dem Reisenden, den Initiierten, dem Verstorbenen usw.), daß sein Lebensprinzip kraftvoll sein möge, daß sein Abschied den Zusammenhalt und die Einheit stärken möge, daß seine Ankunft zur Quelle der Freude und des Friedens für die Gemeinschaft und für alle zur Wohltat werden möge.

Dieser im Land der *Kpèlè* sehr gebräuchliche Ritus hat folgende Struktur:
– Begrüßung: Man erkundigt sich nach der *Gesundheit* der Versammelten.
– Mitteilung: Derjenige, der segnet, versichert der Versammlung, daß es seinen Brüdern und Schwestern, Verwandten und Freunden, die ihn gesandt haben, *gut geht*.
– Im Vollzug der eigentlichen Segnungen:
● Danksagung für die Nacht oder den Tag, der ohne *Unheil* vergangen ist, und Wunsch, daß die kommende Zeit besser sein möge.
● Wunsch, daß das *Gute*, das man nicht hat, sich verwirklichen möge.
● Exorzismus im Hinblick auf das Gute oder das Unheil, das Gegenstand der Versammlung ist.
● Verfluchung der Feinde und der Kräfte des Bösen: Zauberer, Epidemien, Hungersnot usw.

- Stärkung der Garantien, die die Hilfe der Ahnen-Beschützer und Vermittler zwischen Gott und den Menschen verschafft.
- Abschluß: daß alle ausgesprochenen Wünsche in Form von Gesundheit, langem Leben und Lebenskraft Gestalt annehmen mögen. Und jeder Wunsch schließt mit dem Wort *mina*, das sich über den Islam aus „Amen" ableitet.

b) An den Kultorten
An Flußufern, Bergen und Wäldern (die als Orte der Begegnung mit den Ahnen und Gott gelten), wird Gott durch die Ahnen angerufen, auf daß sie dem Dorf oder der Sippe in reichem Maße alle materiellen und spirituellen Güter zuteil werden lassen, deren die Menschen zu ihrem Wohlergehen und Gleichgewicht bedürfen. Diese Freiluftkathedralen sind häufig als „Kultorte" bezeichnet worden. Hier ist der Treffpunkt der verstorbenen und der lebenden Familienmitglieder. Man nennt sie auch Sprechorte einer Sippe oder Familie. Hier ist der Altar der Opfer, der Bitten und der Danksagung unserer Gemeinschaften. Hier ist auch der Begegnungsort des Lebens. An diesen heiligen Pilgerorten der Volksreligiosität werden Gott und die Ahnen angerufen, verehrt und bei wichtigen Ereignissen des Lebens um Rat gefragt: bei Krankheiten, sozialen Konflikten, Naturkatastrophen, Tod, Reisen, Geburten, Initiation usw. Die bei solchen Zeremonien meistens angerufene Gottheit ist *Alla Tagana*, der Gott-Begegnungspunkt alles Guten und der Punkt der Verknüpfung von unser aller Leben und des ganzen Lebens.

c) Bei den Geburtsritualen
Was man von einem Neugeborenen erhofft, ist, daß es groß, stark, schön ist und fähig zu weinen, sobald es in Gefahr ist. Ein „schlappes" Baby, sagt man, kann fortgetragen werden, ohne daß es jemand merkt. Von seiner Geburt an wird das Kind gegen böse Geister geschützt. Haare und Nägel, die als intime Elemente von den Zauberern begehrt werden, darf man nicht herumliegen lassen. Weil das entstehende Leben zart und verletzlich ist, umgeben die schwangeren Frauen ihren Zustand mit großer Diskretion. Die Nabelschnur wird zusammen mit einer Kolanuß begraben, die gleichzeitig mit dem Kind aufkeimt und wächst. Es gibt bei den *Kpèlè* keinen wichtigen Ritus ohne Kolanuß. Ein schwächliches, zwergwüchsiges, stummes Baby oder ein Albino „bleibt in der Dusche"[6], d. h.

---

[6] Vgl. *J.-P. Eschlimann*, Naître sur la terre africaine (Abidjan: INADES, 1982).

es wird gleich nach der Geburt ertränkt. Das Kind muß sofort nach seinem Eintritt ins Leben mit zahlreichen Segnungen und Riten umgeben werden, damit es seinen mächtigen *magninèn*, eine große Aura, ein unverwundbares Double und ein langes Leben hat.

d) Die Bestattungsriten
Sie weisen darauf hin, daß der Säugling, der stirbt, nicht zum Leben geboren wurde: er wird ein anderes Mal wiederkehren; verliert aber eine Frau mehrere Kinder, dann gibt man dem letzten einen symbolischen Namen: *Vedeli* („Ich habe ihn nicht gerufen"), oder man nennt es Gras, Ding, Hund usw., um den Tod zu entmutigen. Stirbt ein betagter Greis, der zahlreiche Kinder und Güter hinterläßt und von allen geachtet wird, so hat er viel Aussicht, ein Ahne zu werden. Seine Bestattung ist Anlaß zu einem großen Freudenfest.

Beim Tod eines traditionellen Häuptlings hat es auch kannibalistische Rituale gegeben, die seine Macht und Fähigkeiten auf seinen Nachfolger und seine Söhne übertragen sollten.

Wovor sich der Afrikaner am meisten fürchtet, ist nicht so sehr der Tod, als vielmehr das „Schlecht-Sterben" (Tod durch Blitzschlag, Ertrinken, Sterben in der Fremde, im Kindbett, durch Selbstmord usw.). In einem solchen Fall erfolgt die Beerdigung in aller Eile.

Für den Schwarzafrikaner allgemein heißt Kampf gegen die Krankheit nicht Kampf gegen den Tod. Dieser ist nämlich nicht Widerspruch oder Gegensatz zum Leben. Er ist nur eine andere Form des Seins in der Welt.

Aufgrund dieser Tatsache, daß es Tode gibt, die Anlaß zum Feiern (Greise, Krieger), und andere, die Anlaß zur Trauer sind (Tod einer Gebärenden, Selbstmord, Tod eines Zauberers, der die Selbstanschuldigung verweigert), daß es andererseits Geburten gibt, die Trauer verursachen (kleine Monster, Albinos, Stumme, Mongoloide usw., die gleich nach der Geburt umgebracht werden, wobei es heißt, die Frau habe eine Fehlgeburt gehabt), können wir feststellen, daß sich die afrikanischen Therapeuten im allgemeinen darauf richten, *schlechtes Leben* wie auch *schlechtes Sterben* zu bekämpfen.

Schlechtes Leben, wie die *Kpèlè* sagen, ist ein Mißerfolg, ein Leben ohne *nwun-na-Leben* (gute Chancen, Basis für Glück und Erfolg) und ohne *magninèn* (Lebensprinzip, Basis für die Respektierung und das Ansehen eines Menschen). Das schlechte Sterben ist der schlimme Tod, der, wie auch das schlechte Leben, für den Betroffenen und seine Umgebung eine Schande ist. Der Tod ist besser als die Schande, sagt man bei uns.

Eine Definition der Krankheit läßt sich in folgender Tabelle darstellen:

Krankheit = Infragestellung der Qualität des Lebens und des Sterbens	Kräfte des Bösen: Zauberer, Neider, Giftmischer	RITEN (Orte der Öffnung)	Kräfte des Guten: Ahnen, Heiler, Masken, Geist	Gesundheit = Bewahrung und Verteidigung des Lebens und des Todes gegen jede Form des Angriffs
schlecht geboren werden				in eine gute Familie hineingeboren werden
kein Lebensprinzip haben				ein Double und einen angesehenen sozialen Status haben
kein Glück haben				Glück und Segen haben
schlecht leben: Krankheiten Unglücke Dürre Hungersnot				gut leben: materielle Güter, Reichtum als Segen betrachtet ein gut entwickelter Körper
Schande (Betrug, Schwäche)				moralische Tugenden
Unfruchtbarkeit oder Impotenz				zahlreiche Nachkommen
schlechter Tod: keine Bestattungszeremonie				guter Tod: viele Beziehungen
sozialer Unfrieden, Vergiftung, Zauberei, Kriege, Verleumdungen, Mißgunst usw.				soziale Harmonie, Ausgewogenheit, Ordnung im Zusammenleben der einzelnen, der Gruppe, im Kosmos usw.
VERFLUCHUNG (Dämon, böse Geister usw.)				SEGEN (Gott, Ahnen, Verwandte usw.)

2. Die Therapie und die Therapeuten

Die Struktur der Therapie entspricht der der Krankheit. Gegenüber den Kräften des Bösen gibt es die Kräfte des Wohlbefindens, die durch das Tun des Therapeuten entfaltet werden.

Das Tun des heutigen afrikanischen Therapeuten tritt auf dreifache

Weise in Erscheinung und wird jeweils von den folgenden Autoren beschrieben:

Marc Augé zeichnet die Gestalt des *Propheten* Atcho im westafrikanischen Staat Elfenbeinküste, der inmitten einer kapitalistisch orientierten Entwicklung dem Tod der traditionellen Gesellschaft gegenübersteht. Angesichts der sich auflösenden Sippen- und Dorfstruktur zeigt sich der Prophet Atcho als Heiler, der seinen Patienten hilft, sich auf die Anforderungen einer neuen Welt einzustellen und der die Aufgabe hat, die afrikanische Persönlichkeit und die traditionellen Strukturen in ihrer Funktion wiederherzustellen. Er bemüht sich, den Schlüssel zum Dasein in der neuen Welt des afrikanischen Menschen zu finden[7].

Eric de Rosny hat sich fünf Jahre lang intensiv mit den *nganga*, den traditionellen Therapeuten in Douala, beschäftigt und sich in ihre Weltsicht einweihen lassen. Diesem in der Materie sehr erfahrenen Jesuiten ging es vor allem um die Aufdeckung der Wurzeln der Gewalt in der Gesellschaft. Die Probleme der Zauberei machen die unterschwellige Gewalt in unseren afrikanischen Gesellschaften zur Genüge deutlich, eine Gewalt, die früher den Wahrsagern, Sehern und Heilern übertragen war[8].

Den dritten Pol in der Verwaltung der Gesundheitskräfte erläutert ein anderer Jesuit, *Meinrad Hebga;* er schildert seine Erfahrung als *charismatischer Heiler.* Als Theologe, Philosoph und Anthropologe bemüht er sich, die Phänomene der Besessenheit und der Wahrsagerei zu beschreiben. Zunächst stellt er sich die Frage, ob bestimmte Fakten aus dem Bereich des Paranormalen und des Wunderbaren, auch wenn sie von glaubwürdigen Personen berichtet werden, immer von unwiderlegbarer Objektivität und Authentizität sind. Sind die verschiedenen unter allgemeiner Berufung auf Zauberei dargestellten Phänomene nicht bloße Hirngespinste, und zwar sehr gefährliche? In einem zweiten Buch, das den spirituellen Heilungen gewidmet ist, die er zusammen mit einer Gruppe von Laien praktiziert, schildert Pater Hebga die Heilungs- und Befreiungssitzungen mit Handauflegung, Verwendung von Weihwasser,

---

[7] Das hier angesprochene therapeutische Itinerarium wird näher beschrieben in *M. Augé*, Prophétisme et thérapeutique. Albert Atcho et la Communauté de Bregbo. Erschienen in der Reihe „Savoir" (Paris: Hermann, 1975).

[8] *E. de Rosny*, Ndimsi, ceux qui guérissent dans la nuit (Yaoundé: Éd. Clé, 1974); ders., Les yeux de ma chèvre, erschienen in der Reihe „Terre humaine" (Paris: Plon, 1981).

Kruzifix und Rosenkränzen, und er drückt dabei sein ganzes Mitleid mit den Kranken und Besessenen aus [9].

Auflösung der Strukturen, Gewalt, Besessenheit – das sind die drei Übel, an denen Afrika heute krankt und denen die Therapeuten zu begegnen versuchen.

Der traditionelle therapeutische Praktiker hat ein umfassendes Wissen über die Geschichte der Sippen, den Ursprung der Dörfer, die Beziehungen zwischen den Stämmen, die Psychologie der einzelnen Mitglieder der Gemeinschaft (Verwandte, Nachbarn, Freunde, Verschwägerte), die vergangenen, gegenwärtigen und möglichen Konflikte usw. [10].

Die wichtigste Aufgabe des *nganga*, des traditionellen afrikanischen Arztes, besteht darin, das soziale Leben des Dorfes mit den *jengu* oder Geistern bzw. Ahnen des Wassers, mit den fernen, wieder aktiv gewordenen Toten, die zwischen den Lebenden umherschweifen, in Einklang zu bringen. „Der *nganga*", so Eric de Rosny, „will den seelischen Verwirrungen keine neutralen Etiketten aufkleben, wie das gewöhnlich im Westen geschieht, wo man von Manie, Paranoia, Hypochondrie ... spricht. Er ordnet diese Verwirrungen nach den jeweiligen persönlichen und unheilbringenden Aktivitäten ein, die seiner Ansicht nach ihre Ursache sind: Zauberei des „Verkaufs" von Menschen an böse Mächte, Kannibalismus, primitive Einmischung der Wassergeister und Ahnen, Verletzung der Verbote." [11]

a) Die Verschiedenheit der Heiler
Die Typologie der verschiedenen Heilergruppen offenbart uns eine große Vielfalt. Außer den Gestalten, denen wir bereits begegnet sind, vom *nganga* in Douala über den Propheten, wie Atcho, bis zum spirituellen Heiler, gibt es noch den Magnetiseur, den Rutengänger, den traditionellen Spezialisten für seelische Erkrankungen, der mit dem Krankenhaus in Fann, Dakar, zusammenarbeitet, um im speziellen Ritus des *ndoep*[12] seinen Kranken mit den *rab* (Ahnengeister) zu versöhnen. Wir können es aber auch mit dem Chiropraktiker zu tun haben, der gebrochene Füße und Arme richtet, oder mit der alten Frau, die sich in den

---

[9] M. *Hebga*, Sorcellerie, chimère dangereuse? (Abidjan: INADES, 1979); ders., Sorcellerie et prière de délivrance (Paris: Présence Africaine und Abidjan: INADES, 1982).
[10] I. *Sow*, Les structures anthropologiques de la folie en Afrique Noire (Paris: Payot, 1978) 76.
[11] E. *de Rosny*, Les yeux de ma chèvre, a. a. O. (Anm. 8) 287.
[12] Vgl. Film von Dr. Colomb, Ndoep-Dakar, 1968.

Kinderkrankheiten auskennt, oder mit dem Heilkundigen für Geschlechtskrankheiten, der diese alsbald erkennt und behandelt, und schließlich mit dem Mann, der all jene befreit, die während des Schlafs oder auch bei Tage von den *jin*[13] gepeinigt werden, usw.

Die Weise der Vermittlung all dieser Kenntnisse kann offen oder exklusiv geschehen. Es gibt Kenntnisse und Techniken, die vom Vater an den Sohn, vom Heiler an den Kranken übermittelt werden, und andere, die eine geheime und nicht allen offenstehende Initiation erfordern. In jedem Fall aber verlangt die übermittelte Heilergabe eine Gegengabe in Naturalien, einen Verzicht auf das Leben daheim oder ein Opfer, das von einem Ziegenbock bis hin zur ganzen oder teilweisen Aufgabe eines Elements des persönlichen Lebens gehen kann, beispielsweise in Form der Enthaltsamkeit oder des Verzichts auf die Seh- oder Hörkraft. Was immer es sei, die Heiler sind im allgemeinen Menschen, die zahlreiche Tabus respektieren.

Die Deontologie der traditionellen Medizin schließt eine Menge von Pflichten und Regeln sowohl zwischen den Therapeuten und ihren Meistern wie auch zwischen dem Heiler und seinen Patienten ein. Wir können hier nur einige von ihnen nennen und in groben Zügen skizzieren: Technik der Sozialisierung der Krankheit, Interpretation des Geschehens, das zufällig sein kann, in den meisten Fällen aber eine oder mehrere verborgene oder soziale Ursachen (Unglück) hat, Kriterien der Unterscheidung zwischen den Kranken, die erfolgreich behandelt werden, und jenen, bei denen die Heilkunst versagt, Beziehungen zwischen dem Kranken und seiner Umgebung, Beziehung zum Geld usw. Bei diesem letzten Punkt werden wir noch verweilen, um aufzuzeigen, daß die Perversion der traditionellen afrikanischen Medizin zu einem großen Teil vom Geld kommt. Früher wurden die Heilungen im allgemeinen in Naturalien vergütet. Das Geld hat die ganze Angelegenheit irgendwie banalisiert und zu einem Gegenstand der Berechnung und der Tarife gemacht. Es gab Heilungen, die so oder anders gefeiert wurden: die *Kpèlè* in Guinea nennen das *Gwêi yiliè* (ein rituelles Essen, das auf die Heilung folgt, um die Genesung des Kranken zu feiern). Die Perversion des traditionellen medizinischen Systems kommt daher, daß im Krankenhaus alles im voraus bezahlt werden muß, auch wenn die Krankheit mit dem Tod des Patienten endet. Wir werden auf dieses Phänomen des medizinischen Schocks noch zurückkommen. Es ist interessant, in der Koexistenz von traditio-

---

[13] *Jin* = Wort arabischen Ursprungs, das einen bösen Geist bezeichnet.

neller und moderner Medizin das Verhalten der Ethnien zu beobachten, die weder den Islam noch das Christentum angenommen haben.

b) Das „Arsenal" des Heilers
Was die Funktionsweise des traditionellen Heilers und der von ihm benutzten Instrumente anbetrifft, so können wir hier nur flüchtig die ihm zur Verfügung stehenden Elemente aufzählen. Zuvor aber müssen wir darauf hinweisen, daß der afrikanische Heiler gewöhnlich in Verbindung mit den Wahrsagern oder Sehern operiert, die, wie man sagt, ein drittes Auge oder Ohr haben und die den Kranken oder den Heilern die Forderungen der Ahnen oder der Gemeinschaft nahelegen, die sich etwa aus der Nichtbeachtung dieses oder jenes Tabus ergeben.

– *Leblose Gegenstände:* Horn, Talisman, Statuette, Fliegenwedel, Kaolin, Spiegel usw. Im Bereich der Pflanzentherapie sind es Rinden, Blätter, Wurzeln sowie das Mark bestimmter Pflanzen. Die Gegenstände des Ritus: Eier, Kolanüsse, Reismehl usw. Für den Heiler sind die verwendeten Gegenstände entweder mit unmittelbar therapeutischer Wirkkraft oder mit dem *mana*, einer geheimen Macht, ausgestattet. Diese beiden Arten von Gegenständen dürfen, vor allem in ihrer Funktion, nicht getrennt werden und stützen sich oft auf die männlichen und weiblichen Symbolzahlen (drei und vier). Den Anthropologen zufolge beruht die symbolische Wirkkraft dieser Gegenstände und Riten auf der Tatsache, daß „die spirituelle Ursache und die körperliche Wirkung vermittelt werden durch Äquivalente, die das Bezeichnete bedeuten, das selbst einer anderen Wirklichkeitsordnung angehört"[14].

Noch besser kommt dies zum Ausdruck im Gebrauch des Wortes, das als Ort par excellence der Segnung oder des Fluches betrachtet wird.

– *Das Wort:* es ist ein wesentliches Element in der therapeutischen Technik. Für den Afrikaner haben Krankheit und Tod immer eine andere Ursache als die von klinischen Symptomen angezeigte. Im Gegensatz zum Vorgehen des westlichen Mediziners, der in der vorwiegend analytischen Tradition der Autopsie steht, ist die des afrikanischen Therapeuten eher synthetisierend und ganzheitlich ausgerichtet. Was ihn in hohem Maße interessiert, ist der Mensch in seiner Totalität im Zusammenhang mit seiner Umgebung und seinen sozialen Beziehungen. Durch sein Wort versucht der Heiler zu erreichen, daß der Kranke mit dazu beiträgt, von

---

[14] Vgl. *L. V. Thomas – R. Luneau*, La terre africaine et ses religions (Paris: L'Harmattan ²1980) 238–241 und 308–318.

seiner Krankheit befreit zu werden, indem er seine Zauberei zugibt oder seine Träume beschreibt, um sie der Deutung zu unterwerfen.

Hierin ist der afrikanische Therapeut Jesus ähnlich. Wenn er heilt, mahnt er zugleich, nicht mehr das Böse (Zauberei) zu tun, und vor allem versucht er den Kranken, den sein Zustand aus dem gesellschaftlich-wirtschaftlichen Kreislauf geworfen hat, zu reintegrieren. Wird nicht im Westen die Krankheit zunächst und vor allem als Arbeitsunfähigkeit, also durch die Tatsache, unnütz zu sein, definiert?

Weit davon entfernt, ein diabolisches Phänomen zu sein, ist daher die divinatorische Praxis auch heute noch ein normales, reguläres und empfohlenes Verfahren in den Dörfern und Städten. In Paris, im 18. Arrondissement, trifft man eine Vielzahl von westafrikanischen Medien und Marabuts, die sich für die Lösung aller möglichen Probleme anbieten. Ihre Kunden lechzen mehr nach Divination als nach einer Therapie im klinischen Sinn dieses Ausdrucks. Die Rolle des traditionellen Praktikers und des Wahrsagers vermittelt sich notwendigerweise durch das mündlich gesprochene oder durch die Gebärde ausgedrückte Wort. Dessen Wirksamkeit entspringt dem Ansehen, das er genießt und um das er wohl weiß: „Was dieser Marabut sagt, das trifft alles ein", so hört man sagen.

– *Die Opfertiere.* Außer den leblosen Elementen und dem Wort verwendet der traditionelle Mediziner auch das Blut, die Eingeweide und andere Teile von Tieren, die er selbst tötet oder zu opfern empfiehlt (Hühner, Schafe, Hunde, Kühe usw.). So wurden im Senegal beim Vollzug des *ndoep*-Ritus meist Gedärme, Magen und Blut eines getöteten Ochsen zur Behandlung eines Geisteskranken verwendet, der unter den Attacken der *rab* oder Ahnengeister zu leiden hatte. Zu den Aktivitäten des afrikanischen Therapeuten gehören also insgesamt: Pflanzentherapie, Logotherapie, Zootherapie und Geotherapie (den Kranken fortschaffen und vor seinen Angreifern in Sicherheit bringen) usw. Aber wie wir gesehen haben, begnügt er sich nicht damit, nur die Ursachen der Krankheit zu entdecken: er ist auch in der Lage, die Versöhnung der an der Konfliktsituation Beteiligten, die dem Übel zugrundeliegt, herbeizuführen. In diesem Sinne ist er vor allem Soziotherapeut.

3. Afrikanische Medizin und Kulturschock

Nicht genug damit, daß das moderne Leben in Afrika die traditionellen Strukturen nicht respektiert, es zersetzt auch immer mehr die Strukturen des wirtschaftlichen Lebens (Monokulturen und Ausbeutung der Bodenschätze zum Nutzen der örtlichen Verwaltungsbourgoisie und der internationalen Multis) und des politischen Lebens (Aneinandervorbeireden zwischen traditioneller Justiz und römischem Rechtsdenken, Usurpation der Macht durch Diktatoren). Dieses moderne Leben in Afrika erzeugt neue Krankheiten (Alkoholismus, Unterernährung, Blutdrucksteigerung, Abtreibung, Geschlechtskrankheiten usw.).

a) Der medizinische Schock
Wenn es stimmt, daß Gabe ohne Gegengabe Verfremdung und Paternalismus ist, dann ist es wichtig, daß in den hinfort unerläßlichen Beziehungen zwischen Europa und Afrika die für eine Kooperation günstigen Terrains erforscht werden.

Der Bereich von Krankheit und Heilung als erste Sorge der afrikanischen Populationen [15] könnte sehr wohl der Ort sein, wo Afrika Europa, und vice-versa, viel zu geben hat. Immerhin entdeckt Europa im Zuge seiner Forschungen im Bereich von Psychotherapie und Psychoanalyse Praktiken, die in Afrika seit eh und je bekannt sind [16].

Die Begegnung zwischen westlicher und traditioneller afrikanischer Medizin hat sich in einem Kontext der Beherrschung und der Wahrung der Interessen der Kolonisatoren abgespielt. Ausschlaggebend für die Schaffung von Reichtümern in den Kolonien war die Frage der Arbeitskräfte. Armenapotheken und Krankenhäuser, Impfungen und Hygiene waren integriert in ein umfassendes System der Beherrschung. Die Erschließung der Kolonien hing von der Beschaffung und dem Unterhalt entsprechender Werkzeuge ab, und das waren die Landarbeiter. Hören wir, was 1921 der damalige Kolonialminister Albert Sarraut sagte: „Die medizinische Versorgung ... ist unsere Pflicht. Sie ist aber zugleich, man könnte auch sagen vor allem, unser unmittelbarstes und alltäglichstes Interesse. Denn das gesamte Werk der Kolonialisierung, das ganze Bemühen um die Schaffung von Reichtum wird in den Kolonien von der Frage der ‚Arbeitskräfte' beherrscht." [17]

Der beste Helfer der Kolonialärzte war der Gendarm. Ihm ist es zu verdanken, wenn die Bevölkerung weithin gegen Pocken, Pest und Gelbfieber geimpft wurde.

---

[15] Vgl. Jeune Afrique, 12.3.1980. Nach einer von dieser Wochenzeitschrift durchgeführten Untersuchung ist die Frage Nr. 1, die die Afrikaner beschäftigt, vor der Familie (48%) und dem gesicherten Arbeitsplatz (33%), die Frage nach der Gesundheit (75%).
[16] Gestalt-Therapie, Gruppentherapie, Bio-Energie usw.
[17] Vgl. *J. Suret-Canale*, Afrique Noire. L'ère coloniale (1900–1945) (Ed. Sociales, 1977) 305.

Diese medizinischen Maßnahmen wurden ohne Informationen und Erklärungen durchgeführt. Man gehorchte, ohne zu verstehen. Man ließ sich impfen, weil es Vorschrift war, ohne jedoch zu wissen, warum. Als ob es gestern gewesen wäre, kann ich mich erinnern, wie ich bei Ankündigung einer Impfaktion mit meinen Eltern in den Busch flüchtete. Was wir in unserem Versteck suchten, war nichts anderes als die Gesundheit – aber nicht die von unseren „Herren" gewollte.

Was man letztlich wollte, war die Gesundheit der Landbewohner ohne deren Wissen; alles geschah so, als ob die Gesundheit der Einheimischen eine Angelegenheit der Weißen wäre, so wie die Verpflichtung zur Steuerabgabe und die kollektive Bearbeitung der Felder des Kreiskommandanten usw.[18]. Andererseits entging auch das medizinische Werk der Mission nicht einer gewissen Zweideutigkeit des Wohltuns, der Hilfe und der therapeutischen Wirksamkeit in dem Bestreben, die Vorzüglichkeit der neuen Religion zu bekräftigen. Wenn die medizinische Betreuung auch nicht immer zu einem Mittel der Bekehrung gemacht wurde, so hat die mit ihr gekoppelte Evangelisierung doch das Mißtrauen einiger afrikanischer Kreise geweckt. Im kolonialen Kontext schienen Medizin und Mission dem gleichen Ziel zu dienen. In seinem Buch „Kel'Lam, fils d'Afrique" läßt P. Carré seinen Helden sagen: „Die Weißen, siehst du, sind sehr schlau. Wenn sie uns mit ihren (Zwangs-)Arbeiten und Steuerabgaben vielerlei Nöte bereitet haben, dann schicken sie uns zum Trost ihren Bruder Doktor, der uns medizinisch versorgt, und ihren Pater, der uns von Gott erzählt."[19]

b) Medizinische Praxis zur Zeit der Unabhängigkeit
Die von den Kolonialherren und ihren Agenten und Gehilfen, den Gendarmen und Lehrern, dem ganzen unentbehrlichen Räderwerk einer direkten und indirekten Verwaltung eingesetzten Systeme wurden in der nachkolonialen Ära von den unabhängig gewordenen afrikanischen Staaten übernommen. Krankenhäuser und Ambulanzen sind, vor allem in den neu entstehenden Städten, weithin nur dazu da, die Nachfolger der weißen Kolonisten medizinisch zu betreuen. Die auf dem Markt verfügbaren Medikamente sind für die Masse des Volkes unerschwinglich; für sie sind die Krankenhäuser und Ambulanzen bloße Rezeptausgabestellen;

---

[18] Ich greife hier auf Manuskriptnotizen von *J. M. Ela* zurück. (Inzwischen in dt. Übersetzung erschienen unter dem Titel „Mein Glaube als Afrikaner. Das Evangelium in schwarzafrikanischer Lebenswirklichkeit" [Freiburg: Herder, 1987] 82, 90 f.)
[19] *Kindenque-N'Djock*, Kel'Lam, fils d'Afrique (Paris: Alsatia, 1958) 32.

um sich dort regelrecht behandeln zu lassen, muß man schon der Führungsschicht angehören [20].

Während die Krankenhausärzte mobilisiert werden, um bei Hausbesuchen den Schnupfen oder die Verstopfung des Gouverneurs oder Ministers zu kurieren, machen Hunderte von Landbewohnern kilometerweite Fußmärsche, um sich schließlich im Krankenhaus anherrschen zu lassen ... dann schickt man sie von dort weg mit einem Rezept, das einzulösen ihre schwache Kaufkraft gar nicht erlaubt – falls das verordnete Medikament überhaupt vorhanden ist! Während die ländlichen Massen in den *potopoto* weder Trinkwasser noch menschenwürdige Behausungen haben, baut man aufwendige Universitätskliniken, die den Löwenanteil des Gesundheitsbudgets verschlingen, und geht dazu über, die hohen Funktionäre (10 Prozent) systematisch zur ärztlichen Behandlung in die Hospitäler und Kliniken von Paris, London oder Washington zu schikken, und zwar mit Hilfe der Steuern der übrigen 90 Prozent der (Land-)Bevölkerung.

Kurz, wir haben es hier mit einer medizinischen Praxis zu tun, die von einer sub-politischen Hierarchie mit Beschlag belegt ist. Es gibt im Gesundheitswesen keinerlei Selbstorganisation der Bevölkerung. Die aus dem Ausland kommende medikamentöse und personelle medizinische Hilfe läuft in diesem Kontext Gefahr, den Paternalismus wie auch die Unterentwicklung aufrechtzuerhalten. Was nützt alle Fürsorge ohne eine Gesundheitserziehung an der Basis?

Es gibt ein chronisches Mißverständnis zwischen der westlichen und der traditionellen afrikanischen Medizin, und zwar nicht nur auf der Ebene ihrer Funktionsweisen, sondern auch im Rahmen der historischen und politischen Umstände, die eine Harmonisierung nicht gerade begünstigt haben.

Wo Asien seine Therapie auf das Gleichgewicht der im Menschen schlummernden Kräfte gründet (Yoga, Akupunktur, Meditation) und der Westen auf das analytische Prinzip der Autopsie der erkrankten Körperteile, da praktiziert Afrika eine Medizin, die ihre Grundlage in der relationalen und symbolischen Funktion der Umwelt des Kranken hat.

c) Politische Macht und Gesundheit
Nicht nur die Verwaltung der Gesundheit ist der Ort der Machtausübung; auch die Krankheit ist zu einem Feld geworden (oder vielleicht

---

[20] Im Centre Hospitalier Universitaire von Abidjan (Cocody) muß der Patient vor der Operation dem Chirurgen ein Paar Operationshandschuhe zur Verfügung stellen!

war sie es auch immer schon), wo sich Kräfteverhältnisse offenbaren und Macht zum Ausdruck kommt oder, genauer gesagt, zu einem Spiegel, der die verschiedenen sozialen Kategorien widerspiegelt.

Der politisch Verantwortliche ist der erste, dem es gesundheitlich gut gehen muß. Er partizipiert sowohl am individuellen wie auch am sozialen Körper. Selbst wenn es ihm nicht gut geht, muß er doch Gesundheit und Kraft ausstrahlen. Er ist gezwungen, seine Müdigkeit und seine Krankheit zu verschleiern. Irgendwer hat einmal geschrieben: „Diese Kranken, die uns regieren." Und weil sie immerzu in den vordersten Reihen der politischen Szene stehen und daher gut aussehen und den Eindruck erwecken müssen, eine „eiserne Gesundheit" zu haben, muß ihnen Priorität in der medizinischen Betreuung eingeräumt werden.

Wenn man die guineischen Krankenhäuser besucht, fällt einem auf (ohne daß ich bisher eine genaue Statistik erstellen konnte), daß sich die Krankheiten nach sozialen Kategorien aufteilen und daß neue Krankheiten in Erscheinung getreten sind.

III. Jesus, Heiler in Afrika?

Die Bipolarität der inneren religiösen Zugehörigkeit unserer Getauften, die den Rosenkranz in der Hand und unter dem Kleid den „Fetisch" tragen, führt uns gegen Ende dieser Untersuchung zu der Frage, ob Jesus in Afrika ehrlicherweise als Heiler dargestellt werden kann. Vor noch nicht allzu langer Zeit kam mir bei einem Treffen mit Katechisten und Verantwortlichen der Dorf- und Stadtviertelgemeinden der Gedanke, die Teilnehmer zu fragen, welchen Titel sie Jesus Christus, dessen Ankunft in diesem Gebiet nun sechzig Jahre zurücklag, von sich aus geben würden.

Die Antworten, die daraufhin kamen, waren der Hl. Schrift und dem Meßbuch entliehen. Keiner nannte einen Titel, der seine persönliche Beziehung zu Christus ausgedrückt hätte. Und dabei kann niemand länger als ein Jahr in einer schwarzafrikanischen Gemeinschaft verbringen, ohne daß er einen Beinamen erhält, der die Art der Beziehung offenbart, die der Betreffende zu den Menschen seiner Umgebung unterhält. Für die Teilnehmer des Treffens war Jesus Christus der Retter, der Sohn Gottes, der Herr des Friedens usw. Natürlich hat keiner von ihnen gesagt, daß Jesus ein Heiler sei. Auf die Frage nach dem Warum hätte wohl keiner zu antworten gewußt.

Immer öfter stelle ich mir die Frage, wie es kommt, daß die Mehrzahl der afrikanischen Theologen auf anderer Ebene in umgekehrter Weise verfährt. Während ihre Gemeinden Christus nur mit den aus Bibel und Katechismus entnommenen Titeln und nicht auf persönliche Weise zu bezeichnen wissen, geben sie, die afrikanischen Theologen, Christus traditionelle Titel, wie Initiationsmeister, Häuptling, großer Ahne usw., Titel, die sie gerne in den Gemeinden selbst für Christus verwendet sehen würden. Wieder einmal zwingen wir eine Sichtweise auf, die wir von unseren westlichen Lehrmeistern übernommen haben. Werden unsere Gemeinden uns folgen, wenn wir die Meßgebete mit diesen Titeln Jesu ausdrücken, die in Afrika noch nicht den Erweis ihrer tatsächlichen Wirksamkeit erbracht haben?

Für meinen Teil glaube ich, daß, um Christus in Afrika das Antlitz des Heilers zu geben – so sehr dies auch seiner Haupttätigkeit in Israel entspricht –, es zunächst der Entfaltung der zahlreichen Heilergaben bedarf, über die alle unsere christlichen Gemeinden verfügen.

Man vergißt oft, daß der Glaube des Afrikaners sich in einem Gebet ausdrückt, das nichts anderes ist als der Aufschrei eines Menschen in einer *Situation* (Dürre, Ungerechtigkeit, Diktatur, Korruption, Hungersnot, soziale und familiäre Spannungen, Angst usw.). Und wir stellen fest, daß die in unserem Kontinent eingerichteten Kirchen nach wie vor Fremdinstitutionen bleiben gegenüber der grundlegenden Problematik des schwarzafrikanischen Menschen, der beherrscht wird, der unter Ausbeutung, Folter und Rassismus leidet und von den etablierten Mächten verachtet wird.

Unsere Liturgien feiern weder den Menschen, der sich mit der Krankheit herumschlägt, noch den Menschen, der sich mit Mühe aufrecht zu halten versucht, noch den Menschen, der für seine Befreiung kämpft. Statt dessen stimmen unsere liturgischen Gesänge den Lobpreis des einzigartigen Initiationsmeisters, des Herrn des Lebens schlechthin oder des Häuptlings der Häuptlinge an; und unsere geistlichen Ermahnungen lassen es meistens bei einem Zuspruch bewenden: „Opfere das Unrecht, das man dir antut, Gott auf"; „nimm dein tägliches Kreuz auf dich"; „hab' Vertrauen, Christus hat wie du gelitten."

Was soll derjenige Gott opfern, der noch nicht sein ärmliches Bett hat nehmen und gehen können? Welchen Mut soll man von dem fordern, der bisher nur das Antlitz des Gekreuzigten [21] und nicht das des Auferstande-

---

[21] In der südamerikanischen Volksfrömmigkeit wird der Karfreitag mit größerer Inbrunst gefeiert als der Ostertag. Werden wir das gleiche auch in Afrika erleben?

nen kennengelernt hat? Welches Vertrauen erwartet man von einem Menschen, dem noch niemand, nicht einmal er sich selbst, jemals Vertrauen geschenkt hat?

Welchen Sinn erfüllte hier, im Zusammenhang mit der Evangelisierung, der Kontext des medizinischen Werkes der Mission? Stand es im Dienst der Mission oder des Proselytismus? Was läßt sich aus dieser Situation im Hinblick auf das starke Anwachsen der aus den etablierten Kirchen hervorgegangenen Sekten ableiten?

1. Das medizinische Werk der Missionen in Schwarzafrika

Was die Missionare geleistet haben, ist in jeder Hinsicht beeindruckend.

1956–57 gab es in den frankophonen Gebieten Schwarzafrikas: 309 Gesundheitseinrichtungen (18 Krankenhäuser, 270 Ambulanzen und 21 Leprastationen der katholischen Mission) gegenüber 125 Einrichtungen der französischen Kolonialverwaltung. Auch seitens der protestantischen Mission wurden Ambulanzen und Krankenhäuser, wenn nicht regelrechte Kliniken, eingerichtet. So gut wie jede Missionsstation war früher oder später mit einer Ambulanz oder medizinischen Versorgungsstelle ausgerüstet.

Der missionarische Sinn des religiösen medizinischen Werkes steht außer Zweifel. Für die Missionare war es der greifbare Ausdruck ihres Wunsches und Willens, die „Eingeborenen" zu retten, war doch die Gesundheit des Leibes Abbild des Heils der Seele. Albert Schweitzer war Professor an der Universität in Straßburg, Organist und Schriftsteller; er hat alles aufgegeben, um Arzt in Äquatorialafrika zu werden, warum? „Im Vertrauen auf die elementare Wahrheit, die dem Gedanken der ‚Brüderschaft der vom Schmerz Gezeichneten' innewohnt, habe ich das Spital zu Lambarene zu gründen gewagt."[22]

Nur, da gab es auch dies: in der Evangelisierung wurden alle afrikanischen Riten einschließlich der Therapie als „diabolisch" und „prälogisch" bezeichnet. Dies konnte die Abhängigkeit der Afrikaner von der westlichen Medizin nur verstärken; vor allem, wenn man weiß, daß die soziopolitische Situation, Ursache vieler Übel, von den Missionaren kaum berücksichtigt wurde, mit Ausnahme einiger „Propheten", die nicht zögerten, die Unterdrückung und die Veruntreuungen anzuprangern.

---

[22] *A. Schweitzer*, Aus meinem Leben und Denken (Leipzig: Felix Meiner Verlag, 1932) 168.

So wurde die Gesundheit des afrikanischen Menschen, trotz des gigantischen medizinischen Werkes, im Grunde konfisziert.

Auch hier stehen wir wiederum vor einem Problem der Kräfteverhältnisse, und es wird nicht lange dauern, bis die Reaktion sich bemerkbar macht.

2. Die unabhängigen Kirchen, Antwort auf die Aggression der „Zauberei der Weißen"

Die Reaktion hat in der Tat nicht auf sich warten lassen! Bereits kurz nach den Anfängen der Evangelisierung in Afrika entstanden zu Beginn dieses Jahrhunderts unabhängige Kirchen, die, wie nicht anders zu erwarten, „Sekten" genannt wurden. Heute zählt man an die zehntausend dieser unabhängigen Kirchen in Schwarzafrika, die alle entweder aus dem Katholizismus oder (vor allem) aus dem Protestantismus hervorgegangen sind. Ihre treibenden Ideen waren folgende: auf die fremde Beherrschung zu reagieren, die Macht des Afrikaners zu fördern, seinen immer zahlreicheren Krankheiten zu begegnen und Rechnung zu tragen. Viele dieser „afro-christlichen Kirchen" befassen sich mit spirituellen Heilungen. Nicht nur das eigentliche Heilungsgebet, auch die (im Gegensatz zu den als gekünstelt und steril empfundenen Liturgien der etablierten Kirchen) sehr viel Wärme ausstrahlenden Riten sind ganz auf die menschliche Gemeinschaft zugeschnitten, auf ein Beten, das von der Inspiration jedes einzelnen genährt wird, wobei dem Dienst der Frauen, die sonst weitgehend im Abseits stehen, ein wichtiger Platz eingeräumt wird. Im Vollzug der Heilungsriten kommt die Fürsorge und Zuwendung, die sie den Kranken schenken, voll zum Tragen. Mögen einige dieser Sekten im Grunde auch Neu-Heidentum sein, so stellen sie im ganzen doch einen Kontrapunkt dar zu den Unzulänglichkeiten der etablierten Kirchen[23].

3. Ein Gekreuzigter – Symbol der Heilung?

Um glaubwürdig zu sein, muß sich unsere Verkündigung des Evangeliums dort verwurzeln, wo der Mensch leidet, kämpft, diskutiert und sich mit den neuen Kräften des Bösen in Afrika herumschlägt.

Für uns kommt es darauf an, dafür zu sorgen, daß auch die Kranken in

---

[23] R. *Luneau* – J. M. *Ela,* Voici le temps des héritiers (Paris: Karthala, 1981) 133–135.

der Liturgie gefeiert werden und daß die Heilungscharismen unserer Ahnen in Verbindung mit dem pfingstlichen Geist näher untersucht werden [24]. Aber es wird auch und vor allem darauf ankommen, dafür zu sorgen, daß die Kirche in der Diskussion und vielleicht auch im Kampf um die Gerechtigkeit präsent ist. Denn die Ungerechtigkeit ist es, die den meisten Übeln in diesem Kontinent zugrundeliegt, wo die Veruntreuung öffentlicher Gelder – wie in dem afrikanischen Film „Pétanqui" sehr treffend dargestellt – selbst während der schreiendsten Not in Dürre- und Hungerzeiten keine Schande mehr zu sein scheint!

Die Glaubwürdigkeit Jesu war nicht an seine Wunder oder Heilungen gebunden, auch wenn er einmal gesagt hat: „Wenn ihr schon nicht an mich glaubt, dann glaubt wenigstens an die Werke, die ich vollbringe." Nicht allein, daß Jesus heilte, er gab den Heilungen vor allem auch einen Sinn. Für ihn kommt die Heilung von Gott. Sie ist nicht Selbstzweck, sondern Ausgangspunkt. Durch seinen Tod bringt er die Apostel dazu, sich aus dem Bann des Wunders zu lösen und seinen Tod ernstzunehmen. Er fordert seine Jünger nicht auf, mit zum Himmel erhobenen Augen in naivem Staunen zu verharren, sondern die Bedeutung seiner Mission als Leidender Knecht zu erkennen. „Man erklärt den Tod nicht durch die Schuld. Es ist das Leben, das den Tod erklärt. Das Ostergeheimnis ist Freude, nicht weil es den Menschen von der Last der Schuld befreit, sondern weil es im Tod das Leben offenbart." [25]

Auf grundlegende Weise sind Krankheit und Tod für den Afrikaner nicht etwa die Vorzimmer zum Nichts oder der diametrale Gegensatz zum Leben, sondern die Orte eines neuen Zusammenhaltes der Familie und Quellen der Harmonie des Lebens. Mit dem Gekreuzigten wird das Leiden zum Heilmittel für die Krankheit und der Tod zum glücklichen Ausgang.

Dies ist nicht irgendeine fromme Erklärung. Der Symbolismus des leeren Grabes und die Leibhaftigkeit des Auferstandenen geben den Zufälligkeiten des menschlichen Daseins ihre volle Realität. In ihrer Zusammenfassung, die Glaube heißt, und in ihrem Inhalt, der Liebe genannt

---

[24] In dieser Hinsicht ist der Fall von Mgr. Milingo symptomatisch. Der Erzbischof von Lusaka, der seine Gabe der Heilung entdeckt hatte, wurde von seinen Mitbrüdern im Bischofsamt und von den römischen Behörden zur Aufgabe seiner Heilungssitzungen wie auch seines Bischofsamtes gezwungen (trotz des Zustroms der Gläubigen), um sich nach Rom ins Exil zu begeben. – Vgl. *Mana Mac-Millan*, Emmanuel Milingo, l'Archevêque guérisseur, in: Informations Catholiques Internationales, No. 566, 15.11.1980, 27–30.

[25] *F. Eboussi Boulaga*, Christianisme sans fétiche. Révélation et domination (Paris: Présence Africaine, 1981) 67.

wird, bilden sie eine Herausforderung für die Hoffnungslosigkeit und die Sinnlosigkeit.

Gestützt auf die Auffassung der Krankheit als ein Zerreißen und *zugleich* als Ort des Zusammenhalts des Familiengefüges sowie vom Tod und der Auferstehung Christi als Ärgernis für die menschliche Vernunft, können wir in diesem Kontext sagen, daß das christliche Heil in Afrika mitten durch den Schnittpunkt von materiellem Glück und sinnlosem Leiden geht. Heilung ist, wie in der afrikanischen Tradition, nicht einfach die Wirkung einer eingenommenen Arznei, mag sie auch ein Zaubermittel sein, vielmehr kommt sie im Namen einer Person zustande.

a) Tod und Auferstehung Christi, ein Riß in der Geschichte

„Wir verkündigen einen gekreuzigten Messias, ein Ärgernis für die Juden, eine Torheit für die Griechen" – und eine Krankheit für die Afrikaner. Für den schwarzafrikanischen Menschen ist die Gegenwart eines Kranken in der Familie, wie wir bereits gesehen haben, ein Ärgernis. Die ganze Familie stellt ihre Aktivitäten ein. Es gilt, den Urheber des Unglücks ausfindig zu machen: den Zauberer. Ist es der Kranke selbst als Opfer einer Gegenattacke der Ahnen, oder ist es ein anderer, der ihm Böses will? Und da der Zauberer einer Gruppe nur eines ihrer Mitglieder sein kann, ist die Krankheit letztlich nur Hinweis auf ein Syndrom sozialer Natur. Als solches muß sie an der Wurzel behandelt werden. Man muß den Sündenbock finden.

Im Falle Jesu können seine Verurteilung und Hinrichtung nur von einem der Seinen kommen. Judas selbst aber ist allenfalls das Opfer von größeren Machenschaften. Der Fall ist viel zu wichtig, als daß er Sache eines einzelnen sein könnte. Und hat er sich im übrigen nicht selbst umgebracht? Ist nicht der Selbstmord ein „fluchbeladener Tod"? Der Jünger oder die Gruppe von Christen, denen dieses Verbrechen nützt, müssen daher anderswo gesucht werden. Das Wohlergehen des Gottlosen neben dem leidenden Gerechten ist ein erster Anhaltspunkt für diese Suche. Wie sagt doch ein Sprichwort der *Kpèlè:* „Wer sich mit Alkohol oder Piment umgebracht hat, dessen Leiche muß man nach dem Geruch von Alkohol oder Piment suchen." Der zweite Anhaltspunkt ist das Motiv, das den Verräter Jesu veranlaßte, sich aufzuhängen. Von was oder vielmehr von wem ist er das Opfer? So wenig es einerseits nur metaphysische Todesursachen gibt, so wenig kann man sich andererseits damit begnügen, nur die organischen Ursachen festzuhalten. Losgelöst von gesamtmenschlichen Aspekten, genügt die Sünde für das Empfinden des Afrikaners nicht, wenn er das Geheimnis von Tod und Auferstehung Christi zu ergründen versucht. Es ist folglich unmöglich, die Sünde zu isolieren, vielmehr bedarf es zum Verständnis ihrer exakten Rolle einer vertieften Betrachtung.

Wenn er Gott ist, dann kann Jesus selbst nicht das Opfer einer Gegenattacke der Ahnen infolge eines Verstoßes oder einer Schuld sein. Vor allem aber müßte, da er vom Tod erstanden ist, entweder der Zauberer gefunden worden sein, oder er müßte sein Vergehen eingestanden haben. Die eine wie die andere These ist unhaltbar.

Man muß sich Gott zuwenden. Aber sieht sich der Nichtchrist hier nicht einer Sackgasse bzw. einer Welt gegenüber, zu der er überhaupt keinen Bezug hat? Und ist sie nicht obendrein völlig absurd, die Vorstellung von einem Gott, der die Liebe ist, und der sich darin gefällt, seinen Sohn grundlos mit dem Leiden und Tod ringen zu sehen?

Es bleibt uns nichts anderes übrig, als zunächst einmal das Ereignis nur anzunehmen, um im nachhinein sein Licht und seinen Nutzen zu empfangen. Andernfalls wird das Ergebnis in einer Psychose oder Neurose bestehen. Krankheit oder Heilung – Tod und Auferstehung Christi werden entweder das eine oder das andere sein je nachdem, ob sie abgelehnt oder angenommen werden, so wie der Kranke es im Hinblick auf seine eigenen Leiden tut.

Wie dem auch sei, wir sind niemals im Proszenium der Krankheit, des Dramas, der Sexualität usw.; das kurze Leben ist ganz einfach ein Drama, das gelebt werden muß. Der Ausgang hängt davon ab, ob es ernsthaft gelebt oder verweigert wurde. Das ist es, was die schwarzafrikanische Tradition in ihren Initiationsriten versteht und lebt. In ihrem Symbolismus von Tod und Neugeborenwerden wird das Leben gleichsam in einem Psycho-Drama gespielt, das sich aufbaut auf der Dorfgemeinschaft. Darin wird der einzelne mit dem Unbekannten konfrontiert, und durch diesen Kampf

— wird die Maske besiegt durch ihren eigenen scheinbaren Sieg über den Nicht-Initiierten,

— bezwingt der Nicht-Initiierte seine eigene Furcht,

— findet die soziale Gruppe durch dieses kollektive Psycho-Drama, diese alle umfassende „life-crisis" hindurch zu sich selbst.

In das Leben hinausgestoßen wie das Kind bei der Geburt, wachsen wir hinein in das Gewebe der Heilsgeschichte, nehmen wir unseren eigenen Lebensfaden auf: individuell, kollektiv und in der Beziehung zu Gott. Der Kranke kann seinen Zustand nur als ein in Beziehung stehendes Wesen positiv leben. Gleicherweise kann die Menschheit das Drama des Kreuzes nur Auge in Auge mit etwas anderem bzw. mit einem anderen annehmen. Andernfalls würden das Nichts und die Sinnlosigkeit herrschen. Der Graben, der durch die Auferstehung eines Galiläers unter der Herrschaft von Pontius Pilatus aufgerissen wurde, kann nur aufgefüllt werden, wenn wir gegenüber dem Auferstandenen Stellung beziehen. Für oder gegen den in die Geschichte eingegangenen Gott zu sein, scheint zunächst nicht weiter zu stören, und doch heißt dies, aus sich herauszugehen (oder auch nicht), um sich mit ihm zusammen auf ein Abenteuer einzulassen, dessen Herr und Meister er allein ist, er, dem allein von jetzt an aller Kult gebührt.

b) Die im Namen Jesu geheilte Menschheit
„Derjenige, dessen Krankheit Jesus heißt, kann nicht gesund werden" (Ibn Arabi, muslimischer Mystiker des 13. Jahrhunderts). Seitdem sind viele Menschen von der „Jesus-Krankheit" befallen worden: es ist die zweite Krankheit des Schwarzafrikaners, der ich bin. Meine erste Krankheit als Initiierter der *Kpèlè* ist meine nur schwer bewältigte Begegnung mit einer anderen Welt (dem Westen). Unterentwicklung, unbefriedigte Wünsche, Konfrontationen aller Art usw. sind die Früchte dieses Auge-in-Auge mit der westlichen Kultur. Ich kann mich nicht mehr damit begnügen, der Mann eines Dorfes, eines Stammes, ja nicht einmal eines Landes zu sein. Die Fremde stellt mir unaufhörlich Fragen. Diese Befragung versetzt mich in Unruhe und Verwirrung. „Die Zauberei der Weißen" verfolgt mich in den Nächten und stört meine Beziehungen. Hier aber kann ich nur mit westlichen Arzneien behandelt werden, ich kann meine Gesundheit nur wiederfinden in einer Versöhnung der „Lobbies" bzw. der Geister meiner eigenen Kultur und der der Weißen. Gift und Gegengift kommen bekanntlich aus der gleichen Wurzel.

Wir stellen fest, daß dieses Abenteuer dem Leben Würze gibt und die Monotonie des täglichen Einerlei vertreibt. Im Namen gerade dessen, was mein Übel verursacht hat, kann man mich behandeln. Es ist im Namen des Lebens, daß man sich vom Krankenbett erhebt; und es ist wiederum im Namen des Lebens (nach dem Tode), daß man die Bestattung feiert.

Meine zweite Krankheit, ein gewisser Jesus, ist *das, was meinem Leben Sinn gibt*. Keiner lebt, keiner stirbt in seinem eigenen Namen von dem Augenblick an, da er für Christus lebt. An ihn selbst muß man sich daher wenden, wenn man *den Sinn seines Lebens verliert*. Die Krankheit, das körperliche und seelische Handicap stehen im Gegensatz zum Leben. Aber auf wertvolle Weise enthüllen sie uns, was unseren Daseinsgrund ausmacht. Sie stellen den Ort der Begegnung zwischen dem Tod und dem Leben und damit einen *entscheidenden* Punkt dar. Als solcher sind sie Sammelpunkt der Lebenskräfte im Kampf gegen die Kräfte des Unheils. Was unsere traditionellen Häuptlinge in Afrika fürchten, ist nicht der Tod, sondern der Wahnsinn. Sobald daher ein Häuptling anfängt, den Verstand zu verlieren, erweist man ihm einen Dienst, indem man ihn in eine andere Welt hinübergehen läßt: *Saya Ka fisa malo yé* (der Tod ist besser als die Schande), wie ein Wort der Bambara in Mali sagt. Unseren Weisen zufolge hat die Krankheit nur zwei Ausgänge, entweder die Rückkehr zur Gesundheit oder den Friedhof. Hier soll keineswegs der Euthanasie das Wort geredet werden; aber was diesem Denken zugrunde liegt, ist, daß die therapeutische Hartnäckigkeit, weit davon entfernt, das Gleichgewicht und die Harmonie einer sozialen Gruppe aufrechtzuerhalten, im Gegenteil eine permanente morbide Situation schaffen kann. Was der schwarzafrikanische Mensch am meisten fürchtet, ist die Koexistenz von Tod und Leben: den Tod in der Seele, die Gegenwart der Toten unter den Lebenden, die Begegnung mit Gespenstern auf den Straßen. Die meisten der Opfer, die an unseren Wegekreuzungen dargebracht werden, sollen Harmonie nicht allein zwischen den Lebenden, sondern auch und vor allem zwischen den Lebenden und Toten schaffen. Sich um das Leiden des Kranken kümmern heißt nicht nur, ihm Trost spenden, sondern vor allem ihn auf seine Wiedereingliederung in die Familie oder in eine neue Gemeinschaft, die der Ahnen, vorbereiten. Diese werden angerufen und in ihrem Namen der Krankheit und ihren möglichen Ursachen schwere Vorhaltungen gemacht.

Was in den Evangelien und in der Apostelgeschichte befreit und rettet, das ist der Name Jesu. Der Name ist das ganze Sein mit seiner horizontalen (Beziehungen) und seiner vertikalen (Genealogie) Dimension. Nicht der Hl. Geist ist es, der im Neuen Testament heilt, sondern der Name Jesu, des Herrn. Durch die bloße Anrufung des Namens Jesu kann die ganze Fülle der Christus-Präsenz erreicht werden. Woher diese Wirkkraft des Symbols, das den Galiläer repräsentiert? In ihm verwirklicht sich die Einheit des Menschlichen und des Göttlichen. So wie meine kulturelle Krankheit durch ein Arzneigemisch von Okzidentalität und Afrikanität behandelt wird, so wird auch die Heilung jenes Risses, den der auferstandene Jesus darstellt, in der Partizipation an seiner Menschheit-Gottheit erlangt. In diesem Sinne verwirklicht der Gekreuzigte mit den ausgebreiteten Armen und dem durchbohrten Leib den Traum der Menschheit und wird zum Zeichen des Heils für Vergangenheit, Gegenwart und Zukunft.

Das Glück, das Christus bringt, ist das Ernstnehmen des Leidens des Kranken. Das Kreuz läßt uns über das Weinen und Wehklagen der Witwen und Waisen nicht im Namen einer zukünftigen Freude hinweggehen. Nicht die lindernden Worte sind es, die zur Quelle der Heilung werden, sondern die Achtung vor dem Stöhnen des schmerzgepeinigten Menschen, das heißt das Ernstnehmen seiner Auflehnung und seiner Krankheit. Der Gute Hirte kennt seine Schafe, und seine Schafe kennen ihn. Was Behinderte von ihrer Umgebung erwarten, ist nicht, daß man sie bedauert, sondern daß man sie anerkennt als wirkliche Mitglieder der menschlichen Gemeinschaft.

Schluß

Die vordringlichste Aufgabe des Christentums in Schwarzafrika besteht nicht so sehr darin, die Krankheit zu heilen, als vielmehr sie zu exorzieren, zu entmystifizieren. Aber glücklicherweise oder leider ist es nicht der Westen, der Afrika heute in diesem Punkt Lektionen erteilen kann. In Europa wird der Tod aus dem Blickfeld geräumt, man stirbt allein, umgeben von Wiederbelebungsapparaten. In Afrika hingegen tendieren die Todessymbole eher dazu, aus dem Tod eine Wiedergeburt zu machen, ihn auf Distanz zu halten, indem man ihn lächerlich macht. Zweck der bei den Bestattungsritualen üblichen Verspottung und Inversionsriten ist es, anstelle der künstlichen Ordnung eine scheinbare Unordnung hervorzurufen, um im Anspielen auf die Gewalt Energien freizusetzen, die die wirkliche Ordnung der Gesellschaft und des Lebens begründen. Die Inversionsriten lassen beispielsweise beim Tod des Häuptlings die Zeit stillstehen. Es sieht ganz so aus, als ob die Feier des Todes eine Therapie des Kummers und des Trennungsschmerzes wäre.

Was anderes lehrt uns die Auferstehung Christi, als daß der Tod sozusagen in Klammern gesetzt wird, um ihn zu verhöhnen: „O Tod, wo ist dein Sieg?" Die Aufgabe der Theologie in unserem Land wird darin bestehen, uns zunächst von den neuen Mythen des Westens und den einheimischen Diktaturen zu heilen und sodann einen Beitrag zur Erhellung des Heiles zu leisten, das wir feiern, ohne es zu kennen.

Wenn der christliche Glaube dem afrikanischen Menschen dazu verhilft, im Leben und in der Botschaft des gestorbenen und auferstandenen

Jesus von Nazaret seine eigenen Wurzeln wiederzufinden, dann hat er dazu beigetragen, ihn von Mythen und Krankheiten zu heilen. Zugleich wird er ihm geholfen haben, sich aufzurichten, sein ärmliches Bett zu nehmen und nach Hause zu gehen, wo das Heil ihm begegnen will. Wenn aber das Christentum die heiligen Wälder, die Orte des Kultes, die Fetische usw. mit Argwohn und Verboten umgibt, dann hat es das Kind mit dem Bad ausgeschüttet, und wir befinden uns in einer ausweglosen Sackgasse. Wenn das gegenwärtige psychische Drama des Menschen in der ungeheuren Zunahme von Götzen und der ihnen geweihten Kulte liegt, dann wird der Erfolg der Evangelisierung unserer Völker von der Fähigkeit der Theologie abhängen, diesen Menschen zu helfen, sich aufzurichten und zu sich selbst zu finden. Wir müssen darauf hinwirken, daß diejenigen, die Jesus bei sich aufgenommen haben, ihm auch von sich aus einen Namen geben. Dann wird dieser Jesus für sie wirklich der Heiler, der große Initiationsmeister, der Ahne par excellence oder der Häuptling der Häuptlinge, und zwar nicht, weil ich als Theologe ihn als solchen erklärt habe, sondern weil er Heilungen bewirkt, Initiationen vermittelt und einen freien Menschen hat erstehen lassen. Seine Anhänger werden an ihn glauben, nicht auf meine Aussagen hin, sondern weil sie selbst ihn gesehen und gehört haben, weil sie die Befreiung, die er bringt, und den Exodus, den er bewirkt, erfahren haben. Wir sollten uns nicht so sehr darum bemühen, auf Jesus das unbestrittene und unbestreitbare Prestige unserer Ahnen zu übertragen. Damit wird vielleicht die Sensibilität unserer Christen erschüttert, nicht aber ihr Glaube an die Weisheit, die Sicherheit, die Therapie und die Antwort der Ahnen auf ihre Lebensprobleme. Es ist zu befürchten, daß eine solche Darstellung Jesu letztlich nur ein Trick der theologischen Sprache ist.

Man muß sich fragen, ob unser theologischer Kulturalismus heute, wo die tagtäglichen Probleme in Afrika Hunger, Diktatur, Arbeitslosigkeit, Emigration, Korruption, Veruntreuung öffentlicher Gelder usw. heißen, nicht ein Relikt aus der politischen Zeit der Negritude ist. Man hat den Eindruck, daß zwischen der theologischen Rede und dem, was unsere Völker bewegt und wie sie reden, eine tiefe Kluft besteht. Wie dem auch sei, wir müssen zugeben, daß das Antlitz Christi im heutigen Afrika immer noch eher das des Kranken als das des Heilers ist.

DRITTER TEIL

WIR BEKENNEN DEIN GEHEIMNIS

Jenseits der Modelle

Von François Kabasélé

Gott als solcher ist jenseits aller Modelle; so hat er verboten, sich ein Bild von ihm zu machen, das ihn darstellen soll (Ex 20, 4): er hat kein Vor- oder Urbild, er ist einzigartig. Seine Wege sind nicht die unseren, seine Gedanken passen sich nicht den unseren an (Jes 55, 8): nach welchem Modell also sollen wir ihn uns vorstellen?

Keiner hat Gott je gesehen! Selbst die Mystiker sprechen von ihm nur in Analogien; und sie zittern, wenn sie ihre Erfahrung des Göttlichen mitteilen sollen, weil sie fürchten, sie nicht richtig wiederzugeben; wie soll man das Unaussprechliche ausdrücken, wie das Unnennbare nennen? Noch größer wird die Schwierigkeit, wenn derjenige, der eine solche Erfahrung macht, mit seinen Sinnen Realitäten wahrnimmt, die im außersinnlichen Bereich angesiedelt sind: „Wer vermag über das zu sprechen und es genau zu beschreiben, was, ohne in Erscheinung zu treten, gesehen wird, was, ohne in einer Stimme laut zu werden, gehört wird? Das Ohr öffnet sich dem Schweigen, in das der Blick tief hineintaucht, während die Bilder und Symbole zurückweichen vor der plötzlich auftauchenden reinen Realität. In diesem Augenblick gebiert das Staunen die Stummheit."[1]

Gott ist jenseits aller Modelle, weil er jenseits des Sichtbaren ist. Das schon klassisch gewordene Beispiel von jenen, die einen Elefanten beschreiben sollen, den sie mit verbundenen Augen nur kurz – jeder von einer anderen Seite her – betastet haben, ist in dieser Hinsicht sehr beredt: die seinen Rüssel betastet haben, zeichnen das Bild einer biegsamen

---

[1] *M. M. Davy,* Le désert intérieur (Paris 1983) 33.

Röhre, die sein Ohr erwischten, stellten sich ihn wie einen Regenschirm vor, usw. Der Elefant aber, den sie in seinen vollständigen Dimensionen nicht sehen konnten, ist jenseits all ihrer Modelle.

Aber wie um das Hindernis zu umgehen und zweifellos auch, um uns die Aufgabe zu erleichtern, offenbart uns Gott, daß er uns nach seinem Bild und Gleichnis erschaffen hat! Genügt es dann nicht, gut zu beobachten und mit Hilfe irgendeiner „Innenschau" oder (hinduistischen oder sonstigen) Technik der Erforschung oder Versenkung sich in sein eigenes tiefstes Inneres zu versenken, um das Modell zu entdecken?

Scheinbar ja. Aber die Dinge komplizieren sich beim Versuch: es gibt Menschen, denen geradezu spektakuläre Tauchversuche dieser Art gelungen sind; einige sind wieder aufgetaucht, andere sind dabei von den Abgründen des Meeres verschlungen worden. Von den Überlebenden konnten wir leider nur erfahren, daß sie den Grund nicht gesehen haben: Die Tiefen des Menschen sind gähnende Abgründe, offen zum Unendlichen hin ... Da gibt es keinen Boden, oder vielmehr: „Der Boden ist bodenlos"! Wo also sollen wir das Modell finden?

In allumfassender Sorge ist Gott dem ratlosen Menschen zu Hilfe geeilt; er hat ihm seinen Sohn gesandt, das Wort ist Fleisch geworden und hat unter den Menschen gewohnt. Wie aber sollen wir uns das Wort an sich vorstellen, wenn wir doch nur das Fleisch sehen, das es geworden ist? Enttäuscht stellt Philippus die Frage nach dem Vater: „Zeig uns den Vater; das genügt uns" (Joh 14,8). Armer Philippus, das Wort und das Fleisch sind eins, denn weder das Wort ohne Konturen noch die bloßen Konturen des Fleisches können das Wort in seiner Totalität wiedergeben! Zwar hat Gott sich in Jesus den Menschen gezeigt; aber wenn wir uns auf das beschränken, was wir mit unseren Augen gesehen, mit unseren Ohren gehört und vom Wort kennengelernt haben, dann können wir nicht anders als „Anstoß nehmen": wie kann Gott von einer Frau geboren werden, wie kann er sich das alles von den Pharisäern und Hohenpriestern gefallen lassen ... schließlich sterben, und welch einen erbärmlichen Tod! Selbst die mit dem Gesetz und dem Kult vertrauten Diener Gottes haben ihn nicht erkannt: „Ihr habt gehört, daß zu den Alten gesagt worden ist: ... Du sollst deinen Nächsten lieben und deinen Feind hassen. Ich aber sage euch: Liebt eure Feinde und betet für die, die euch verfolgen" (Mt 5,21.43f.).

Und doch handelte es sich hier um ein Gesetz, an dem nicht ein Jota, nicht ein I-Punkt vergehen würde, ohne daß sich alles erfüllt hat (Mt 5,18).

Vom jüdischen Kult als dem Hauptort der Identität des Volkes und der Anerkennung seines Glaubens sagt Jesus: „Glaube mir, Frau, die Stunde kommt, zu der ihr weder auf diesem Berg noch in Jerusalem den Vater anbeten werdet", sondern „im Geist und in der Wahrheit" (Joh 4, 21–23). Denn das Gesetz und die religiösen Traditionen vermögen, auch wenn sie von Gott inspiriert sind, doch nicht bis zu dem vorzudringen, was Gott ist; niemals können sie das Göttliche voll und ganz vermitteln. Immer müssen wir darauf achten, daß Gottes Gebot nicht unseren Traditionen geopfert wird: „Warum mißachten deine Jünger die Überlieferung der Alten? Denn sie waschen sich nicht die Hände vor dem Essen. Er entgegnete ihnen: Warum mißachtet denn ihr Gottes Gebot um eurer Überlieferung willen?" (Mt 15, 2–9) – „Ihr gebt Gottes Gebot preis und haltet euch an die Überlieferung der Menschen" (Mk 7, 8).

Da Gott die Liebe ist, überschreitet er jedes Gesetz, jedes Maß; ja in der Tat ist die beste Weise, ihn zu lieben, ohne Maß zu lieben. Der junge Mann im Evangelium wollte wissen, ob es ihm noch an irgend etwas mangele, wenn er die Vorschriften des Gesetzes voll erfüllt habe (Mt 19, 16–22). Der Meister ließ ihn erkennen, daß es in der Liebe immer ein Maß zu erfüllen gilt, das über jedes Gesetz und jede Vorschrift hinausgeht: „Geh, verkauf deinen Besitz und gib das Geld den Armen; dann komm und folge mir nach." Es gibt kein „endgültiges" Modell für die Liebe! Es entsteht unaufhörlich, Tag für Tag neu. Letztlich gibt es nicht zwei Lieben, die sich gleichen. Die Liebenden aller Zeiten mögen die Gesten einer früheren kulturellen Tradition nachahmen; diese Gesten, Worte oder Blicke aber blieben leer, wenn die Liebenden einer neuen Zeit sie nicht mit ihrem eigenen Leben erfüllten, so daß es wiederum ihre ureigensten Gesten, Worte oder Blicke werden.

Zweifellos wird die Liebe, mit der Gott uns geliebt hat, zum Kriterium, zum Modell; aber sie muß in „persönlichen" Beziehungen zwischen Gott und Mensch ihren Ausdruck finden, in Beziehungen, in denen jeder bei seinem Namen gerufen wird.

Nun aber ist das Wort Fleisch geworden, und diesmal hat es unter den Schwarzen Afrikas gewohnt. Nicht als ob die Inkarnation noch einmal geschähe: Jesus ist ein für allemal geboren und Mensch geworden; er war Jude, mit brauner Haut und schwarzem Haar – kurz, ein mediterraner Typ. Er war ein Kind seiner Zeit. Alle Rassen und alle Zeiten aber wird er nur in dem Maße interessieren, als jede Rasse und jede Epoche sich von ihm betroffen fühlt und sich ihm öffnet mit ihren jeweils eigenen Grundlagen und Fragestellungen. Wenn er als Jude geboren wurde, dann doch gewiß nicht, um alle Menschen zu Juden mediterraner Prägung zu machen ...

Wenn die Botschaft Christi die gesamte Geschichte der Menschen und alle menschlichen Bereiche betrifft, so weil es ihre Aufgabe ist, sich in alle Kulturen hinein zu inkarnieren, um auf diese Weise für die Menschen aller Zeiten und aller Orte ein Ferment des Heiles zu bilden. Ein Christus, der eingeschlossen wäre in – wenngleich christliche – Strukturen, sei es des Westens, des Ostens oder auch Afrikas, wäre nicht mehr das „Jenseits aller Modelle". Wenn Christus unter Afrikanern lebt und ihre Wohnung teilt, von ihrem Maniok, ihrer Hirse, ihren Bananen ißt und von ihrem Mais- und Palmwein trinkt, dann weckt er in ihnen Vorstellungen, die ihnen etwas zu sagen haben, wie das Bild des Ahnen, des Häuptlings, des Heilers, des Befreiers und des Initiationsmeisters. Gleichzeitig aber offenbart er sich als derjenige, der weit über diese Bilder hinausgeht. Und weit davon entfernt, „Anstoß an ihm zu nehmen" (Mt 13,57), werden die Afrikaner ihn im Gegenteil als den empfangen müssen, der er ist: Der menschgewordene Gott ist nicht der Gefangene irgendeines Modells. Das Fleisch, das er angenommen hat und darstellt, ist nur eine Art Sprungbrett hin zum „Jenseits aller unserer Modelle". Diesen Prozeß wollen wir an Hand der afrikanischen „Gesichter" Jesu Christi überprüfen.

I. Mehr als ein Bantu-Häuptling

Die Kategorie eines Häuptlings umfaßt bei den Bantu die Perspektiven des Helden, des Sohnes oder Gesandten des Häuptlings, des „Starken", des großmütigen und weisen Mannes, des Versöhners[2]. Jesus war ein Held insofern, als er „ein Prophet, mächtig in Wort und Tat vor Gott und dem ganzen Volk" war (Lk 24,19). Aber wir wissen, daß er nicht deswegen als „Herr" proklamiert wurde. Das Volk war dazu geneigt: Angesichts seiner Großmut und der Macht seines Tuns suchte man ihn mit Gewalt zum König zu machen (Joh 6,15). Er gab dem hungernden Volk zu essen und schenkte ihm die Gesundheit wieder; sein Ruf breitete sich über das ganze Land aus. Jesus aber willigte nicht ein: „er zog sich an einen einsamen Ort zurück, um zu beten" (Lk 5,16).

Jesus wurde zum Herrn gemacht, weil er sich, im Gegenteil, ernied-

---

[2] Vgl. in diesem Band den Beitrag „Christus als Häuptling", S. 69.

rigte: „Er war Gott gleich, hielt aber nicht daran fest, wie Gott zu sein, sondern er entäußerte sich und wurde wie ein Sklave und den Menschen gleich. Sein Leben war das eines Menschen; er erniedrigte sich und war gehorsam bis zum Tod, bis zum Tod am Kreuz. Darum hat ihn Gott über alle erhöht und ihm den Namen verliehen, der größer ist als alle Namen, damit alle im Himmel, auf der Erde und unter der Erde ihre Knie beugen vor dem Namen Jesu und jeder Mund bekennt: ‚Jesus Christus ist der Herr'..." (Ph 2, 6–11). Die über dem Haupt des Gekreuzigten befestigte Inschrift „König der Juden" war der Gipfel der Ironie! Und doch war sie das Wahrzeichen seiner Herrschaft – er war König, weil er sich erniedrigt und gedemütigt hatte. Dies stellt einen rigorosen Bruch mit dem dar, was allgemein unter menschlicher Macht verstanden wird. „Mein Königtum ist nicht von dieser Welt" (Joh 18, 36).

Man weiß, daß an den berühmten Höfen der Kuba-Könige (um nur diese zu nennen) der König stets allein aß; den Untertanen war es nicht erlaubt, dem König beim Essen zuzuschauen; es wäre für den König demütigend gewesen, seine Zunge zu zeigen, seinen Hunger oder das Verlangen, ein natürliches Bedürfnis zu stillen. Nur einige Initiierte waren in der Nähe und damit beschäftigt, die Vorbereitungen für diese Bedürfnisse des Königs geschickt zu kaschieren. Am Festmahl nach einer Priesterweihe in Luebo (in unmittelbarer Nähe von Kuba), bei dem alle örtlichen Würdenträger versammelt waren, nahm der junge Kuba-König, der als erster eingeladen worden war, nicht teil; er zog sich vorher zurück, um seine eigenen von seinem Hof mitgebrachten Speisen zu verzehren. Das veranlaßte mich zu dem Ausruf: „Es ist aber doch schade, nicht mit den anderen essen zu können; wenn es mich beträfe, würde mir der Appetit auf der Stelle vergehen!" Bei der Gelegenheit erzählte man uns auch, daß es bei privaten oder öffentlichen Sitzungen „Pagen" gäbe, die sich an der Seite des Königs bereithielten, um bei jedem Niesen seinen Auswurf aufzufangen!

Ein König kann keine Beleidigung dulden. Früher sind aus solchen Anlässen unter den Bantuvölkern große Kriege ausgebrochen. Einmal, nachdem sie übermäßig getrunken hatten, begannen *Musungayi* und *Mbua-wa-Matumba,* die Häuptlinge zweier Nachbarstämme, sich gegenseitig zu verulken; der Spaß aber ging in Grobheiten über; einer der Häuptlinge wurde verletzend, als er auf das pockennarbige Gesicht seines Kollegen anspielte. *Mbua-wa-Matumba* ergriff das Gewehr, das in einer Ecke seines Hauses stand, und schoß seinen Gast aus nächster Nähe nieder. Als die Notablen und Wächter herbeistürzten, war *Musangayi* tot.

Die Wächter des Letzteren aber durchbohrten mit ihren Lanzen den Mörder, der mitten im Hof tot zusammenbrach. Zwischen den beiden Königreichen brach daraufhin ein Krieg aus, der an die zehn Jahre dauerte.

„Mein Königtum ist nicht von dieser Welt. Wenn es von dieser Welt wäre, würden meine Leute kämpfen, damit ich den Juden nicht ausgeliefert würde" (Joh 18, 36). Das Königreich Christi ist vergleichbar mit einem Feld, auf dem zugleich Unkraut und Weizen wächst, mit einem Netz, in dem sich kleine und große Fische, erlesene Schalentiere und solche von minderer Qualität befinden. Es ähnelt auch einem Senfkorn, das aus seiner Winzigkeit heraus zu einem Baum von unvorstellbarer Größe emporwächst. Es ist wie die Hefe im Teig: von innen her belebt und bewegt sie alles. Verglichen wird es auch mit einem Schatz, der in einem Feld vergraben liegt und der so kostbar ist, daß derjenige, der ihn entdeckt, seinen ganzen Besitz verkauft, um dieses Feld zu erwerben (Mt 13, 24–50). Das Königtum Christi besteht aus Frieden, Gerechtigkeit und Freude in Fülle; man kennt dort nur ein einziges inneres Gesetz: die absolute Gottes- und Bruderliebe.

Die Beziehungen zwischen einem Bantuhäuptling und seinen Untertanen werden nicht von der Liebe bestimmt, sondern von dem gemeinsamen Respekt vor der Ordnung des Lebens, von der Beachtung der von den Ahnen überlieferten Sitten und Bräuche. Hier kann man nicht Unkraut und Weizen zugleich wachsen lassen, denn das Eindringen eines schlechten „Korns" (Zauberer, Übeltäter) in das soziale Gefüge paralysiert die Funktion des Ganzen. Gegen den, der den Tod sät, muß der Häuptling mit aller Strenge vorgehen und sich entschlossen zeigen: da gibt es kein Pardon, denn nichts kann das Gift aufhalten, das einmal in den sozialen Körper eingeimpft wurde; da gibt es höchstens Sühne!

Zweifellos wird der Fischer, der sein Netz über den Fluß zieht, seinen Fang sortieren; und das Unkraut wird gesammelt und dem Feuer übergeben. Aber dies geschieht am Ende der Zeiten. Die Macht und Autorität des Häuptlings offenbart sich in seiner Fähigkeit, Ordnung walten zu lassen, und zwar durch Ausübung seiner Gewalt, jenes anderen Gesichtes seiner Beschützerfunktion. Ja, dem Reich Gottes wird Gewalt angetan, und nur die Gewalttätigen reißen es an sich (Mt 11, 12), aber es ist eine Gewalt, die jeder einzelne über sich selbst ausübt. Christus herrscht über die Herzen; und seinem Herzen muß man Gewalt antun als dem Ort, von dem in der Tat böse Gedanken, Mord, Ehebruch, Unzucht, Diebstahl, falsche Zeugenaussagen und Verleumdungen ausgehen (Mt 15, 19).

Bei den Bantu muß der Häuptling reich sein und seine Großzügigkeit beweisen. Materieller Reichtum ist der Hauptweg, auf dem die „Luaba"³ zur Macht gelangen. Ein Häuptling, der seinen Reichtum verliert, verliert auch an Macht und Einfluß. Zur Bewahrung seines Reichtums sorgt daher die Tradition dafür, daß dem Häuptling regelmäßig Tribute zukommen. Da der Reichtum zum Wesen seiner Macht gehört, trägt der Häuptling Insignien, die seinen Reichtum bezeugen, wie etwa Kauris und Leopardenfell, und zudem ist er mit mehreren Frauen verheiratet.

Kauris sind etwas sehr Seltenes; sie stammen aus Fluß- oder Küstenländern und werden in das Innere des Kontinents importiert. Ihre kostbaren Perlen trug der Häuptling entweder aufgenäht auf seinem Lendenschurz oder als Kette um den Hals. Die Polygamie war ihrerseits ein Zeichen von Reichtum: nicht nur, weil der für eine Frau zu zahlende Brautpreis schon ein Vermögen darstellte, sondern auch, weil die zahlreichen Feldarbeiten, die von den Frauen verrichtet wurden, unleugbar eine Quelle des Reichtums waren.

Man muß hinzufügen, daß in einigen Königreichen die Polygamie der Häuptlinge eher die Rolle einer politischen Waffe spielte: durch ihre Töchter, die der König heiratete, wurden die einzelnen Stämme seine Verbündeten. Aber wie dem auch sei, die Polygamie des Häuptlings war ein Symbol des Reichtums. Was das Leopardenfell betrifft, das als Schmuck des Häuptlings bei den Bantu weitverbreitet war, so versinnbildlicht es seinerseits den Reichtum durch die besondere Pracht seiner Farbtönung. Wenn einem Leoparden die Nahrung knapp wird, dann macht er sich auf eine wilde, unerbittliche Jagd. Das war auch das letzte Mittel, zu dem man griff, um den Wohlstand eines Bantuhäuptlings zu erhalten: man lieferte den Nachbarvölkern Kriege, und die Besiegten hatten hinfort regelmäßige Abgaben zu leisten, die die leeren Taschen des Häuptlings wieder füllten.

Ganz anders ist es bei Christus: „Als sie auf ihrem Weg weiterzogen, redete ein Mann Jesus an und sagte: Ich will dir folgen, wohin du auch gehst. Jesus antwortete ihm: Die Füchse haben ihre Höhlen und die Vögel ihre Nester; der Menschensohn aber hat keinen Ort, wo er sein Haupt hinlegen kann" (Lk 9, 57 f.). Nicht nur, daß der Reichtum keinen Platz in der Auffassung Jesu von Macht hat, er bildet ein Hindernis für das Reich Gottes: „Denn eher geht ein Kamel durch ein Nadelöhr, als daß ein Reicher in das Reich Gottes gelangt" (Lk 18, 25). Als Reicher, der

---

³ Diejenigen, die als nicht zur königlichen Familie gehörend nach der Macht streben.

er war, macht Christus sich zum Armen; und eben dies ist es, was uns bereichert, denn bar aller Mittel wird Christus für jeden seiner Jünger zum einzigen Reichtum.

Als guter Zauberer oder, besser noch, als „Anti-Zauberer" gehört der Bantuhäuptling zur Kategorie der „Starken". Um die Brüche aufzuzeigen, müssen wir ihn in dieser Funktion hier näher betrachten. In *Bwa Sumba*, einem Dorf, das über den diamanthaltigen Adern von Kasai liegt, gehen die Schürfer nie an die Arbeit, ohne vorher um den Segen des Häuptlings gebeten zu haben. Wie es scheint, geht dieser Brauch auf die schlechten Erfahrungen derer zurück, die sich ohne diese Vorsichtsmaßnahme ans Werk gemacht hatten; sie rackerten sich monatelang ab, ohne irgendein wertvolles Stück zu finden. Angesichts ihres Mißerfolges schlug der Häuptling ihnen einen Ritus vor: begleitet von den Notablen und Ältesten begab sich der Häuptling zu einem in der Nähe der Schürflöcher vorbeifließenden Bach; zum Ritus gehörten Kalk und ein paar weiße Hühner, die dort zum Gedenken der Ahnen geopfert wurden. Anschließend verbrachten sie die Nacht an diesem Ort. Die folgenden Tage waren außerordentlich ergiebig für die jungen Arbeiter. Seitdem beginnt die Diamantensuche und -verarbeitung immer mit dem vom Häuptling vollzogenen Kalk-Ritus. Sein Wort hat Wirkung durch die Kraft der Ahnen, die er repräsentiert, und die Geister des Jenseits, die ihm helfen. Um sich der Hilfe spezieller Geister zu versichern, die für diese oder jene Aufgabe wichtig sind, werden von den Häuptlingen mitunter auch Menschen auf okkulte Weise geopfert; diese Praxis ist jedoch sehr selten.

Vor drei Jahren blieb in einem Dorf, das rund um den *Munkamba*-See gelegen ist, ein mit Holzkohle beladener Lastwagen im Sand stecken: Die Transmissionswelle war gebrochen; die nächste Stadt oder Werkstatt war weit entfernt, und es gab kein Telefon. Der Fahrer und sein Begleiter deckten die Ladung wegen der häufigen Regenfälle in diesem Gebiet mit einer Plane zu und ließen sich von einem zufällig des Weges kommenden Wagen mitsamt dem beschädigten Teil in die nächste Stadt mitnehmen. Als sie zehn Tage später zurückkehrten, stellten sie mit Schrecken fest, daß der Lastwagen ausgeplündert war, auch die Säcke und die Plane waren verschwunden. Der Verlust war enorm. Von seinen Angestellten benachrichtigt, ging der Eigentümer zum Häuptling des Dorfes, um sich zu beschweren; dieser sandte seine Boten durch das Dorf, um wenigstens die leeren Säcke und die Plane wiederzubekommen. Jedoch erfolglos. Zwei Wochen später sprach der Eigentümer noch einmal bei dem Häuptling vor: „Du hast gesucht und nichts gefunden; erlaube mir, nun meinerseits zu suchen." Das sollte heißen: „Erlaube mir, auf die Übeltäter einzuwirken." Eine solche Aktion besteht normalerweise in einem Akt der Vergeltung an den nicht geständigen Übeltätern. Für die Durchführung und den Erfolg einer solchen Aktion bedarf es jedoch des Einverständnisses und einer gewissen Mitwirkung seitens des Häuptlings: er gibt demjenigen, der zu handeln hat, ein wenig Kalk und fügt eine Verwünschung hinzu: „Ich habe die Urheber des Diebstahls gewarnt, aber sie haben nicht gehorcht; ich werde sie vor deinen Augen erscheinen lassen, damit du selbst sie treffen kannst."

Zwei Tage später drohte zunächst ein Regenschauer; plötzlich wirbelte ein heftiger Windstoß den Sand auf, und über dem Dorf türmten sich dunkle Wolken. Kaum waren ein paar Tropfen gefallen, als ein greller Blitz die Bewohner blendete, gefolgt von einem ohrenbetäubenden Donnerschlag. Noch zwei weitere Entladungen erschütterten kurz hintereinander das Dorf, dann hörte der Regen schlagartig auf. Vom See her, wo ich mich aufhielt, hörten wir Wehklagen und Totengesänge, und wenig später erfuhren wir, daß sechs junge Leute vom Blitz erschlagen worden waren: der Eigentümer des Lastwagens hatte seine Räuber „getroffen".

Solcherart stellt sich die Zauberei des Häuptlings dar: er vermag auf die Naturgewalten einzuwirken und mitunter den Lauf der Dinge zu verändern, aber er kann auf seinem Territorium auch okkulte Vorgänge zulassen, in etwa vergleichbar demjenigen, der einen Hebel niederdrückt, um sein Haus an ein äußeres Netz anzuschließen.

Jesus hat einige Wunder gewirkt: er hat dem Sturm und den Wogen des Meeres Einhalt geboten, und sie gehorchten ihm; aber er hat die Kräfte der Natur niemals aufgrund eines tieferen und geheimen Wissens um die Gesetze ihrer Entfesselung „manipuliert"! Und er wirkte diese Wunder auch nicht durch irgendeine Initiation in die Welt der „Starken". Einige Male verfuhr er nach Art eines Ritus, so „spuckte er auf die Erde; dann machte er mit dem Speichel einen Teig, strich ihn dem Blinden auf die Augen und sagte zu ihm: Geh und wasch dich in dem Teich Schiloach!... Der Mann ging fort und wusch sich. Und als er zurückkam, konnte er sehen" (Joh 9, 6 f.). Aber immer war es sein Wille, der die Aktion bewirkte und nicht der Ritus als solcher noch die Macht okkulter Kräfte: „Ich will es – werde rein!" (Mt 8, 3).

Schließlich gehört zu den Hauptaufgaben eines Bantuhäuptlings die ausgleichende Vermittlung unter den Menschen; der Zusammenhalt der sozialen Gruppe ist die einzig wirksame Waffe gegen feindliche Eindringlinge: Nach der Auffassung der Bantu von der Welt und der Wechselwirkung zwischen den Wesen macht dieser Zusammenhalt das soziale Gewebe sozusagen „wasserdicht". Auch Christus ist Vermittler, aber nicht, um seine Schäflein nach außen hin zu verteidigen. Die Vermittlung Christi entspricht dem Wesen Gottes selbst, der die „Liebe" ist; er ist Vermittler nicht nur um der Notwendigkeit einer Sache willen, sondern weil Gott die Liebe ist (1 Joh 4, 8) und weil die Liebe das alles überragende Zeugnis seiner Gegenwart ist, das „Beglaubigungsschreiben" der Gesandten Gottes (Joh 17, 21).

II. Mehr als der Ahne

Wir haben die Gestalt des Ahnen unter verschiedenen Aspekten, die wir hier „Bereiche" genannt haben[4], analysiert: unter dem Bereich des Lebens, der Gegenwart, der Ältesten, der Vermittlung. Der *Ahne* stellt jene Phase oder „Station" dar, die der Quelle, der unser Leben entströmt, am nächsten ist. Die auf Erden Lebenden bleiben ihr auf permanente Weise verbunden: das ermöglicht ein wechselseitiges Aufeinandereinwirken, das jedoch vorrangig von seiten des Jenseits ausgeht. Hienieden werden die Ahnen durch die *Ältesten* repräsentiert, denn wie die Ahnen, so sind auch sie in bezug auf uns Nachgeborene die früher Gekommenen. Vom Leben, das schön, aber schwierig ist, von der Welt, die wir bei unserem Kommen bereits vorgefunden haben, wissen die Ahnen wesentlich mehr als wir. Sie haben ihren Platz vor allem als Zugangspforte und notwendiger Übergang zwischen dem Höchsten Wesen und den auf Erden Lebenden.

Wir haben zu zeigen versucht, wie Christus alle diese Rollen, die die Bantu-Ahnen spielen, auf vollkommene Weise erfüllt. Das darf uns allerdings nicht zu der Annahme verleiten, die Gestalt des Ahnen würde, auf Christus angewandt, keine Probleme aufwerfen; hier sind doch wesentliche Brüche aufzuzeigen.

Zunächst auf der Ebene des Lebens, dieser grundlegenden Gegebenheit. Wenn Christus gekommen ist, das Leben zu schenken und es in Fülle zu schenken, handelt es sich dann um das gleiche Leben, das wir von den Ahnen empfangen haben und das zu stärken und zum Wachsen zu bringen unsere Sorge ist? Wenn ein *Luba* einen Vorübergehenden

---

[4] Vgl. in diesem Band den Beitrag „Christus als Ahne und Ältester", S. 78–83.

grüßt, tut er es mit den Worten: „Mögest du das Leben haben!" Dieser Ausspruch enthält den Wunsch, den anderen glücklich und gesund zu sehen. Leben ist Gesundheit und Wohlergehen ...

In kritischen Situationen ruft derjenige, der sich in Todesgefahr befindet: „Ich bin gestorben!". Ein Kind beispielsweise, von dem ein Büschel Haare, Finger- oder Zehennägel oder ein Stück seiner Leibwäsche genommen wird als Grundmaterial, das dem Zauberer als Transfermittel dient, wird als „tot" erklärt: es ist schon „weggegangen"; was man von ihm sieht, ist nur noch eine „Hülle": Mein Vater erzählte mir einmal von einem ernsten Familienstreit, der aufgrund des Verlustes eines ganz persönlichen Gegenstandes eines Kindes entstanden war: Seine Tante mütterlicherseits war für ein paar Wochen zu Besuch gekommen; sie hatte ihr einjähriges Kind mitgebracht. Das Baby trug um den Hals ein geflochtenes Baumwollband, an dem als Anhänger ein Stück Stoff mit dem aufgedruckten Bildnis der Muttergottes hing. Durch den ständigen Kontakt mit der Haut des Kindes und weil er immer wieder saubergemacht wurde, war der Anhänger inzwischen nur noch ein „Fetzen"; durch den Körperschweiß hatten Band und Anhänger zudem einen leicht salzigen Geschmack angenommen. Eines Morgens wurde das Baby zum Baden vorbereitet; das Band mit dem Anhänger hatte man auf einen Hocker neben der Schüssel mit dem Badewasser gelegt. Da kam eine durstige Ziege herbei und nutzte die Unaufmerksamkeit meiner Großmutter, um rasch einen Schluck von dem Wasser zu nehmen. Dann beschnupperte sie, angezogen von dem leicht salzigen Geruch, das Band mit dem Anhänger, und schon war es in ihrem Maul verschwunden. Die Großmutter wollte dazwischenfahren, aber die Ziege war auf und davon, im Maul die kostbare Beute ...

Unvorstellbar das Entsetzen der jungen Mutter, als sie bei der Rückkehr vom Wasserschöpfen an der Quelle von der Großmutter erfuhr, was geschehen war! Unverzüglich begab man sich durch das ganze Dorf auf die Suche nach etwaigen Überbleibseln des Anhängers. Die Ziege fand man wieder, nicht aber den Anhänger. Die Mutter des Kindes verbrachte den ganzen Abend mit Weinen; sie beschuldigte die Großmutter (die ihre ältere Schwester war), ihrem Kind „das Leben genommen" zu haben; sie jammerte, nun kein Kind mehr zu haben, sondern nur noch eine Hülle! Am folgenden Morgen kehrte sie nach Hause zurück, und nie mehr hat sie das Gesicht ihrer Schwester gesehen ... „Heute," so schloß mein Vater seinen Bericht, „ist das Baby meiner Tante eine alte Frau und glücklich im Kreis ihrer zahlreichen Enkelkinder."

Solche Erzählungen lassen uns ahnen, was alles bei den Bantu hinter dem Begriff „Leben" steht: Wohlergehen und Glück, körperliche Gesundheit, die ganze irdische Existenz, das Sein schlechthin [5]. Die Ahnen haben es übermittelt, und mit ihnen bleibt es verbunden. Es wäre ein Irrtum zu behaupten, diese Bantu-Auffassung sähe das Leben nur in seiner biologischen Dimension. Vielmehr scheint sie uns alle Aspekte des Lebens zu umfassen: die Existenz des Menschen bildet eine komplexe Einheit; die Freude zu leben, das Verlangen zu leben beeinflussen das Biologische ebenso, wie der „Ekel", der Lebensüberdruß zum physischen Tod führen können.

Das vom Evangelium verkündete Leben kommt diesem Leben nach der Bantu-Auffassung in mancher Hinsicht nahe; und doch scheinen beide nicht übereinzustimmen, besonders wenn Jesus sagt: „Wer an mich glaubt, wird leben, auch wenn er stirbt, und jeder, der lebt und an mich glaubt, wird auf ewig nicht sterben" (Joh 11, 25 b–26). Die Bantu glauben an ein Weiterleben nach dem Tod: man stirbt nicht, man wird umgewandelt. Und doch erscheint den Bantu das Leben im Jenseits nicht so begehrenswert, denn der Mensch erfüllt sich auf Erden. Als menschliches Wesen ist er glücklich nur auf der Erde. Die Bantu-Eschatologie unterscheidet sich in dieser Hinsicht sehr von der des „letzten Zieles". Der Afrikaner lebt in einer „korrelativen oder dialogischen Beziehung zwischen Raum und Zeit, Vergangenheit und Zukunft, Jenseits und Diesseits, zwischen den Lebenden und den Lebend-Toten, der Welt der Geister, der Dinge und der Menschen..." Dies ist eine umfassende Sicht der Geschichte, die „untrennbar Proto-logie und Eschato-logie ist"; es ist eine Geschichte, deren Herzmitte Gott ist, denn der schwarzafrikanische Gott ist „auf transzendente Weise immanent" [6]. Wenn auch das Reich Gottes bereits in dieser Welt gegenwärtig ist, so sieht Christus seine Fülle doch erst im Jenseits mit Gericht und Belohnung am Ende der Zeiten bei der Wiederkunft des Menschensohnes (Mt 25, 31 ff.). Das Leben danach wird besser sein als das jetzige, denn es wird auf vollkommene Weise das Leben Gottes sein. Und dieses Leben ist es, das Christus uns anfanghaft schon jetzt schenkt. Nach der Botschaft des Evangeliums kann also ein Mensch im „Leben" wachsen, noch während er stirbt oder im Sterben

---

[5] Eine detaillierte Analyse findet sich bei *A. Kagame*, La philosophie bantu rwandaise de l'être (Brüssel 1956) sowie bei *C. M. Mulago*, La religion traditionnelle des Bantu et leur conception du monde (Kinshasa 1973).
[6] *E. J. Penoukou*, Eschatologie en terre africaine, in: Lumière et Vie, XXXI, No. 159 (Sept.–Oct. 1982).

liegt. „Denn wer sein Leben retten will, wird es verlieren; wer aber sein Leben um meinetwillen verliert, der wird es retten" (Lk 9,24).

Ein anderer Bruch liegt auf der Ebene der Beziehungen zu den Lebenden auf Erden einerseits und zu Gott andererseits. Zu den Lebenden auf Erden unterhält der Ahne Beziehungen, die von Vertrautheit und Wohlwollen bestimmt sind; diese Beziehungen beschränken sich jedoch auf die Nachkommen, denn nach der Weltsicht der Bantu ist der bevorzugte Weg der Wechselbeziehungen zwischen den Wesen der der Blutsverwandtschaft: die Blutsverwandten im Jenseits können das Leben der Ihren auf Erden beschützen, wachsen lassen oder verkürzen. Dieser Einfluß kann sich umkehren, wenngleich in geringerem Maße, denn die Nachkommen befinden sich stromabwärts fern der Quelle. So kann also im allgemeinen der Ahne nur das Leben seiner Nachkommen beeinflussen; der Einfluß Christi hingegen ist nicht auf die Christen beschränkt: er ist der Herr der Geschichte, und seine Macht überschreitet die Grenzen der „Sippe".

Der Ahne wird seinerseits vom Leben der Nachkommen beeinflußt, wenn dieser Einfluß auch minimal ist im Vergleich zu dem, der von ihm selbst ausgeht. Tatsächlich stärkt das Wachstum des Lebens der Nachkommen das der Ahnen im Jenseits. Diese sind daher am Schutz des Lebens ihrer Nachkommen interessiert, geht es doch auch um ihr eigenes „Leben"!

Zweifellos bringt die Treue der Gläubigen das Antlitz der Kirche, den Leib Christi, vermehrt zum Leuchten. Die Ausbreitung des christlichen Glaubens beschleunigt das Kommen des Reiches Gottes und verstärkt die Strahlkraft der Ehre Gottes auf Erden. Die Ehre Christi ist jedoch weder von dieser Ausbreitung noch von dieser Treue der Menschen abhängig. Selbst wenn die Menschen sich weigern, Christus zu rühmen, verkündet doch das gesamte Universum seine Herrlichkeit: „Ich sage euch: Wenn sie schweigen, werden die Steine schreien" (Lk 19,40). Gott braucht unseren Lobpreis nicht, auch wenn er selbst es ist, der uns dazu inspiriert, ihm dankzusagen[7]. Das bedeutet nicht, daß Christus gegenüber dem Wachstum seines Leibes, der die Kirche ist, gleichgültig wäre. Er ist darum besorgt: „Bittet also den Herrn der Ernte, Arbeiter für seine Ernte auszusenden" (Mt 9,38), er hat Mitleid mit den Ähren, die wegen des Mangels an Arbeitern nicht zu ihrer Bestimmung, zur Fülle ihres Seins gelangen ...

---

[7] Vgl. eine der römischen Präfationen von den Wochentagen.

Was also den Ahnen mit seinen Nachkommen verbindet, sind die Bande des Blutes, während das Band, das Christus mit seinen Jüngern verbindet, über jede Blutsverwandtschaft hinausgeht: „Wer ist meine Mutter, und wer sind meine Brüder? Und er streckte die Hand über seine Jünger aus und sagte: Das hier sind meine Mutter und meine Brüder. Denn wer den Willen meines himmlischen Vaters erfüllt, der ist für mich Bruder und Schwester und Mutter" (Mt 12,48 f.).

Zweifellos steht der Bantu-Ahne auf der Linie des Willens Gottes, und Ahne ist er nur, weil er in gewisser Weise dem Plan Gottes in der Gesellschaft der Menschen entsprochen und die Harmonie und Gemeinschaft der Menschen gefördert hat. Mich persönlich geht der Ahne nur deswegen besonders an, weil er mein Verwandter ist und mein Leben unmittelbar auf ihn zurückgeht.

Im Bereich der Vermittlung sind gemeinsame Punkte, die in diesem Band bereits früher angesprochen wurden, offensichtlich[8]: Christus wie auch der Ahne sind Fürsprecher für die Nachkommen (oder die Jünger) bei Gott, der Quelle des Lebens; Christus und der Ahne sind gleichsam die Kanäle, über die uns die Gaben Gottes zukommen. Die Vermittlung Christi aber geht weit über die Fürsprache hinaus. Als der, der sich zu einem der unseren gemacht hat und zurückgekehrt ist zu dem, der ihn gesandt hat, trägt er unser aller Leben vor Gott, und zwar nicht nur als Fürsprecher, sondern als derjenige, der mit Gott selbst eins ist: „Wer mich gesehen hat, hat den Vater gesehen. Wie kannst du sagen: Zeig uns den Vater? Glaubst du nicht, daß ich im Vater bin und daß der Vater in mir ist?" (Joh 14,9 b–10). Die Ahnen bleiben unterhalb von Gott. Sie sind von den Bantu niemals vergottet worden, so wie auch das Ideal des Muntu niemals darin bestanden hat, sich mit der Gottheit zu vereinigen. Wir erwähnten bereits: Der Muntu (Mensch) ist nur als Mensch glücklich. Selbst da, wo mystische Erfahrungen sich einer gewissen „doppeldeutigen" Sprache bedienen und, wie etwa bei der Initiation der Koré[9], von der „Umwandlung des Menschen in Gott" oder von „Deifikation" sprechen, handelt es sich doch niemals um Vergottung, sondern um eine Art „Sakrament", das dem Menschen eine besondere Kraft vermittelt: nämlich die, die ihn „wie" Gott werden läßt. Da, wo Besessenheitserfahrungen gemacht werden, ist es in Schwarzafrika niemals Gott, der als derjenige betrachtet wird, von dem ein Mensch „besessen" wird. Es ist

---

[8] Vgl. in diesem Band den Beitrag „Christus als Ahne und Ältester", S. 73–86.
[9] *D. Zahan*, Sociétés d'initiation Bambara (Paris 1960) 351.

immer ein Vermittler, der von Gott her kommend sich eines Menschen bemächtigt. „Die Lebensachse begründet zwar eine gewisse Vaterschaft in unserer Gottesbeziehung, aber man kann auf keinen Fall von einer hochzeitlichen Begegnung sprechen. Noch einmal stellen wir fest, daß der afrikanische Mensch niemals die Kühnheit besessen hat, sich in einer mystischen Vereinigung Gott gleich zu machen." [10]

Christus ist nicht nur Fürsprecher, er ist selbst Gott.

Auf der Ebene der Beispielhaftigkeit erweisen sich die Brüche als noch tiefer, hier zunächst in bezug auf die Zeugung. Ein Erfahrungsbericht mag dies am besten veranschaulichen. Es war an einem Dienstag abend; die Beerdigung, zu der wir uns versammelt hatten, war nur schwach besucht, im Gegensatz zu der in Schwarzafrika sonst üblichen starken Beteiligung am Trauergeleit: einige wenige Anverwandte, vor allem aber eine große Zahl von Freunden. Der Tote war ein Mann von ungefähr fünfzig Jahren. Als wir am Grab angekommen waren, entrollte einer der Vettern eine Strohmatte, die man auf dem Boden des Grabes ausbreitete, ein bißchen zur Seite gerückt. Dann stieg noch jemand in die Grube hinunter, um mitzuhelfen, den Toten auf die so bereitete Liege zu betten. Einen Sarg gab es nicht: die Strohmatte und das Tuch, in das man den Leichnam gewickelt hatte, genügten. Mich überraschte die Stellung, in der man den Toten bettete: man legte ihn auf die linke Seite, das Gesicht nach Westen gewandt. Bevor der Vetter wieder aus dem offenen Grab stieg, zog er ein etwa zehn Zentimeter langes, scharf zugespitztes Bambusrohr hervor und stieß es dem Toten mit aller Kraft in die Lenden, begleitet von folgenden Worten der Verwünschung: „Komm ja nicht wieder, du hast das Leben in der Sippe nicht weitergegeben, du hast Barrieren aufgerichtet, du hast Riegel vorgeschoben!" Später erklärte man mir, daß der Tote impotent gewesen sei, und diese Art der Beerdigung sei so etwas wie eine Beschwörung des schlimmen Schicksals, das er durch seine Zeugungsunfähigkeit getragen habe ...

Wie wir bereits mehrfach betonten, ist es das Leben, das allen Sorgen des Muntu zugrunde liegt. Zur Aufrechterhaltung dieses Lebens wird daher die Zeugung zum Gut par excellence und ihr Verlust für den Muntu zum größten Unglück [11].

Leben zu schenken und es zu erhalten, ist für den Muntu eine heilige Handlung, denn Gott hat den Menschen für das Leben erschaffen, für

---

[10] E. Mveng, L'art d'Afrique noire (Paris 1964) 114.
[11] A. Kagame, a. a. O. (Anm. 5) 284–287.

ein volles, glückliches Leben hier auf Erden. Das Jenseits ist, wie gesagt, eine Fortsetzung des gegenwärtigen Lebens. Der Ahne spielt für die irdische Gesellschaft nur in dem Maß eine beispielhafte Rolle, als er das Leben weitergeschenkt hat. Zwar schreiben die Bantu auch ihren ohne Nachkommenschaft jung verstorbenen Helden eine wohlwollende Funktion zu; aber diese spielen doch niemals die Rolle des Ahnen. Man kann noch so tugendhaft gelebt haben (heiligmäßige Priester oder Ordensfrauen) – wenn man nicht Leben gezeugt und weitergeschenkt hat, kann man nicht zum Rang eines Bantu-Ahnen aufsteigen.

In dieser Hinsicht ist ein Bruch mit der Botschaft des Evangeliums und auch mit dem Beispiel Christi selbst unleugbar, auch wenn man, wie in der Jamaa-Lehre[12], auf eine „spirituelle Zeugung" ausweicht. Denn wer nicht physisch das Leben weitergegeben hat, der wird – zumindest nach der Bantu-Auffassung – auch im Versuch einer „spirituellen" Weitergabe des Lebens scheitern, so sehr wird der Mensch als ein untrennbares Ganzes gesehen.

Zum Bereich der Beispielhaftigkeit gehört auch, daß der Ahne „gut" gestorben, das heißt, daß er einen guten Tod gehabt haben muß[13]. Nicht selten nämlich „stirbt man so, wie man gelebt hat"; manche gewaltsame Tode deuten nach Auffassung der Bantu auf ein bewegtes Leben hin, selbst wenn der Betreffende nach außen hin die Ruhe selbst war: „Gerade in ruhigen Gewässern ertrinken große Schwimmer," sagt ein Luba-Sprichwort. Das aufgebrachte Wüten der Natur oder die Rache des Jenseits können sich, gegen einen einzelnen gerichtet, ebenfalls in einem gewaltsamen Tod äußern. Das Opfer eines solchen Eingreifens kann niemals die Rolle des *Zeichens,* d. h. des Zeichens des Lebens (= Ahne) übernehmen. Das gilt *auch* für den Fall, daß es *unschuldig* ist, daß es das Opfer der Entfesselung der Naturgewalten oder irgendeiner Nachlässigkeit oder des Irrtums eines Vermittlers oder einer gewalttätigen Ausschreitung war. So können Gehenkte, vom Blitz Erschlagene oder Gefolterte niemals zur Würde des Ahnen gelangen.

Auch Jesus ist jung gestorben, und zwar eines gewaltsamen Todes und obendrein am Schandpfahl. Gewiß, er war unschuldig: „... er hat unsere Krankheit getragen ... er wurde durchbohrt wegen unserer Verbrechen,

---

[12] Vgl. *Kalond Mukeng'a,* Eine afrikanische Ehe-Spiritualität: Fallstudie Jamaa, in: Afrikanische Spiritualität und christlicher Glaube. Erfahrungen der Inkulturation (Freiburg 1986) 152–184.

[13] Dieser Punkt wurde im Beitrag „Christus als Ahne und Ältester" unter dem Zwischentitel „Der Bantu-Ahne" bereits näher erläutert.

wegen unserer Sünden zermalmt" (Jes 53, 4 f.). Aber die Umstände seines Todes lassen ihn nach der Bantu-Auffassung nicht zum Rang des Ahnen gelangen!

Der Bantu-Ahne wird letztlich als Knotenpunkt der menschlichen Gemeinschaft begriffen. Um ihn versammeln sich die Familien, sein Wort hat zwischen den Familien- und Sippenmitgliedern wie auch zwischen den Menschen allgemein stets Gemeinschaft geschaffen und gefördert. Auch Jesus ist ein Versöhner gewesen, jedoch auf eine ganz neue und besondere Weise. Er hat die Menschen guten Willens, jene die Gott erwarteten und suchten, versöhnt. Eben darum ist Jesus „dazu bestimmt, daß in Israel viele durch ihn zu Fall kommen und viele aufgerichtet werden, und ... ein Zeichen ..., dem widersprochen wird" (Lk 2, 34). „Denn von nun an wird es so sein: Wenn fünf Menschen im gleichen Haus leben, wird Zwietracht herrschen: Drei werden gegen zwei stehen und zwei gegen drei, der Vater gegen den Sohn und der Sohn gegen den Vater, die Mutter gegen die Tochter und die Tochter gegen die Mutter" (Lk 12, 52 f.). „... und die Hausgenossen eines Menschen werden seine Feinde sein" (Mt 10, 36).

III. Mehr als der Heiler

„Die Ahnen haben gesagt:
‚Setz deine Fußstapfen in die des Heilers,
auf daß du ihm den Mißerfolg nicht anlastest.'
Ja, unser Heiler, Jesus, unser Retter,
ist im Besitz eines Medikamentes, das
die Ursache aller Krankheiten, den Satan, zu besiegen vermag.
Nun zieht er sich zurück in die Wüste,
bevor er dem Widersacher die Stirn bietet.
Folgen wir seinem Beispiel, wir, die wir auch den Widersacher besiegen wollen,
erflehen wir das Verlangen zu beten und uns abzutöten."[14]

In diesem Text wird Jesus mit dem Heiler gleichgesetzt: er hat die Kranken und Gebrechlichen wirksam geheilt; er hat Dämonen ausgetrieben. Das Tun der afrikanischen Heiler kann damit in mehrfacher Hinsicht verglichen werden[15], insbesondere insofern, als die Heilungen in

---

[14] Eingangskommentar zum 1. Fastensonntag im Meßbuch der Diözese Mbuji-Mayi, Lesejahr C (1980) 87. Der Kommentar beginnt mit der volkstümlichen Redensart: „*muyaya nganga wamuya, kuvu kupa nganga cilema*".
[15] Siehe den Beitrag „Jesus – Heiler?", S. 108–137.

Schwarzafrika fast immer ein „übernatürliches" Eingreifen beinhalten: der *muntu* betrachtet sich als ein untrennbares Ganzes; darum bedeutet die physische Krankheit zugleich eine Beeinträchtigung seines gesamten Seins. Wenn er umgekehrt mit den Kräften des Jenseits wie mit den Lebenden auf Erden in Einklang bleibt, ist er vor Krankheit geschützt.

Ein christlicher Krankenpfleger vom *Bonzola*-Hospital begrüßt die neu aufgenommenen Kranken gewöhnlich mit den Worten: „Hier geben wir Ihnen alles, was in unserer Macht steht, um Sie zu heilen; aber vergessen Sie nicht, daß alle unsere Medikamente nur dann nützen, wenn sie in Ihnen mit dem zusammentreffen, der ihre Heilkraft ‚entfacht' und sie ‚stark' (= wirksam) macht, dem Ewigen. Sorgen Sie also dafür, daß Sie während der Zeit der Behandlung mit Jesus Christus in Verbindung stehen." Dies ist eine Sprache, eine „Katechese", die mit der Bantu-Auffassung von Krankheit und Heilung völlig übereinstimmt.

Bei seinen Heilungen beschwört Jesus zuweilen diese Harmonie, die es zwischen dem Patienten und Gott wiederherzustellen gilt durch eine Versöhnung, eine Vergebung der Sünden: Einigen schärft er ein, nicht mehr zu sündigen, damit ihnen nicht Schlimmeres widerfahre; anderen vergibt er die Sünden zusammen mit der Heilung: „Was ist leichter zu sagen: Deine Sünden sind dir vergeben!, oder zu sagen: Steh auf und geh umher? Ihr sollt aber erkennen, daß der Menschensohn die Vollmacht hat, hier auf der Erde Sünden zu vergeben. Darauf sagte er zu dem Gelähmten: Steh auf, nimm deine Tragbahre, und geh nach Hause!" (Mt 9, 5 f.). So könnte man auch die Verbindung verstehen, die zwischen der Krankheit und der Bestrafung durch Gott gesehen wird („Rabbi, wer hat gesündigt? Er selbst? Oder haben seine Eltern gesündigt, so daß er blind geboren wurde?" [Joh 9, 2]); aber über diese Verknüpfung hinaus zeigt die Einstellung Christi gegenüber der Krankheit, daß es sich hier um ein Übel handelt, dem Einhalt geboten werden muß und daß sich durch diese Heilungen die Errichtung des Reiches Gottes offenbart. „Johannes der Täufer hat uns zu dir geschickt und läßt dich fragen: Bist du der, der kommen soll, oder müssen wir auf einen anderen warten? Damals heilte Jesus viele Menschen von ihren Krankheiten und Leiden, befreite sie von bösen Geistern und schenkte vielen Blinden das Augenlicht. Er antwortete den beiden: Geht und berichtet Johannes, was ihr gesehen und gehört habt: Blinde sehen wieder, Lahme gehen und Aussätzige werden rein; Taube hören, Tote stehen auf, und den Armen wird das Evangelium verkündet" (Lk 7, 20–22).

Es scheint also, daß die Grundabsicht Jesu des Heilers über die Befreiung von einer organischen Störung und auch über die Wiederherstellung der Harmonie im menschlichen Sein als solchem hinausgeht. Seine Heilungen sind *Zeichen* des Heils, das er bringt, sie sind die Anfänge des ewigen Lebens[16]. „Das ist das ewige Leben: dich, den einzigen wahren Gott, zu erkennen und Jesus Christus, den du gesandt hast" (Joh 17, 3). Jesus will zwar den Kranken Linderung bringen: seine Vorliebe gilt den Armen und unter ihnen den Kranken. Aber auch wer nicht körperlich oder seelisch krank ist, ist zum Heil in Jesus Christus berufen. Daher wird im Heilungs-Dienst Jesu nur eine Seite, die der Instandsetzung, sichtbar; sie ist eine der Manifestationen des Heils, das er bringt. Letztlich ist es die Auffassung vom *Heil* des Menschen, aus der sich ein Bruch der Ziele zwischen den von Jesus bewirkten Heilungen und denen der Bantu-Welt ergibt. Ein Bruch ergibt sich auch im Bereich des Vorgehens an sich, im Bereich der Verfahrensweisen. Bei Christus wie auch bei den Christen (vgl. die Heilungen in der Apostelgeschichte und in den charismatischen Bewegungen) wird Heilung im Namen Gottes, der angerufen wird, bewirkt. Gott ist es, der heilt, und nicht die „Hellsicht" oder das Können eines Heilers! Gewiß, es gibt einige Heiler, die Gott anrufen, bevor sie ans Werk gehen; aber nicht, damit Gott heilen möge. Gott wird vielmehr als Zeuge der guten Absichten des Patienten und des Heilers angerufen[17]; es ist die Wiederherstellung der zerbrochenen Ordnung und des gestörten Gleichgewichts, die den Menschen wiederherstellt. Die Miteinbeziehung von Pflanzen und natürlichen Elementen ist unverzichtbar; diese setzen ihre Kräfte jedoch nur unter den erforderlichen Bedingungen frei. Wenn alle diese Voraussetzungen erfüllt sind, müßte die erhoffte Wirkung eintreten ...

Die christliche Heilung erfordert eine Einstellung des Glaubens, des Vertrauens und des Sich-Gott-Überlassens. Die Wirkung ist daher keine systematische: sie tritt nicht als Folge eines günstigen Verlaufs der Umstände ein; sie ist vielmehr Erhörung, und Erhörung bleibt ein Geheimnis. Sie bleibt einzig und allein der Weisheit Gottes anheimgestellt: er allein weiß, was das Bessere ist für den Gläubigen, der um Heilung bittet. Zwar ist der Glaube von seiten des Gläubigen unerläßlich für seine Heilung; der Unglaube kann nämlich die Wirkung blockieren und die

---

[16] Als ergänzende Lektüre empfehlen wir „Guérison et salut", in: Spiritus, 81 (Décembre 1980).
[17] Vgl. Maladie, qui es-tu? (Centre Pastoral d'Idiofa, 1980).

Früchte der Gnade am Wachstum hindern (Mk 6,5). Wenn diese jedoch nicht zur Reife kommen, dann ist nicht automatisch ein Mangel an Glauben dafür verantwortlich; allein die Weisheit und Liebe Gottes entscheidet darüber.

Schließlich übt der Heiler in Schwarzafrika auch eine soziale Funktion aus. Er hat von den Ahnen und vom Jenseits ein besonderes Charisma, das der Krankenbehandlung, empfangen. Wenn er besondere Beziehungen zum Jenseits unterhält, so weil seine Arbeit dies erfordert, ist doch die Krankheit häufig die Folge einer Störung oder Verstimmung der sozialen Harmonie. Heiler sein bei den Bantu stellt eine Verantwortung und einen Beruf im Dienst der Gesellschaft dar. Christus heilt nur von Fall zu Fall, weil sein Wort schöpferisch ist und weil seine Liebe zu diesem oder jenem (nicht allen) Kranken in einer Linderung seiner gegenwärtigen Leiden zum Ausdruck kommt.

IV. Mehr als Initiationsmeister und Befreier

Für zahlreiche schwarzafrikanische Gesellschaften ist die Initiationserfahrung immer noch von größter Bedeutung, wenngleich sie sich nach Form und Modalitäten zunehmend verändert. Sie läßt den einzelnen eine lebenswichtige Schwelle überschreiten und macht aus ihm einen neuen Menschen, der eine neue, anerkannte Rolle übernimmt: er nimmt fortan im Leben und in der Umgestaltung der Gesellschaft die Stellung eines Erwachsenen ein. Schon in den frühen christlichen Jahrhunderten hat man diese Erfahrung mit dem Wiedergeborenwerden zum Leben Christi verglichen: die dem Christentum vorangegangenen griechischen Mysterien ließen ihre Anhänger durch Riten gehen, durch deren Einwirkung sie mit Erleuchtung erfüllt und den angerufenen Göttern gleichgestaltet wurden. In Anlehnung an eine gewisse Terminologie dieser Traditionen haben die Kirchenväter die Wiedergeburt in Christus durch Taufe, Salbung und Eucharistie „Initiation" genannt.

Gleichzeitig aber waren sich die Väter dessen bewußt, daß es sich hier nur um eine Analogie zur Bezeichnung völlig anderer Realitäten handelte [18]. Bei den Vätern nämlich bezeichnete Initiation *einen Moment*, den Augenblick, in dem der Funke zündete, der den Neophyten in das Ver-

---

[18] *P. M. Gy*, La notion chrétienne d'initiation, jalons pour une enquête, in: La Maison Dieu, 132 (1977) 33–54.

ständnis dessen einführte, was er gerade begonnen hatte zu leben. Ermutigt von diesem Beispiel der Väter wie auch von den Weisungen des Zweiten Vatikanischen Konzils, haben die Bantu-Christen versucht, ihre traditionelle Initiationserfahrung mit der christlichen Initiation in Zusammenhang zu bringen. Einige haben die gemeinsamen Aspekte betont und gewisse Initiationspraktiken verurteilt, die im Gegensatz zur Moral des Evangeliums stehen [19]. Andere haben die Perspektive Christi als neuem Initiationsmeister vertieft, der nunmehr an die Stelle der alten Bantu-Initiationsmeister tritt [20]. All dies kann dazu beitragen, dem christologischen Lobgesang neue Noten hinzuzufügen.

Zwei Brüche müssen, so scheint mir, hervorgehoben werden. Der Bantu-Initiationsmeister ist ein Pädagoge, ein Trainer. Will man das andere Ufer erreichen, ist der Meister unentbehrlich; aber er selbst macht diesen Übergang nicht mit: er stirbt nicht zusammen mit dem Jünger, um mit ihm wiederaufzuerstehen; in diesem Sinne bleibt er unbeteiligt an der grundlegenden Erfahrung. Zweifellos hat er diese Erfahrung schon lange vor dem Jünger gemacht; aber im entscheidenden Augenblick läßt er diesen seine eigene Erfahrung machen. Christus ist bereits ein für allemal gestorben und auferstanden, aber die Frucht seines Übergangs zum Vater ist für den initiierten Gläubigen nach wie vor aktuell: „Ich bin mit Christus gekreuzigt worden; nicht mehr ich lebe, sondern Christus lebt in mir. Soweit ich aber jetzt noch in dieser Welt lebe, lebe ich im Glauben an den Sohn Gottes, der mich geliebt und sich für mich hingegeben hat" (Gal 2,19f.). „Sind wir nun mit Christus gestorben, so glauben wir, daß wir auch mit ihm leben werden" (Röm 6,8). Die in der Bantu-Initiation gemachte Erfahrung von Tod und Auferstehung folgt nicht dem unmittelbaren Vorbild des Initiationsmeisters; es geht darum, dem kindlichen Leben abzusterben und zum Erwachsenenleben geboren zu werden. Der Initiationsmeister ist nur der Vermittler, der die soziale Gruppe in ihrer Gesamtheit repräsentiert.

Der zweite Bruch liegt auf der Ebene der Botschaft: Die Botschaft der Bantu-Initiation gibt den Neophyten einen Leseschlüssel, der ihnen hilft, die Zeichen des Universums zu entschlüsseln; sie vermittelt ihnen zugleich ein tiefes Verstehen der Erfahrung der Ahnen. Die Botschaft Christi läßt uns zwar die Welt im Licht des Schöpfers deuten; aber sie ist

---

[19] C. *Mubengayi,* Initiation africaine et initiation chrétienne (1966).
[20] Vgl. *A. T. Sanon,* Das Evangelium verwurzeln. Glaubenserschließung im Raum afrikanischer Stammesinitiationen (Freiburg 1986).

wesentlich eine Offenbarung Gottes, seiner Liebe und seines Heilswerkes in Jesus Christus. Die Initiationsbotschaft kommt aus der Gemeinschaft der Lebenden im Jenseits und der Lebenden auf Erden; daher kann sie nur von einem Initiierten übermittelt werden. Die Botschaft Christi aber geht aus ihm selbst hervor (denn er und der Vater sind eins).

Der Initiationsmeister ist wie ein Geburtshelfer: er hilft dazu, neugeboren zu werden, herauszukommen aus der dichten Umhüllung des Nichtwissens und der Dunkelheit der Kindheit. Christus hat die Ketten der Knechtschaft der Sünde zerbrochen; er hat den Armen eine gute Nachricht gebracht, den Gefangenen Entlassung verkündet, den Unterdrückten Freiheit, Freude, Frieden (vgl. Lk 4, 18). Aber alle diese Wohltaten erweist er nicht auf die Art, wie die Welt die ihren erweist (Joh 14, 27). Die Befreiung durch Christus zielt auf den ganzen Menschen: die Befreiung von der Sünde ist dem Bemühen um die Befreiung von verfremdenden Bedingungen des sozialen Lebens zugeordnet. Aber nicht immer bewahrheitet sich das Umgekehrte: die Befreiung von äußeren verfremdenden Bedingungen führt nicht notwendigerweise zur Befreiung in Christus. Wenn die Botschaft Christi einen Menschen aus der Folterzelle herauskommen läßt, dann um seine Gotteskindschaft zu vollenden; und wenn dieser Mensch zu Waffen greifen muß, um andere Gefängnisse zu zerstören, dann tut er dies, weil ein Kind Gottes angesichts der Versklavung und Unterdrückung anderer Menschen nicht gleichgültig bleiben kann. Es ist wahrhaftig ein Widerspruch in sich, zugleich Christ und Rassist, Christ und Unterdrücker anderer Menschen zu sein ... Indes kann man durchaus Kind Gottes in einem Gefängnis, Kind Gottes und Sünder sein. Martin Luther King war ein „befreiter" Jünger Jesu Christi, als er für die Bürgerrechte eines Teiles der amerikanischen Bevölkerung kämpfte, dem er selbst angehörte. Man kann Christen begegnen, die noch im Sterben ausrufen: „Ich spüre, wie mich das Leben durchströmt!" Solche Paradoxe gibt es in der Bantu-Initiation nicht. Wenn die Initiation auch das gesamte Leben umfaßt, so sind die verschiedenen Schwellen, die es markieren, doch ein für allemal überschritten.

Schluß

Müssen nun die Bantu, weil Christus „jenseits der Modelle" ist, unter denen sie ihn darstellen könnten, schweigen und sich mit den Bildern begnügen, die ihnen von der missionarischen Verkündigung vorgelegt wurden? Nicht selten begegnet man der Ansicht, daß kein kulturelles System in der Lage sei, die offenbarte Wahrheit in angemessener Weise zu übermitteln: „Es gibt philosophische Optiken, Sichtweisen und Sprachen, die ausgesprochen schwach sind; es gibt wissenschaftliche Systeme, die dermaßen arm und geschlossen sind, daß sie eine Übersetzung und Interpretation, die dem Wort Gottes gerecht wird, unmöglich machen."[21] Das trifft haargenau die unschuldige Bemerkung des Natanaël: „Aus Nazaret? Kann von dort etwas Gutes kommen?" (Joh 1, 46). Wer hätte denn auch denken können, daß Gott von einer Frau geboren würde, in einer Krippe, die für einige Stunden von unkultivierten Hirten ausgeliehen wurde? Und doch wurde ihrer armen, derben Hirtensprache die besondere Ehre zuteil, die Geburt des Gottessohnes zu verkünden.

Wenn die Botschaft Jesu in erster Linie für die Armen und die Kleinen bestimmt ist, dann ist es undenkbar, daß die armen und am wenigsten entfalteten Systeme nicht in der Lage sein sollten, sie auf angemessene Weise zu empfangen und weiterzuvermitteln: „Ich preise dich, Vater, Herr des Himmels und der Erde, weil du all das den Weisen und Klugen verborgen, den Unmündigen aber offenbart hast" (Lk 10, 21 b). Die Apostel Christi, auch die gebildetsten unter ihnen, haben sich nicht auf den Genius ihres kulturellen Systems gestützt, um die Botschaft Jesu Christi zu verkünden: „Als ich zu euch kam, Brüder, kam ich nicht, um glänzende Reden oder gelehrte Weisheit vorzutragen, sondern um euch das Zeugnis Gottes zu verkündigen ... Zudem kam ich in Schwäche und in Furcht, zitternd und bebend zu euch. Meine Botschaft und Verkündigung war nicht Überredung durch gewandte und kluge Worte, sondern war mit dem Erweis von Geist und Kraft verbunden, damit sich euer Glaube nicht auf Menschenweisheit stützte, sondern auf die Kraft Gottes" (1 Kor 2, 1. 3–5).

In allen ihren Bereichen vermögen die Bantusprachen Jesus Christus zu nennen und zu einer Manifestation der Macht Gottes zu werden. Allerdings unter der Bedingung, die im übrigen für alle Sprachen gilt, daß sie sich immer dessen bewußt sind, daß sie „diesseits" dessen bleiben, was Jesus Christus ist.

Die Bantubereiche der Evokation Christi teilen das Los jeden kulturellen Symbols: ihr Dynamismus treibt den Menschen von Stufe zu Stufe in der Vereinigung mit dem Realen; die Symbole versuchen zu enthüllen, indem sie verhüllen. Ganz besonders das religiöse Symbol ist darauf be-

---

[21] *Johannes Paul II.*, Ansprache in der Päpstlichen Universität Gregoriana am 15. 12. 1979, in: A. A. S. LXXI, 1979, S. 1543.

dacht, das Antlitz des von ihm Bezeichneten verborgen zu halten, um fortschreiten zu lassen zu einem Mehr an Bedeutung: es liegt in seiner Natur, Inhalte nahezulegen und nicht auszulegen [22].

Auf diese Weise schreitet die Menschheit fort in der Erkenntnis Christi dank der verschiedenen Resonanzen, die sie aus den kulturellen Systemen empfängt, die Jesus Christus zu „nennen" versuchen. Die Vielfalt der aus verschiedenen kulturellen Milieus hervorgegangenen Bilder eines Christus am Kreuz geben auf beredte Weise Zeugnis vom Reichtum dieses Geheimnisses [23].

Die Brüche, die die Bereiche der Bantusprache im Hinblick auf die Botschaft des Evangeliums deutlich machen, sollten nicht die inzwischen eingeleiteten Versuche entmutigen, im Licht der Offenbarung neu auszusagen, was Jesus Christus ist, sie sollten vielmehr antreiben, auf dem eingeschlagenen Weg weiterzugehen. Denn der Glaube eines Volkes nimmt Gestalt an durch Brüche und Kontinuitäten hindurch. Nachdem sie die Botschaft Jesu Christi strukturiert von einer griechisch-römischen Kultur empfangen haben, müssen die neu zur Kirche gekommenen Völker diese Botschaft sozusagen „wiederkäuen", um sie sich besser zu eigen zu machen. Dieser Prozeß löst unweigerlich Brüche und Kontinuitäten aus, sowohl von den Kulturen her, die im Spiel sind, als auch wegen der Botschaft Jesu Christi selbst. Indem sie Jesus Christus Ahne, Häuptling, Heiler, Initiationsmeister nennen, dürfen die Bantu diese Bereiche nicht „exorzieren" und sie ihres Inhalts entleeren, um sie durch einen neuen erlauchten Throninhaber besetzen zu lassen. Sie müssen diese Bereiche vielmehr an ihrer Wurzel ergreifen wie man ein Buschmesser an seinem Griff packt, um neue Aufgaben in Angriff zu nehmen.

Welch ein Risiko! Aber solchen Gefahren hat Gott sich immer wieder ausgesetzt. Christus wäre für die Menschen uninteressant gewesen, wenn er im Gewand einer farblosen, faden, geruchlosen Natur zu ihnen gekommen wäre. Das Heil, so wie er es gebracht hat, kann uns nur erreichen und umgestalten, wenn Christus sich mit unserer Geschichte verbindet und auch für uns das Alpha und das Omega wird, um sich letztlich als das „Jenseits aller unserer Modelle" zu erweisen.

---

[22] *M. Meslin*, De l'herméneutique des symboles religieux, in: Revue des Sciences Religieuses, 1–2 (1975).
[23] *H. Ruedi*, Depuis ce vendredi là (Paris 1979). Der Autor stellt verschiedene Bilder Christi dar, wie sie in unterschiedlichen Epochen und Kulturräumen gestaltet wurden.

Der in Jesus Christus erkannte Gott

Ein paulinischer Ansatz nach dem Brief an die Römer*

Von Vital Mbadu-Kwalu

Das Voranschreiten der Evangelisierung in der Welt vollzieht sich notwendigerweise durch das stammelnde Glaubenszeugnis der Jünger Christi. Unterstützt werden sie dabei vom Bemühen derer, die als Beauftragte im Dienst der Pastoral, der Verkündigung und der Theologie stehen. Was auf die Kirche allgemein zutrifft, gilt auch für die christliche Kirche Afrikas, die sich zur Abendstunde auf den Weg ihres Exodus durch Wüste und Nacht gemacht hat. Ein Dialog ohne jede Selbstgefälligkeit zwischen ihren Theologen und ihren lebendigen christlichen Gemeinden[1] wird der Kirche Afrikas helfen, ihre Osternacht nach dem Vorbild Israels besser feiern zu können. Christus ist gekommen, aus dieser Nacht einen Sonnenaufgang, einen Tag ohne Neige zu machen, denn die Stunde des Heils hat für alle Menschen der Erde geschlagen.

„Der in Jesus Christus erkannte Gott", das ist die Problematik, die uns im folgenden beschäftigen wird. Der Gott Jesu Christi[2], von dem wir hier sprechen, ist der durch Jesus Christus geoffenbarte Gott. Der Gott, den er offenbart, ist sein Gott, aber auch unser Gott. So lesen wir bei Johannes: „Ich gehe hinauf zu meinem Vater und zu eurem Vater, zu meinem Gott und zu eurem Gott" (Joh 20,17).

Die Frage nach der Erkenntnis des durch Christus geoffenbarten Gottes ist eine entscheidende Frage; sie stellt uns vor das Problem der christlichen Identität. Wir können ihr nicht ausweichen, denn ein Fortschreiten in der Erkenntnis dieses Gottes und seiner Liebe kommt nicht von selbst. Wie können wir nach der Botschaft Christi vom Gott unserer Ahnentradition sprechen, ohne an den Gott der biblischen Offenbarung, den Gott des Neuen Bundes zu denken?

---

* Der französische Originalbeitrag ist in der deutschen Übersetzung leicht gekürzt.
[1] Statt von Basisgemeinden sprechen die Bischöfe Zaires lieber von lebendigen christlichen Gemeinden.
[2] Vgl. *J. Daniélou*, Dieu et nous (Paris 1956), wo in Kap. 4, 143–177, ausdrücklich die Rede ist vom „Gott Jesu Christi".

Das Neue dieses Bundes ist das Neue des Christentums. Es bedeutet, daß wir keine bessere Kenntnis mehr von Gott erlangen können, als die durch Jesus Christus vermittelte.

Wenn wir von etwas Neuem sprechen, dann weil Jesus Christus da ist! Ohne unseren Schlußfolgerungen vorzugreifen, können wir bereits jetzt sagen, daß die radikale Neuheit des Christentums darin besteht, daß ein Mensch gesagt hat, daß er der notwendige Mittler zwischen Gott und den Menschen, daß er selbst der Weg, das Leben und die Wahrheit ist (Joh 14, 6). Und doch ist er ein Mensch wie wir. Man versteht, daß sie ihn getötet haben, mußte seine Offenbarung in den Augen seiner Zeitgenossen doch vermessen erscheinen, und das trifft nicht weniger auf die Menschen aller Zeiten zu. Kurz, man mußte ihn töten. Sein Anspruch auf die Transzendenz war zu radikal: man sollte sich selbst verleugnen, um ihm zu folgen (vgl. Mt. 10, 37–39; Mk 8, 34 f.; Lk 14, 26 f.; 9, 23 f.) Wir werden darauf noch näher eingehen.

Liest man die Texte der Evangelien, dann fällt einem auf, daß die Botschaft Christi nicht erschöpfend ist. Seine Botschaft über Gott ist nicht systematisiert, und zwar aus dem einfachen Grund, weil die Offenbarung Jesu Christi – ganz wie die des Alten Testamentes – vor allem funktional ist. So begegnen wir in der biblischen Offenbarung Gesandten Gottes, die ihre Botschaft immer im Zusammenhang mit den Fragen der Welt verkündeten, an die sie sich wandten. In dieser Hinsicht ist die Offenbarung, die Christus bringt, nicht unbedingt reicher als die, die wir in einigen anderen großen Religionen mit ihren zum Teil sehr schönen theologischen Aussagen finden können. Die Botschaft Christi ist eine „kontextualisierte" Frohbotschaft!

In einem ersten Schritt geben wir anhand des Römerbriefes eine kurze Beschreibung des von den Heiden der griechisch-römischen Welt erkannten Gottes. Dann versuchen wir knapp die Neuheit des „in Jesus Christus erkannten Gottes" darzustellen, so wie Paulus sie nach seinem Glauben als Apostel Christi interpretiert. Abschließend werden wir den Gott unserer Ahnen mit dem Gott Jesu Christi vergleichen.

I. Kurze Beschreibung des von den Heiden der griechisch-römischen Welt erkannten Gottes nach dem Römerbrief[3]

Paulus gibt keine systematische Darstellung des von den Heiden seiner Zeit erkannten Gottes. Absicht seines Briefes an die Römer ist es, vom *Evangelium Gottes* zu sprechen. Dieses ist eine historische Offenbarung, durch die Gott sich zur sündigen Menschheit herabgeneigt hat. Das Evangelium Gottes ist ein Versprechen des Heils, das allen Menschen angeboten wird. Ja, mehr als ein Versprechen ist es die Offenbarung der Treue und Wahrhaftigkeit Gottes, um derentwillen Christus sich zum Diener gemacht hat (Röm 15,8).

Um einige Wesenszüge des von den Heiden der griechisch-römischen Welt erkannten Gottes herauszustellen, gehen wir hier im wesentlichen von der *Anklage gegen die Völker* (Röm 1,18–32) aus.

Kontext und literarisches Genre dieser Perikope zielen auf die *Bekehrung* sowohl der Heiden wie auch der Juden. Die Aufforderung zur Bekehrung wird von einer prophetischen Anschuldigung begleitet: die Heiden haben gesündigt und sind unentschuldbar (Röm 1,20). Bezogen auf diese Sünde der Völker beschreibt Paulus indirekt den *unter den Heiden bekannten* Gott. Als Kategorie der Menschheit genommen, sind die Heiden Sünder. Ihre Sünde heißt „*Götzendienst*". Ihre spezifische Sünde besteht nicht darin, Gott nicht erkannt zu haben, denn Gott hat sich ihnen in seiner Schöpfung offenbart. Ihre Sünde ist es, die Rollen vertauscht zu haben: mutwillig haben sie sich das Wesen Gottes selbst angemaßt und ihm als dem Schöpfer und Herrscher Ehre und Dank verweigert. Götzendienst ist daher die Sünde schlechthin der Heidenwelt.

Der Götzendienst kennzeichnet die Haltung des Menschen, der den Schöpfer-Gott nicht anerkennt. Paulus stellt fest, daß ihnen, den Heiden, offenbar ist, was man von Gott erkennen kann. „Seit Erschaffung der Welt wird seine unsichtbare Wirklichkeit an den Werken der Schöpfung mit Vernunft wahrgenommen" (1,19f.).

Das Thema der natürlichen Gotteserkenntnis aus der Schöpfung ist der Leitfaden dieser ganzen Schriftstelle. Nach der Tradition des Alten

---

[3] Zu dem Ausdruck *ethnè* finden sich einige Hinweise in der Dissertation von *V. Mbadu-Kwalu*, „Paul et les Nations d'après l'Épître aux Romains. Pertinence herméneutique pour la situation actuelle de l'Eglise en Afrique". Thèse du 3e cycle, Institut Catholique de Paris, 1983, 23f., 28–33.

Testamentes kann man nicht von einem völligen Nichterkennen Gottes sprechen. Denn auch die Heiden haben ihre Götter, wenn es in den Augen Israels auch falsche Götter sind. A. M. Dubarle erklärt anhand der Geschichte vom Bund Gottes mit Noach, wie Gott „sich erkennen ließ im Zeichen des Regenbogens, also durch die sichtbare Natur"[4]. Nach Plato waren es die Stoiker, die eine schon bekannte Wahrheit nicht leugneten: Gott offenbart sich in der Welt. „Die besten unter den Philosophen", so Plutarch über die Stoiker[5], betrachteten die leblosen Dinge als ein Rätsel der Göttlichkeit und die lebenden Wesen als klaren Spiegel des Göttlichen. „Nach Philon gibt es zwei Arten, Gott zu erkennen. Wenn wir nach der Philosophie der Stoiker einen Begriff vom Göttlichen von der sichtbaren Welt und ihren Kräften her haben können, dann – so Philon – erkennen wir darin Gott in seinem Bild oder in seinem Schatten. Es ist jedoch ein vollkommeneres Erkennen, das über das hinaus geht, was den Künstler über sein Werk erreicht..."[6]

Paulus, dem das Thema der Möglichkeit, Gott durch seine Werke zu erkennen, nicht unbekannt war, schöpfte seine Lehre vor allem aus der an die Heiden gerichteten Apologetik der Juden, aber auch aus dem Einfluß der griechischen Volksphilosophie (im vorliegenden Fall aus dem Stoizismus)[7]. Was man von Gott erkennt, das macht Gott selbst dem menschlichen Geist offenbar. Die Übersetzung von *„to gnoston"* (Vers 19) wäre demnach „das, was erkennbar ist".

Der Gott der Schöpfung muß, da er der Herr des Universums ist, und weil er sich als der, der er ist (in seiner göttlichen Natur) zu erkennen geben kann, ein Gott der Herrlichkeit *(doxa)* sein.

Der Gebrauch, den Paulus vom Vokabular und Thema der Herrlichkeit *(doxa)* macht, bringt einen neuen christologischen Ansatz in das Denken des Neuen Testamentes. Im Vergleich zum Alten Testament stellen wir bei Paulus eine gewisse Verschiebung fest insofern, als das Wort Herrlichkeit nicht mehr allein auf Gott, sondern auch auf den auferstandenen Christus bezogen wird. Der Christus zuerkannte Titel „*Kyrios*" verweist auf diese Übertragung der Herrlichkeit vom Vater auf seinen Sohn, den Sieger über den Tod, der fortan lebt und der Herr ist. Was die Herrlichkeit betrifft, würden wir mit M. Carrez sagen, daß sie „alles ist,

---

[4] *A.-M. Dubarle,* La manifestation naturelle de Dieu d'après l'Écriture, 203.
[5] *J. Dupont,* Gnosis. La connaissance religieuse dans les épîtres de Saint Paul (Louvain–Paris 1949) 140.
[6] *Ders.,* a.a.O. 9.
[7] *A. D. Nock,* Christianisme et hellénisme (Paris 1973) 31 ff.

was Gott ist, lebt und tut, indem er für die Menschen, unter den Menschen und im Menschen sichtbar wird"[8].

In Röm 1,21 fordert Paulus durch Verwendung des Ausdrucks *doxa* seine Zuhörer auf, ihre Situation zu erkennen. Sie sollten sich dessen bewußt werden, was sie von Gott und insbesondere von Christus trennt, durch den ihr Heil kommen soll. Letztlich ist *doxa* eine Beschreibung dessen, was die Menschheit im Verhältnis zu Gott ist, und zugleich ein Zielpunkt, den alle Völker der Erde aufgerufen sind zu erreichen. Ihre Bekehrung ist ihre Teilhabe an der Herrlichkeit Gottes im auferstandenen Christus. Eine weitere Folge der götzendienerischen Haltung des Menschen gegenüber Gott ist, daß dieser als ein zorniger, ein rächender Gott erscheint (Röm 1,18–24). Es hieße jedoch das Denken des Apostels verfälschen, würde man nicht hinzufügen, daß der Schöpfer-Gott, den er den Heiden darstellt, vor allem ein Gott der Geduld ist, der seinen Zorn sehr wohl zurückzuhalten vermag, um dem Menschen Zeit zu lassen, ihn als seinen Gott zu erkennen (Röm 2,4). Dieser Gott ist vor allem ein Gott der Güte, ein Gott des Erbarmens, denn in Jesus Christus, seinem Sohn, ermöglicht er die Rechtfertigung eines jeden, der an das Evangelium glaubt. Wir haben allen Grund anzunehmen, daß dieses Handeln Gottes ein ewiges ist.

Fassen wir zusammen: Das Buch Genesis erscheint als gute Vorbereitung zum Verständnis dessen, worum es in der theologischen Lehre des hl. Paulus geht. In Gen 4–11 wird die Menschheit als treulos gegenüber den wiederholten Bündnissen mit dem Schöpfer beschrieben. Adam hat gesündigt; er hat das Verbot Gottes nicht respektiert. Die göttliche Strafmaßnahme läßt indes eine Tür zum Heil offen, daher die Verheißung Gottes. Es ist der in Gen 3,15 enthaltene adamitische Bund. Als Folge des Einbruchs des Bösen in die Welt – der Schlechtigkeit, deren sich die Nachkommen Adams schuldig gemacht haben (Gen 4–11), bestraft Gott die Menschen. Aber wiederum verspricht er, Noach und seine Söhne zu retten (Gen 9,1 ff., besonders 9,8). Die Universalität der Sünde erfordert die Universalität der Verheißung. Gott ist beim Jahwisten und in der Priesterschrift (Gen 1–3) als der universale Befreier gegenwärtig, eine Vision, die in Gen 12,3 bestätigt wird.

Paulus stellt Christus als Abschluß der Heilsgeschichte dar. Zur Bekämpfung des Götzendienstes verweist er nachdrücklich auf die Notwendigkeit eines radikalen Monotheismus als wesentliches Element des

---

[8] *M. Carrez*, De la souffrance à la gloire (Neuchâtel 1964) 19.

noachitischen Bundes. Das ist die Bedingung, damit die Menschheit einen neuen Lebensstatus erhält. Die Bekräftigung des Monotheismus ist zugleich die Verneinung des Götzendienstes. Die Menschheit muß daher anerkennen, daß ihr Heil das Werk Gottes ist und nicht das ihrer angeblichen Weisheit. L. Cerfaux ist der Ansicht, daß jedes religiöse System der Menschheit bereits verurteilt ist, weil „dank Christus, durch die Rolle, die Gott ihn in der Welt hat erfüllen lassen, und durch die Einheit, die uns mit ihm verbindet, wir fortan vor Gott etwas sein können: wir besitzen Weisheit, Gerechtigkeit, Heiligkeit, und wir sind erlöst. Das ist der neue Horizont der paulinischen Theologie"[9].

II. Die Neuheit des „in Jesus Christus erkannten Gottes"

Das Geheimnis Jesu Christi als Gott-Mensch ist die überraschendste Neuheit. Man kann schwerlich vom Gott Jesu Christi sprechen, wenn man nicht zunächst auf der ersten Stufe dieser Aussage innehält. Der zu erkennende Gott ist geoffenbart in Jesus Christus. Die Beziehung zwischen Gott (Vater) und Jesus Christus (Sohn) hat vor allem der Apostel Johannes in aller Klarheit deutlich gemacht. Aber man könnte sagen: alles, was Christus in der ersten Person Singular (bzw. Plural) verkündet, das erklärt oder berichtet Paulus in der dritten Person.

Doch dieser Gott Jesu Christi, der uns hier interessiert, ist der als Befreier seines Volkes geoffenbarte Gott. Um ihn wirklich kennenzulernen, muß man die verschiedenen aufeinanderfolgenden Offenbarungen befragen: die kosmische Offenbarung, die mosaische Offenbarung (Altes Testament) und die Offenbarung in Jesus Christus (Neues Testament). In seiner Menschwerdung offenbart Jesus uns das Geheimnis Gottes in der uranfänglichen und unergründlichen Einheit der Drei Göttlichen Personen. „Die Drei", schreibt J. Daniélou, „ist genau so ursprunghaft wie der Eine."[10] Der Dreieine Gott wird nur schrittweise erkannt. Man weiß, daß alle Werke Gottes von den Drei Göttlichen Personen vollbracht werden, wobei eine jede auf ihre eigene Weise handelt[11].

Hier könnte man mit Daniélou von Sendungen sprechen, die die Drei

---

[9] *L. Cerfaux*, Le Christ dans la théologie paulinienne (Paris 1954) 151.
[10] *J. Daniélou*, a.a.O. (Anm. 2) 146.
[11] *Ders.*, a.a.O. 148.

Personen seit der Schöpfung erfüllen. Jedoch ist der Schöpfer-Gott derselbe wie der Erlöser-Gott. Irenäus hat gegen die Gnostiker mit großem Nachdruck die Einheit des Planes Gottes betont. Das Werk der Erlösung unterscheidet sich vom Werk der Schöpfung durch die Tatsache, daß es durch die Vermittlung Jesu die Menschheit zur Teilhabe am Leben der Drei Göttlichen Personen führt [12]. Ziel des göttlichen Werkes, des in Gott verborgenen Planes, ist das Geheimnis unserer Annahme an Kindes Statt (vgl. Eph 1, 3.6). Die erste Offenbarung betrifft vor allem den Vater, der in der Trinität das Prinzip, der Ursprung, der Anfang ist. Es handelt sich hier um den Vater in der Offenbarung des Alten Testamentes, die Gott als den Einen lehrt, aber insofern, als es sich bei ihm um den Ursprung handelt: Ursprung der Schöpfung, Ursprung der Auserwählung, Ursprung der Sendung [13]. Das Neue Testament schließlich offenbart das im Heiligen Geist fleischgewordene Wort.

Betrachten wir hier kurz einige der für den paulinischen Christus charakteristischen Wesenszüge.

1 Röm 1, 3 f. Dieser Text drückt am besten den Glauben des Apostels aus, seinen eigenen und den, den er den Heiden verkündet; dieser Glaube hat jedoch, wie von P. E. Langevin dargelegt, eine vorpaulinische Prägung [14]. Jesus wird hier als Sohn Gottes bezeichnet. Was den Namen „Jesus" betrifft, so ist dieser der Name einer historischen Person, des Juden, des Nazareners, der die christliche Kirche gegründet hat und der Gegenstand des Evangeliums ist. Ein zweites, ebenfalls historisches Merkmal wäre hervorzuheben: Jesus ist vom Stamme Davids. Wenn David auch schon von 1010 bis ungefähr 970 v. Chr. als König über Israel geherrscht hat, so wird die Abstammung Jesu aus seiner Linie von der Schrift doch klar bezeugt (Lk 3, 13–38). Aber „nicht nur der *historische* Charakter des Herrn tritt in Röm 1, 3 deutlich zutage" – so Langevin –, „sondern auch die ganze menschliche Situation des Herrn, die Treue und Beständigkeit des Planes Gottes. Die Verheißung Jahwes wird sich durch den Herrn erfüllen". [15] Aus Davids Stamm hervorgegangen, ist Christus der königliche Messias, der in sich die Hoffnungen des königlichen Messianismus Israels trägt (2 Sam 7, 16; Jer 23, 5 f.; Apg 2, 29–36) [16].

---

[12] *Ders.*, a. a. O. 154.   [13] *Ders.*, a. a. O. 157.
[14] *P. E. Langevin,* Une confession prépaulinienne de la Seigneurie du Christ. Exégèse de Rm 1, 3–4, in: Le Christ hier, aujourd'hui et demain (Québec 1976) 277–327.
[15] *Ders.*, a. a. O. 323.
[16] Wir verweisen in diesem Zusammenhang auf *P. Gerlot,* L'expérience juive à l'heure de Jésus (Paris: Desclée, 1978) 85, 94, 242.

An dieser Stelle des Briefes (1, 2–4) begegnet uns die christologische Idee auf zwei Ebenen: Jesus, Gott-Mensch und Messias der Welt. Eine Christologie auf doppelter Ebene ist unserer Ansicht nach „eine mit der Theologie koextensive Christologie"[17]. Bei Paulus sind Theologie und Christologie in der Tat eng miteinander verknüpft. Dem Apostel geht es darum aufzuzeigen, wie der Heilsplan Gottes bis zu seinem Offenbarwerden in Jesus Christus fortdauert. Theologie und Christologie interessieren den Menschen nur in dem Maße, als sie das Geheimnis der Menschheit enthüllen und die Grundlage der Anthropologie bilden. Es gibt im Geheimnis Christi zwei Pole: seine Gottheit und seine Menschheit. Als eine einzige Person steht dieser bipolare Christus im Herzen der theologischen Debatte, im Herzen der Begegnung Gottes mit seinen Geschöpfen, die der Erlösung bedürfen. Man sieht, wie sich das Problem der Erlösung des Menschen von der christologischen Frage her stellt. Wir möchten dies anhand einer anderen Textstelle (Röm 15,12) verdeutlichen.

2 Röm 15,12. Dieser Vers fügt sich in die Gesamtheit der Schlußperikope ein und stellt eine Midrasch-Form dar. Paulus will die Lehre der Hl. Schrift aktualisieren; er ermahnt die Christen, die von Gott empfangene Gnade nicht ohne Wirkung zu lassen. Um seiner Ermahnung Nachdruck zu verleihen, zitiert er zunächst Jes 49,8. Dies aber ist eine Erinnerung an die dem Diener Jahwes gegebene Verheißung, die aufgrund der Parallelität der Umstände auch auf seine Leser zutrifft: die Gunst der Stunde, der Tag des Heils[18].

Konzentrieren wir uns auf Vers 12 als letztes einer Reihe von vier Zitaten: es handelt sich um ein Zitat aus Jes 11,10 (Septuaginta), das den eigentlichen Sinn der ganzen Reihe enthüllt. Der besagte Text ist von größter Bedeutung für die Argumentation des hl. Paulus nach der Midrasch-Tradition. Im alttestamentlichen Kontext haben wir hier eine göttliche Verheißung: die eines neuen David und nicht nur einer Königsdynastie auf Dauer.

Das Partizip *anistamenos* bestätigt „*hè riza tou Iessai*", das in der Tat das Herzstück dieser messianischen Verheißung bildet: „Kommen wird der Sproß aus der Wurzel Isais" (Röm 15,12; Jes 11,1.10). Jesaja stellt uns einen eschatologischen Messias-König, die Hoffnung Israels, vor Augen,

---

[17] Vgl. *B. Sesboüé*, Esquisse d'un panorama de la recherche christologique actuelle, in: Le Christ hier, aujourd'hui et demain (Québec 1976) 43.
[18] Vgl. *J. Bonsirven*, Exégèse rabbinique et exégèse paulinienne (Paris 1949) 295.

der aber nunmehr zur Hoffnung aller Völker geworden ist. Dieser paulinische Universalismus ist berechtigt durch den zentralen Platz, den das Verb *anastèsô* einnimmt: der Inhalt des Wortes erfährt eine Modifizierung. Die Verheißung des *Erhebens* wird zum Handeln des *Auferweckens*. Eben hierin aber liegt eine Intention der Midrasch-Tradition: eine Sinnumwandlung der Begriffe zu bewirken oder, besser noch, „einen in den prophetischen Aussagen bisher verborgenen Sinn (zu enthüllen)"[19]. Zu der paulinischen Aktualisierung wäre mit E. Cothelet noch folgendes anzumerken: Die spezifisch christliche Interpretation stützt sich auf das Verb *anistèmi*, wie es in Jes 11, 1.10.11. erscheint. Für ein christliches Ohr – so der Autor – weckt dieses *anistèmi* die Vorstellung von der Auferstehung Jesu, des Sohnes Davids. So greift die homiletische Entwicklung die Osterankündigung auf, indem sie die beiden Verben *egeirein* und *anistanai* benutzt.

In wenigen Worten läßt sich daher zusammenfassen, was diese Argumentation nach der Midrasch-Tradition lehrt. Ausgehend von der bereits erwähnten Christologie auf doppelter Ebene, haben wir einerseits den *historischen* Christus festzuhalten[20], der aus dem Stamme Davids (der Wurzel Jesse) hervorgegangen ist, und zum anderen den Christus der Herrlichkeit (den Auferstandenen, der fortan seine Herrschaft über alle Völker ausübt)[21]. Dieser Auferstandene ist der Herr Jesus, der Sohn Gottes. Beachten wir, daß die Sohnschaft in Röm 1, 4 mehr die (ihm durch die Auferstehung übertragene) Würde und Sendung als die Natur Jesu bezeichnet. Betont werden muß daher die Christus anvertraute Sendung, eine Sendung, die das Werk des Vaters und das des Hl. Geistes vollendet. In der Erfüllung dieser erlösenden und heilbringenden Aufgabe wird Christus *oristhentos* genannt. Was hier im Blickfeld steht, ist seine Abhängigkeit im Verhältnis zum Vater. Die Heilsinitiative kommt vom Vater, und der Vater ist es, der seinem Sohn die Heilsmacht mitteilt.

Die Rolle des Hl. Geistes ist es, den Messias in seine Sendung einzuführen. Und durch den Hl. Geist empfangen die Menschen die Früchte der Erlösung, insbesondere die, durch Jesus Christus vom Vater an Kindes Statt angenommen zu werden (Röm 8, 15). Verwirrt infolge seines Unvermögens, das Gute außerhalb von Jesus Christus, dem neuen Adam,

---

[19] *M. Dumais*, Le langage de l'évangélisation (Montreal 1978) 92.
[20] Das Buch von *Ch. Perrot*, Jésus et l'histoire (Paris 1979) bringt viele interessante Einzelheiten zur Frage der Historizität Christi; vgl. z. B. 67–69.
[21] Vgl. *W. Kasper*, Tâches de la christologie actuelle, in: Théologie du Christ aujourd'hui (Paris 1978) 169–186.

zu tun, muß der Mensch den Geist Gottes anrufen, um aus der Kraft des neuen Lebens, des Lebens Jesu, zu leben. Und der Hl. Geist wird den Gläubigen in der Tiefe seines Herzens diesen seinen neuen Status, sein neues Leben erfahren lassen.

III. Der Gott unserer Ahnen und der Gott Jesu Christi

Nachdem wir in den beiden ersten Punkten unseres Beitrags das „Antlitz Jesu Christi" in der uns vom hl. Paulus in seinem Brief an die Römer überlieferten Form betrachtet haben, möchte ich im Hinblick auf meine Schlußfolgerung nunmehr eine kurze monographische Studie anschließen. Der Ahnengott, um den es in dem Versuch einer Gegenüberstellung geht, ist vor allem der Ahnengott der *Yombe*, eines Unterstammes der Bakongo in Zaire[22]. Dazu wurden einige der bei ihnen gebräuchlichen Sprichwörter ausgesucht, die sich auf Gott beziehen. Natürlich kann unsere Untersuchung im Rahmen dieser Arbeit ebensowenig erschöpfend sein wie die Auswahl der entsprechenden Redensarten.

Und noch eine Bemerkung sei vorausgeschickt: man wird im folgenden keine Theodizee der *Yombe* vorfinden, wohl aber das Bemühen um einen Diskussionsbeitrag zu methodologischen Fragen. Hier nun eine Anwendung der genannten Prinzipien auf afrikanische Sprichwörter.

1. Methodologische Fragen

Wir stellen uns hier in den realen Kontext eines leidenschaftslosen und friedlichen Vergleichs, der jede Versuchung zur mißbräuchlichen Inanspruchnahme oder Anpassung meidet. Auf dieser gedanklichen Linie gilt es nach Ähnlichkeiten und Verschiedenheiten zu suchen. Mit dieser Feststellung soll die Theorie (oder Theologie) der Anknüpfungspunkte endgültig aus unserem Horizont verbannt sein.

O. Bimwenyi Kweshi hat es meisterhaft verstanden, die Praxis der Anknüpfungspunkte anzuprangern[23], eine Praxis, die mit der Theorie der

---

[22] *Yombe* leitet sich ab von *Mayombe*. Verwaltungsmäßig bildet das Mayombe-Land die westliche Hälfte eines Gebietes in Zaire (früher Kongo-Léopoldville), das sich am rechten Ufer des Zaire-Flusses (früher Kongo) zum Westen der Republik hin erstreckt.
[23] O. *Bimwenyi Kweshi*, Discours Théologique négro-africain. Problème des fondements (Paris 1981). Innerhalb der Buchreihe „Theologie der Dritten Welt" gekürzt in deutscher Sprache erschienen unter dem Titel „Alle Dinge erzählen von Gott. Grundlegung afrikanischer Theologie" (²Freiburg 1982).

Inkulturation der Evangeliumsbotschaft absolut nicht zu vereinbaren ist. Die afrikanische Theologie ist in eine neue Phase eingetreten, in die eines wirklichen Bemühens um Einwurzelung in die menschlichen Werte des Afrikaners. Aufgabe des afrikanischen Theologen ist es, die christliche Theologie und die christliche Gemeinschaften von daher zu bereichern. Das heißt für ihn, aufmerksam zu sein für alles, was das traditionelle Milieu beizutragen hat: für die konkrete Erfahrung dieser betenden Gemeinden, die lebendige christliche Gemeinden sind, für das, was die Gläubigen versammelt, was sie miteinander voller Inbrunst feiern, was sie erkannt haben, wenn sie sich zum selben Gebet (zu Liedern, Tänzen, Opfergaben usw.) vereinen, kurz: unsere Theologen müssen hinhorchen auf die Offenbarung, die inmitten unserer lebendigen Gemeinden aufbricht. Wir wissen, daß der Theologe, der mit seinem Volk, mit dem Volk Gottes, in einen echten Dialog eintritt, in der Ausarbeitung seines Redens über Gott eine kritische Rolle zu erfüllen hat. Seine Aufgabe ist es, die Erfahrung dieser christlichen Gemeinden zu formalisieren, und zwar nicht, um für sich selbst Schlüsse daraus zu ziehen, sondern, um sie eben diesen Gemeinden als geistliche Nahrung mitzuteilen. Zwischen beiden, dem Theologen und den Gemeinden, muß daher ein fortwährender existentieller Austausch stattfinden.

Die Beschreibung des von den Heiden der griechisch-römischen Welt erkannten Gottes wird nicht a priori mit dem Gottesbild der *Yombe* übereinstimmen. Man sollte es daher nicht in der Absicht betrachten, irgendwelche Ähnlichkeiten darin zu finden, und zwar aus dem einfachen Grunde, weil es sich um sogenannte heidnische Milieus handelt! Allerdings wäre hier die Frage zu stellen, was afrikanischer Paganismus bedeutet[24].

Unsere letzte Anmerkung betrifft den Gott der Afrikaner. J. Pénoukou hat einige Modelle dieses Gottes näher untersucht, um abschließend das Problem der Anwendung zu skizzieren, auf das F. Kabasélé, A. T. Sanon und Cécé Kolié zu antworten versuchen. Es bedarf keiner Frage, daß alle diese Versuche einer Gegenüberstellung zwischen dem Gott unserer Ahnen und dem von Jesus Christus geoffenbarten Gott hilfreich sein können für unser Verständnis des Textes in Hebr 1,1: „Viele Male und auf vielerlei Weise hat Gott einst zu den Vätern gesprochen durch die Propheten; in dieser Endzeit aber hat er zu uns gesprochen durch den

---

[24] Bezüglich dieser Frage verweisen wir auf *A. T. Sanon,* Tierce Église ma Mère ou la conversion d'une communauté païenne au Christ, II (Paris 1972).

Sohn ..." Stehen wir hier nicht vor etwas radikal Neuem im Verhältnis zu unserem Ahnenglauben? Unsere Untersuchung wird es uns zweifellos sagen können.

2. Anwendung der Prinzipien auf afrikanische Sprichwörter

a) Gott gegenüber dem Menschen

Wir fassen hier solche Sprichwörter zusammen, die Gott gegenüber dem Menschen darstellen. Gott erscheint in seinen Attributen als der Schöpfer, der Transzendente, der Ganz-Andere, der Vorsehende usw.

– *Toko mu toma, nkanda nagana uvanga Nzambi* = wie groß die Schönheit eines jungen Menschen auch sei, es ist doch immer nur eine von Gott gestaltete Haut.

Gott erschafft alles, auch die Schönheit selbst. Der Mensch braucht sich also auf nichts etwas einzubilden.

– *Fua Nzambi, zinga kikhuma* = sterben ist Gott, leben ist Zufall.

Das Leben ist vergänglich, der Tod ist gewiß. Hier gibt die Weisheit dem Tod den Vorzug vor dem Leben, denn erst im Sterben gelangt man zur wahren Ruhe, zum wahren Leben, das nichts anderes ist, als das Leben in Gott selber. Gott, den man nicht sieht, der nicht unsere Gestalt hat, lebt länger und mit größerer Gewißheit als wir, die wir nur *zu leben glauben*. Es ist besser, zu ihm zu gelangen, und wenn man zu ihm gelangt (durch den Tod), ist man sicher, daß man nicht mehr stirbt.

– *Nzambi ukambu khomba* = Gott hat keinen Bruder.

Er ist ein Wesen ohne seinesgleichen. Der Ganz-Andere.

– *Nzambi katalanga ntela ko* = Gott schaut nicht auf die Statur.

Gott respektiert jeden (alle Menschen); was er will, vertraut er wem er will an; er ist frei. Kurz: Gott nimmt sein Geschöpf ernst.

– *Longa longa kilonga Nzambi, mutu widi moyo sasula* = Gott ist es, der unterweist; der (lebende) Mensch ist nur der Übermittler.

Gott ist der Urheber von allem Guten, das geschieht; er bedient sich des Menschen, um zu handeln. Die Tiefe ist Gott vorbehalten, die Oberflächlichkeit dem Menschen.

– *Vuni mutu, kakuvuni Nzambi ko* = man kann den Menschen belügen, Gott täuscht man nicht.

Gott weiß alles. Er ist allwissend. Man kann ihn weder hintergehen noch kann man besser denken als er.

b) Der Mensch vor Gott

Die Weisheit beschreibt das ethisch-religiöse Bewußtsein des Menschen gegenüber dem Phänomen des Göttlichen.

– *Nzambi kakundungu ntela ko* = man grüßt Gott nicht in aufrechter Haltung.

Gemeint ist hier die ehrfürchtige Haltung, die der Mensch gegenüber Gott und seiner Majestät einnehmen muß: Demut, Respekt, Furcht.

– *Nzambi kasembu ko* = man grollt Gott nicht. Man macht Gott keine Vorwürfe.

Gott ist unfehlbar. Alles, was er denkt, was er tut, ist richtig und gerecht. Die Weisheit empfiehlt die Gottesfurcht.

– *Pfumu zitsi sekununu kuau, makuzi Nzambi kasekunungu ko* = man kann sich über die weltliche Autorität lustig machen; über die des Rächer-Gottes macht man sich nicht lustig.

Gott ist strenger als der Mensch; Gott übt seine Macht auf andere Weise aus als der Mensch. Man predigt auch die Gottesfurcht.

Was ist hierzu zu sagen? Der Ahnengott ist ein einziger Gott. Der Monotheismus der *Yombe* scheint ein rigoroser zu sein, in dem es keinen Platz für Nebengottheiten gibt. Dies wäre also im Vergleich zum Gott Jesu Christi, dem Gott der biblischen Offenbarung, dem Drei-Einen seit Ewigkeit, ein erster Bezugspunkt im Sinne einer gewissen Ähnlichkeit. Allerdings fehlt bei den Bayombo die wesentliche Idee der Dreiheit; es gibt nur den absolut monotheistischen Aspekt. Dieser Gott ist transzendent, einzig, gut, vorsehend, völlig verschieden, der Ganz-Andere, denn von ihm heißt es, daß er keinen Bruder hat, der ihm ähnlich wäre. Ohne jeden Zweifel stoßen wir hier unterschwellig auf die Vorstellung von einem ewigen Gott, wenn sie in den genannten Sprichwörtern auch nur verschwommen zum Ausdruck kommt.

Während der Ahnengott in groben Zügen von der Volksweisheit beschrieben wird, wird der Gott des Neuen Testamentes von einer bestimmten Person, von Jesus Christus, dem gestorbenen und auferstandenen Sohn Gottes, geoffenbart. Unsere traditionellen Wahrsager verblassen vor Jesus und der Rolle, die ihm zukommt: seinen Gott, der auch der Gott der Gläubigen der neuen Zeit ist, zu verkünden und bekanntzumachen.

Dieser Jesus, ein Mensch, ein Jude aus Palästina, verkündet sich als Offenbarer Gottes. Wenn er spricht, tut er es mit erstaunlicher Autorität. Sein Wort erweist sich als schöpferisch und offenbarend. Er stellt die religiösen Institutionen, wie etwa den Sabbat, das Gesetz, den Tempel, in Frage. Er verfügt über den Sabbat (er macht sich zum Herrn des Sabbats). Dies ist die radikale Seite der Offenbarung Christi und in seiner Nachfolge auch die des Apostels Paulus.

Das Neue am Gott Jesu Christi ist auch die Liebe zu den Armen, den Enterbten (Mt 25, 31–46); und auch die Sorge um das brüderliche Teilen und die Solidarität unter den Kirchen, die Paulus ganz besonders betont.

Dennoch scheint der Gott der Ahnen ganz auf der Linie des Gottes des neuen Adam, unseres Herrn Jesus Christus zu liegen. Und zwar aus dem einfachen Grund, weil die Volksweisheit der *Yombe* nicht allein die Frucht des Nachdenkens unserer Väter ist; diese haben vorweg unter dem Handeln Christi, des ewigen Offenbarers des Vaters, und unter der Einwirkung des Heiligen Geistes gestanden. Das kommt im Brief an die Römer, 2, 14 f., insbesondere in Vers 15, deutlich zum Ausdruck: „Sie (die Heiden) zeigen damit, daß ihnen die Forderung des Gesetzes ins Herz geschrieben ist; ihr Gewissen legt Zeugnis dafür ab." Diese ewige Gegenwart Gottes in den Herzen der Menschen läßt uns die Verbindung herstellen zwischen der kosmischen Offenbarung und der höchsten Offenbarung, deren Urheber Christus ist, wie Johannes schreibt: „Niemand hat Gott je gesehen. Der Einzige, der Gott ist und am Herzen des Vaters ruht, er hat Kunde gebracht" (Joh 1, 18). Christus war bereits Afrikaner lange bevor wir sein Wort und sein Gesetz der Liebe erkannten, um hinfort nur noch aus Ihm zu leben. Denn er wurde eingesetzt als der notwendige Mittler zwischen Gott und den Menschen, zwischen Himmel und Erde.

VIERTER TEIL*

DU GEHST MIT UNS
IN DAS KOMMENDE JAHRTAUSEND

Christus in der Aktualität unserer Gemeinden

Von François Kabasélé

Bei den Bantu gehört ein neugeborenes Kind erst dann voll zur Familie, wenn es einen Namen erhält. Das gilt auch für den Fremden, der kommt, um bei ihnen zu wohnen: dem Namen, den er trägt, wird ein neuer hinzugefügt als Zeichen der Integration in das Milieu, das ihn aufgenommen hat. Das gleiche trifft auch auf Christus zu: die Bereiche, die wir bereits an früherer Stelle analysiert haben, machen dies deutlich. Wir brauchen hier nicht darauf zurückzukommen; doch scheint uns, daß wir diese Aufnahme in ihrer ganzen Weite besser ermessen können, wenn wir noch ein paar andere Titel Christi nennen, soweit wir sie aus den Liedern und Gebeten unserer Gemeinden und aus dem Leben und der Verkündigung der „Laien-Pastoren" neuer christlicher Gemeinden haben sammeln können. Diese Sammlung beschränkt sich naturgemäß auf Zaire, d. h. besonders auf zwei Gebiete, den Westen und die Mitte mit ihren jeweiligen Polen: der Hauptstadt Kinshasa und dem Kasai.

I. Verschiedene Titel

Hier zunächst einige Titel, die Jesus Christus in den Liedern und Gebeten der *luba-* bzw. *kasai*sprechenden Gemeinden gegeben werden. Wir unter-

---

* Die französische Ausgabe enthält in diesem Teil noch zwei weitere Beiträge von *Josaphat Hitimana:* Evangelium und Befreiung. Das Denken von Jean-Marc Ela; und von *Justin Bukasa Kabongo:* Jesus in den südafrikanischen Theologien. – Zum Denken von J. M. Ela siehe Band 10 der Buchreihe Theologie der Dritten Welt: Mein Glaube als Afrikaner. Das Evangelium in schwarzafrikanischer Lebenswirklichkeit (Freiburg 1987).

teilen sie in drei Rubriken: Titeln, die der Offenbarung entnommen (oder von ihr inspiriert) sind, ist ein B vorangestellt. Titeln, die aus der Bantutradition stammen, ist ein T vorangestellt, und mit BT sind diejenigen bezeichnet, die eine Synthese oder einfach ein Nebeneinander beider Traditionen darstellen.

Wir haben uns für eine alphabetische Reihenfolge entschieden; die Übersetzungen stammen von uns. Einige Titel bleiben im Originaltext, weil sie nur durch eine Umschreibung wiederzugeben sind. Bei den meisten traditionellen Titeln wäre ein Kommentar sicher hilfreich; er wurde jedoch nur da angefügt, wo er sich als unerläßlich erwies.

BT Ältester der Gesalbten *(Mulaba mukulu)*
B Liebhaber der Menschen *(cisua bantu)*
B Guter Hirte *(Mulami mulenga)*
T Schild-an-dem-die-Helden-zerbrechen *(ngabu wa ncibula bilobo)*
BT Häuptling (Herr) *(Mfumu – Mukalenga-Mulopo)*
B Geweihter Häuptling *(Mfumu wa cijila)*
T Auf-Gott-gestützte-Eiche *(Nsanga mueyemena Mulopo)*[1]
T *Cintu-wa-Ntumba:* gebräuchlicher Ausdruck für ein grandioses Wesen, eine wunderbare Natur; man könnte übersetzen: „Das Wunder der Wunder".
T *Citebwa-mukana:* im wörtlichen Sinne eine Sache, die man gerne erwähnt, über die man gerne spricht.
T *Citundu*-Sohn-von-oben: „*Citundu*" kommt von einem Verb, das eine Überraschungsaktion, eine überraschende Ankunft ausdrückt, auf die man nicht gefaßt war *(kutundubuluka)*.
T *Cinkunku*-der-die-Jäger-versammelt: „*cinkunku*" ist der Name eines Baumes mit gewaltig ausladenden Ästen, unter denen sich die Jäger vor und nach der Jagd versammeln.
B Tröster der Leidenden *(musambi wa bakengi)*
B Schöpfer des Lebens *(mufuki wa moyo)*
B Verteidiger *(musungidi)*
B Inhaber der Macht *(udi ne bumfumu)*
BT Gott *(Mvidi-Mukulu, Maweja, Mulopo)*
B Feuer-das-vom-Vater-kommt
B Sohn Gottes
B Sohn Josephs, des Zimmermanns
B Einziger Sohn *(mulela umue)*

---

[1] Vgl. das Kapitel „Christus als Häuptling", S. 64.

B   Fackel unserer Herzen *(cimunyi-cia-moyo-wetu)*
T   Ameise-am-Kopf-der-Reihe *(dijinda ntung'a mulongo)*: die „majinda" bewegen sich stets in einer langen Reihe fort. Wenn man die erste, (die „am-Kopf-der-Reihe"), ablenkt, dann gerät die ganze Reihe durcheinander; die Ameisen verbreiten sich dann über den ganzen Weg und behindern das Durchkommen.
BT Bruder
T   Ältester-Bruder (ältester-großer-Bruder) *(mukulu)*
T   Heiler *(nganga, ciondopa babedi, munganga)*
BT Führer *(mulombodi, Kaleja njila)*
T   Axt-die-die-Disteln-nicht-fürchtet *(kasuyi kacinyi nkelenda)*[2]
T   Held: verschiedene Luba-Titel entsprechen der Bezeichnung „Held": *cimankinda, cilobo, cilumbayi, kavunga biombo, mpanga wa manangananga, mvunda kavula by madiba, muanza-nkongolo* usw.[3]
B   Mensch-Gott *(muntu-Mulopo)*
T   Hacke-die-den-Dreck-nicht-fürchtet *(lukasu kacinyi munyoto)*
B   Jesus
B   Jesus von Nazaret
B   Löwe von Juda *(ntambu'a Yuda)*
B   Licht
B   Mittler *(mutuangaji)*
B   Messias *(Mesiyase)*
BT Von Gott „wiedergekommener-Toter" *(mufua mualuka wa Maweja)*: der Ausdruck „*mufua mualuka*"bezeichnet eine Person, die tot bzw. für tot gehalten war, aber ins Leben zurückkehrte; solche Personen sind oft von einem merkwürdigen Verhalten geprägt.
T   *Mpuila-Mambu* oder *Kamana-Mambu*: der zufriedenstellt, der sättigt, der überzeugt, in dem sich alles erfüllt ...
T   Ntita-der-Macht-und-Fürstentümer-verteilt
B   Eckstein *(dibua dia mu ditumba)*
B   Segensstein
T   Pfeiler *(cipanda)*
T   Erster Regen *(Kavulambedi)*; angewandt im Sinne des „Ältesten", der Anfänge und der Verehrung, von der sie umgeben sind
B   Großer Prophet *(Muambi munene)*
B   Vortrefflicher Priester

---

[2] Vgl. ebd. „Christus als Häuptling", S. 61.
[3] Ebd.

T Hartnäckiger-der-die-Menschen-liebt *(Dinyanu kananga Bantu)*[4]
B Retter *(Mupandishi)*
BT Sonne-die-die-Augen-blendet *(munja katokesha ba ku mesu)*
T Sonne-die-man-nicht-anstarren-kann *(diba katangila cishiki)*
B Quelle der Freiheit und des ewigen Lebens
T Erde-die-dem-Regen-keinen-Tribut-zollt *(Buloba kalambulu mvula)*: wie der Regen die Erde beschenkt, und nicht umgekehrt, so müssen auch wir ihm (Jesus Christus) unsere Gaben anbieten.
B Sieger
B Wort des Vaters *(Muaku wa Tatu)*
BT Lebendiger *(wa moyo, udi ne moyo)*
B Wahres Antlitz Gottes, des Vaters

Diese Liste ist in keiner Weise vollständig: nicht darin enthalten sind die Titel, die eigentlich dem Vater zukommen, obwohl sie von den Vorsängern zuweilen auch auf Christus angewandt werden. Alle diese Titel finden sich in den örtlichen Meßbüchern, die in der Luba-Sprache gedruckt sind, insbesondere in denen der Diözese Mbuji-Mayi und der Erzdiözese Kananga wie auch in Gesangbüchern, z. B. „*Tendayi Mulopo*" (Lobet den Herrn), die im Kasai benutzt werden.

Zunächst könnte man feststellen, daß die von der Bibel inspirierten Titel 50 Prozent ausmachen; die aus der Bantutradition stammenden Titel folgen mit 35 Prozent, während 15 Prozent aus beiden Traditionen hervorgegangen sind. So ist die Arbeit einer Synthese zwar angelaufen, doch scheint sie nur langsam voranzukommen. Für die betende christliche Gemeinde ist es zudem normal, daß die in der Hl. Schrift geoffenbarten Titel Jesu Christi den ersten Platz einnehmen.

Einige Titel verdienten eine nochmalige Überprüfung, wie z. B. „wiedergekommener-Toter", der nicht das besondere Merkmal von „Auferstehung" wiedergibt. Immerhin aber ist das Bemühen, das hier erkennbar wird, fruchtbar und vielversprechend.

---

[4] Vollständig wiedergegeben heißt diese Bezeichnung: „Hartnäckiger, der die Menschen liebt, den die Menschen aber unaufhörlich zurückweisen." Gott liebt den Menschen und ergreift immer wieder die Initiative, ihm sich anzunähern, dieser aber weicht den Annäherungen Gottes häufig aus.

II. Der Christus der „Bakambi" in Kinshasa

„*Bakambi*" ist ein Lingala-Wort und heißt soviel wie „Pastoren". Es diente zunächst zur Bezeichnung jener Laien, denen Kardinal Malula die kleinen Gemeinden anvertraute, die aus der Aufteilung oder dem „Platzen"[5] der früheren Pfarreien hervorgingen. Die Hauptstadt Kinshasa zählt ungefähr 3 Millionen Einwohner, die sich aus verschiedenen Volksgruppen zusammensetzen, die alle auf der Suche nach Beschäftigung und Modernität sind. Mit Studenten der katholischen Fakultät von Kinshasa haben wir bei den *Bakambi* und ihren Gemeinden eine Untersuchung durchgeführt, um zu entdecken, wer für sie Jesus Christus ist. Wir sind dabei wie folgt vorgegangen: wir haben die Stadt in drei typische Zonen eingeteilt und in jede Zone drei Studenten geschickt mit dem Auftrag, mit jeweils einem *Mokambi* (Singular von *Bakambi*) Kontakt aufzunehmen. Ein erster Besuch sollte dazu dienen, ein „Röntgenbild" des betreffenden *Mokambi* zu erstellen, das Aufschluß gab über seinen Beruf, seine Familie, seine Geschichte mit Gott, seine Vorlieben, Freuden und Leiden im Dienst der Kirchengemeinde. Zwei weitere Besuche galten der Gemeinde: Teilnahme an einer Arbeitssitzung, dann an einer Gebetsversammlung, die von dem verantwortlichen *Mokambi* geleitet wurden. Dann nochmals ein Gespräch mit dem *Mokambi*, um das Gesehene und Gehörte zu vertiefen und insbesondere präzise Fragen zu stellen: Welches sind die Rolle und der Platz Christi im Leben der Christen dieser Gemeinde? – Wie sieht das konkret aus: wie bekennen die Gläubigen Jesus Christus und wie leben sie aus diesem Glauben? Es würde zu weit führen, hier im einzelnen über diese Gespräche zu berichten; wir beschränken uns auf vier Gemeindetypen, deren Untersuchungsergebnis wir nur in den Schlußfolgerungen wiedergeben.

Die Gemeinde „*Elykia*"(Freude) liegt zwischen einem armseligen alten Barackenviertel und einem reichen und modernen Wohngebiet mit dem Namen „Mein Feld". Eine Frau von vierzig Jahren, Mutter von neun Kindern und Ehefrau eines Politikers, leitet die Gemeinde. Wegen der Erziehung ihrer Kinder und der Versorgung des Haushalts ist sie nicht berufstätig. Ihr Name ist *Ngoya*, aber man nennt sie allgemein „Mama Mokambi". Für sie und ihre Gemeinde ist Christus vor allem „*der Sohn*, der in der Lage ist, für uns vom Vater das zu erhalten, was wir brau-

---

[5] Diesen Ausdruck gebrauchte Kardinal Malula, als er diese Pastoralentscheidung auf der Konferenz „Die Kirche zur Stunde der Afrikanität" ankündigte.

chen."⁶ Er ist aber auch „der mit Macht ausgestattete *Häuptling*, demgegenüber jede Opposition zwecklos ist: er vermag alles Unheil zu besiegen." Und schließlich ist er „der *wahre Bruder (ndeko)*, d. h. derjenige, der in Freude und Leid bei uns bleibt und uns niemals im Stich läßt".

Das Wort „*Elykia*" bedeutet Freude, Stolz. Hat die Ungleichheit der Mittel in der Gemeinde etwas mit dieser Auffassung von Christus zu tun? Er ist ein Christus, dem es mehr um die Hilfeleistung zu gehen scheint; die Armen empfangen durch die Kinder der Reichen ... Der Sohn ist also der beste Fürsprecher. Auch wenn Christus Häuptling genannt wird, geschieht dies im Sinne des „starken" Mannes, des Siegers über alles Unheil ... Wenn er unser „Bruder" ist, dann nicht so sehr in dem Sinne, daß wir mit ihm Kinder Gottes geworden sind, sondern mehr in der Perspektive der Hilfe, die der *ndeko* (Bruder-Freund) gebracht hat, der dem Freundschaftsbund treu bleibt. Nicht von ungefähr bildet der karitative Einsatz für „Mama" *Ngoya* „die Offenbarung schlechthin der Gegenwart Christi in der Gemeinde ..."; „unsere karitative Arbeit sät Freude bei Reichen und Armen, sie ist der Stolz aller Gemeindemitglieder."

Einheitlich in ihrer sozialen Struktur ist die im Zentrum der Stadt gelegene Gemeinde „*Tolingana*" (ein Lingala-Ausdruck, der soviel bedeutet wie „laßt uns einander lieben"). Die Einwohner verfügen über ein Durchschnittseinkommen, das hart an der Armutsgrenze liegt. Es gibt viele kleine Handwerker in diesem Viertel; der „Mokambi" selbst ist ein ehemaliger Buchbinder der Stadtverwaltung. Er ist 60 Jahre alt, und man nennt ihn „Papa *Kapela*". Er hat sechs Kinder.

In diesem Handwerkermilieu sind die einzelnen Bewohner stark von der Erfahrung des Ältesten geprägt; von ihm lernt man den Beruf, von ihm wird man initiiert. So wird auch Christus zunächst und vor allem als der „*yaya*", der älteste Bruder, gesehen: „Er ist der erste der die Erfahrung als Gottessohn gemacht hat und der uns in das Dasein initiiert; er gibt das Beispiel, dem wir folgen müssen, er hat für uns den Weg gebahnt." „Durch ihn werden wir Kinder Gottes *(libota lya Nzambe)*, treten wir ein in die Familie."

In einer zweiten Perspektive wird Christus als der „Lebendigmacher, Spender des Geistes, Nahrung der Menschen" dargestellt; in der Tat „ist Jesus in jedem von uns gegenwärtig, um ihm den Heiligen Geist zu geben; dieser verleiht das entsprechende Wissen, den Mut, den Glauben, die Liebe zu Gott und zum Nächsten. Jesus ist in jedem von uns durch die

---

⁶ Vom Autor aus der Lingala-Sprache übersetzt.

Eucharistie als Nahrung des Lebens gegenwärtig."[7] Im Verlauf unserer Unterhaltung stellten wir fest, daß der „Mokambi" den Aspekt der „Nahrung" mit dem der Person Christi als dem Retter und dem zu unserem Heil dargebrachten Opfer verband ... In dieser Optik erscheint Christus vor allem durch die aktuellen Früchte, die er bringt (Nahrung-Heiliger Geist-Verlebendigung), als der Retter. Die Nachbarschaft zu den Kimbanguisten in diesem Stadtviertel ist sicher nicht ohne Einfluß auf dieses nachdrückliche Bemühen um die Aktualisierung der Früchte der Heilstat Jesu Christi gewesen.[8]

Die in einem der Armenviertel von Kinshasa angesiedelte „*Boyambi*"-Gemeinde (*boyambi* = Glaube) wird von der 45jährigen „Mama *Musuamba*", einer Mutter von 8 Kindern, geleitet. Als ausgebildete Erzieherin war sie in einem Alphabetisierungszentrum tätig, als sie 1976 vom zuständigen Pfarrer zur seelsorglichen Animation der Gemeinde berufen wurde. In dieser Aufgabe wird sie unterstützt von drei Männern: einem Stellvertreter, einem Sekretär und einem Finanzverwalter. In Anerkennung ihres Engagements wurde sie vor drei Jahren als „Mokambi" wiedergewählt. Unter den 9 Gemeinden der Hauptpfarrei „Unsere Liebe Frau" ist „*Boyambi*" die mit den wenigsten Gebildeten. Das macht sich auch in der Strukturierung und Organisation des pastoralen Lebens bemerkbar. Die Gespräche mit der Animatoren-Gruppe aber machten deutlich, daß man hier wirklich aus Jesus Christus lebte. Eine Ordensschwester berichtete über „Mama *Musuamba*": „Wenn ich gelegentlich außerhalb der Versammlungszeiten bei ihr hereingeschaut habe, konnte ich mit Händen greifen, wie aufgeschlossen und verfügbar sie gegenüber den Gemeindemitgliedern ist, die regelmäßig um irgendeinen Rat zu ihr kamen ... Durch das Leben dieser Animatorin habe ich den dienenden Christus entdeckt."

Für diese „Mokambi" und ihre Helfer ist unter den verschiedenen Gesichtern Christi das des „Pastors" (Mokambi) das anziehendste. Im Bewußtsein ihrer „Unfähigkeit" sind sie froh, daß es Christus selber ist, der durch sie die Gemeinde leitet: „Wir spüren in unserer Arbeit, daß Jesus wirklich der Herr und Meister, der eigentliche Animator dieser Gemeinde ist." Er ist der erste Bezugspunkt der Gemeinde; er gibt ihr Leben: „*moto azali kopesa biso bomoi*" (der uns lebendig macht). Mit der

---

[7] Vom Autor aus der Lingala-Sprache übersetzt.
[8] Ein Akzent, der gerne von den Kimbanguisten gesetzt wird, deren theologische Schule übrigens mitten in diesem Stadtteil liegt.

Vorstellung von Christus als dem *Herrn* und *Hirten* verbindet „Mama *Musuamba*" oft auch die des „Vorbildes" und des „Dieners", ohne die Verknüpfung zwischen beiden zu erklären. Es ist interessant zu beobachten, wie menschliche Mängel eine Gemeinde für ein bestimmtes Antlitz Christi sensibilisieren können, im vorliegenden Falle für den Christus, der der eigentliche Leiter, der „Pastor" ist, und für den demütigen, dienenden, armen Christus: „Wenn das Boot nicht kentert", so Mama *Musuamba*, „und das bei all unserer Unfähigkeit, dann nur, weil wir hinter uns den Meister und Herrn haben ... Er ist da; und wir begegnen ihm oft, auch bei den Armen, die wir besuchen ..."

Die vierte Gemeinde, die wir hier betrachten, hat ihren Namen von dem betreffenden Stadtviertel: „Zwanzigster Mai" (Gründungstag der zairischen Einheitspartei). Es ist ein wohlhabendes Viertel mit einem gutausgestatteten öffentlichen Verkehrsnetz. Hier hat sich auch die katholische theologische Fakultät in der Nachbarschaft des Sekretariats der Erzdiözese Kinshasa niedergelassen. Als Animator dieser Gemeinde trafen wir jedoch einen einfachen Mann an, einen ehemaligen Büroangestellten, 1922 geboren, verheiratet, Vater von sieben Kindern. Wir hatten noch Gelegenheit, mit ihm ein Gespräch über die, wie er sich ausdrückte, „tiefsten Dinge des Lebens" zu führen, bevor ihn zehn Tage später, am 16. März 1984, ein plötzlicher Tod dahinraffte.

In seiner Entdeckung Jesu Christi war „Papa *Elema*" von zwei Tatsachen des Evangeliums geleitet worden, die er persönlich nacherlebt hatte: der missionarischen Sendung und der selbstlosen Liebe Jesu, die bis zum Tod ging. Vom Pfarrer der Gemeinde als Animator ernannt, fühlte er sich von Christus „gesandt", um seine Brüder zu Jüngern zu machen. Diese Erfahrung ließ ihn in Christus seinen *Meister,* seinen *Häuptling* sehen, von dem er einen Auftrag, eine Sendung erhalten hatte. Und dies erfüllte ihn mit Freude: „Die Freude an diesem Dienst kommt in erster Linie von dem Satz, den Christus an seine Apostel gerichtet hat: ‚Geht hin und macht alle Völker zu Jüngern, tauft sie im Namen des Vaters und des Sohnes und des Heiligen Geistes'. Hierin liegt meine Freude, und für dieses gleiche Ziel (neue Jünger zu gewinnen) mühe ich mich ab, um meine Sendung zu verwirklichen."

Die zweite Tatsache bezieht sich auf die unendliche Liebe Jesu zu uns Menschen, eine Liebe, die bis in den Tod führte. Wenn Jesus für uns gestorben ist, dann muß er für uns „das liebste Wesen" sein. Persönlich hatte „Papa *Elema*" niemals jemanden sterben sehen stellvertretend für einen, den er liebte. Für ihn war Christus das liebste Wesen, um dessentwillen man zu jedem Verzicht, zu jedem Opfer bereit sein mußte. Bei einem Gebetstreffen zu Ende der Fastenzeit 1984 drückte er das so aus: „Warum müssen wir fasten? Ihr wißt, daß unsere Ahnen am Vorabend einer großen Jagd oder auch beim Tod des Vaters, eines Sohnes oder der Frau gefastet haben ... kurz, um desjenigen willen, der gestorben und der ihnen lieb und teuer war. Können dann wir Christen zögern, in die vierzigtägige Fastenzeit einzutreten um Christi willen, der gestorben ist, um uns aus der Sünde zu erretten und uns das Leben zu schenken?"[9]

Es lag nicht in unserer Absicht, hier eine Bestandsaufnahme zu machen von allem, was unsere Gemeinden in Zaire von Jesus sagen und denken: das erlaubte der Umfang dieses Beitrags nicht. So haben wir nur einige typische Beispiele herausgegriffen, die die Fülle der Arbeit ahnen lassen, die hier Gestalt annimmt. Die wenigen Schlüsse, die aus den hier zitierten Gesprächen und Begegnungen gezogen wurden, lassen erkennen, wie sehr der Glaube immer von anderswoher empfangen, zugleich aber aus den Fasern des konkreten Lebensbereichs eines jeden Gläubigen gewebt wird; und das gilt auch für die Grundelemente des Lebens eines Christen, nämlich für die Frage: „Und ihr, für wen haltet ihr mich?" (Mt 16,15). Überall und immer bleibt die Antwort des Petrus gültig, und doch wird sie mit dem Widerhall, den der Name Jesu Christi in aller Welt finden wird, immer wieder auf neue Weise erklingen.

---

[9] Von einem Studenten auf Tonband aufgenommen, vom Autor übersetzt.

Die Jugend spricht von Jesus*

Von André Ouattara

Man hat mich gebeten zu sagen, was die Jugend von Jesus denkt. Ich hielt es für das beste, die jungen Leute selbst zu Wort kommen zu lassen. Und zwar sollten die Antworten nicht im Rahmen einer systematischen Untersuchung, sondern auf ganz spontane und natürliche Weise gesammelt werden.

Meine zehnjährige Erfahrung als Diözesanjugendseelsorger in meiner Heimatdiözese Bobo-Dioulasso ist insofern neuartig, als sie nicht dem klassischen Vorbild der Jugendseelsorge in Kollegien und Bewegungen entspricht. Sie bezieht sich auf die große Masse der institutionell nicht erfaßten Jugendlichen aus allen möglichen Schichten der Bevölkerung in Stadt und Land. Diese Welt der Jugend, mit der ich in Kontakt stehe, ist also keine spezifische Einheit, und meine Aufgabe ist es, als Ratgeber für jeden ein offenes Ohr zu haben. Im Bereich der Animation stehen mir einige Jugendliche zur Seite, und wir arbeiten selbstverständlich auch mit den Seelsorgern der Kollegien und Bewegungen zusammen.

Bis auf gelegentliche und mehr partielle Evaluierungen hatte ich meine Arbeit bisher noch nie analysiert. Die vorliegende Reflexion gab mir die Gelegenheit, einen sicher nicht geringen Aspekt aus dem Lebensbereich der Jugendlichen zu präzisieren und zu vertiefen: den Glauben, genauer gesagt, ihren Glauben an Jesus Christus. Was die Jugendlichen mit ihren eigenen Worten dazu sagen und was im folgenden möglichst unverfälscht wiedergegeben werden soll, stammt größtenteils aus gemeinsamen Eucharistiefeiern, religiösen Festen und Besinnungstagen.

I. Ein Glaube auf der Suche nach Gott

Die jungen Afrikaner glauben im allgemeinen an Gott. Die meisten haben den Glauben sozusagen mit der Muttermilch mitbekommen, sei es,

---
* Der französische Originalbeitrag ist in der deutschen Übersetzung leicht gekürzt.

daß ihre Familien, vor allem in den ländlichen Gebieten, die Religion der Ahnen bewahrt haben, sei es, daß sie sich zum Christentum oder Islam bekehrt haben. Für diese Jugendlichen existiert Gott, wenn auch mehr oder weniger nahe.

Der Glaube des Jugendlichen trägt jedoch vor allem die Merkmale der Suche. Der junge Mensch strebt nach einem persönlichen Glauben, ganz gleich, ob er sich bisher, je nach der Religionszugehörigkeit seiner Eltern, entweder auf die traditionelle Religion, den Islam oder das Christentum berufen hat. Suche auch deswegen, weil die moderne Gesellschaft ihm zudem andere Denkrichtungen, wie Materialismus und Atheismus, anbietet. Einige Jugendliche, vor allem unter den gebildeten, versuchen, Gott auf eigene Faust zu entdecken, und zwar durch vernunftgemäßes Argumentieren, was sie im übrigen jedoch selten befriedigt. Der großen Mehrheit aber kommt es auch nicht einen Augenblick in den Sinn, ernstlich an der Existenz Gottes zu zweifeln, dafür werden sie in diesem Punkt zu sehr von ihrem sozialen Umfeld getragen.

Atheismus oder ganz einfach Freidenkertum sind daher mehr eine intellektuelle Attitude als eine tiefinnere Überzeugung. Was der junge Mensch anstrebt, ist, die Identität dieses Gottes besser zu erfassen, der sich ihm im Augenblick noch entzieht und Gegenstand seines Fragens und Suchens ist, um ihm sodann voll und ganz anzugehören.

Zur Veranschaulichung dieser Feststellung hier ein Gedicht, das ein Jugendlicher zur 50Jahrfeier der Diözese Bobo-Dioulasso (1978) verfaßt hat:

Die Entdeckung des Herrn
„Herr, Gott Jakobs, Gott Jesajas, Gott der Menschen,
wo bist du?
Wo verbirgst du dich?
Ich habe meine ‚bugo so' (Strohhütte) verlassen – Ich habe den weiten Raum
　durchlaufen,
Ich habe alle Horizonte befragt – Ich komme, dich zu besuchen,
Mich dir zu Füßen zu werfen – Oh! Retter der Welt...,
Ich habe gehört, daß du hierher gekomen bist – vor 50 Jahren; ja,
Es sind 50 Jahre, daß ich dich suche,
Ich habe gehört, daß du mit Männern gekomen bist,
Ich habe den Pater de Montjoie, Bischof Lesourd, genannt.
Sie sind hier anwesend.
Aber du, Herr, wo bist du?
– Da!... Da!... Da!... Aber wo denn, Herr?
– Ich bin in deinem Geist, Ich bin in deinem Herzen,
Ich bin in deinen Worten – Ich bin in der Kirche,

Ich bin in der Moschee, – Ich bin in der Fetisch-Hütte,
Ich bin in der Menge ... – Ich bin überall ... in allem.
Ich bin der Un-sicht-ba-re.
Ich werfe mich dir zu Füßen, Herr, du bist mein alles.
Kein anderer in dieser Welt verdient diese Ehrerbietung.
Denn deine Gottheit ist unendlich.
Du bist der Schöpfer – Du weißt alles,
Du machst alles – Du kannst alles,
Du, der meine Schritte lenkt.
Ich nenne dich Wourô (bobo) – Ich nenne die Windé (moore),
Ich nenne dich Allah (jula) – Aber vor allem: All-Mächtiger.
Die einen sprechen von deiner Güte,
die anderen von deinem Nicht-Sein und von deiner Bosheit,
Ich weiß nur, daß du immer unsichtbar bist, unsichtbar,
gegenwärtig in allem Dasein.
Ich anerkenne dein Wissen und deine Macht.
Du kannst allen das Leben geben.
Du kannst das Glück vermehren – Wie auch das Unglück,
Du machst den Regen – Du machst das schöne Wetter – Aus Gnade.
Hab Erbarmen mit mir, du, der du über die Nächte wachst,
Hab Erbarmen mit mir, du, der du über die Tage wachst,
Du wachst über uns bei Nacht und bei Tage – Oh! Ihr Zeichen!
Zeichen ist der Fetisch des alten Tounouma;
Zeichen das Kreuz, das wir verehren. – Die dunkle Kirche ist Zeichen;
Zeichen der Besuch des Priors. – Der unbestrittene Glaube,
Alles ist Zeichen deiner Gegenwart.
Herr, Meister des Universums,
Gott der Muslime – Gott der Atheisten,
Gott der Katholiken – Gott der Fetischisten,
Gott der Marabuts – Gott der Wodus – Gott der Götter,
Sei mein Licht und mein Heil
An der Schwelle dieses fünfzigsten Jahrestages."

Soweit der poetische Ausdruck des Glaubens eines jungen Afrikaners der dritten Christengeneration. Er hat den Glauben von seinen bereits christlichen Eltern empfangen, und er hat ihn auch durch den Katechismus und die Bibel entdeckt. Dieser Jugendliche betont hier besonders den Beitrag der Missionare, durch deren Vermittlung das Evangelium Jesu Christi vor einem halben Jahrhundert (1928–1978) in das Gebiet der heutigen Diözese Bobo-Dioulasso gekommen ist. Er macht offensichtlich keinen Unterschied zwischen dem Gott Jesajas, Jakobs und Jesu Christi, des Retters der Menschen.

Andererseits ist der Gott, von dem er spricht, der Gott aller Menschen und aller Religionen: hier wäre auf einen Aspekt des Glaubens der meisten Afrikaner zu verweisen, den besonders auch die junge Generation teilt, nämlich, daß wir Menschen alle den gleichen Gott haben, einen einzigen Gott.

Daraus ergibt sich mitunter für den Jugendlichen die Versuchung eines Synkretismus, besonders in den ländlichen Gebieten, wo der Übergang mit der traditionellen Religion zum Christentum viele Brüche mit dem alten Brauchtum und vor allem viel Unterscheidungsvermögen erfordert. Wie der junge Dichter sagt, neigt die traditionelle afrikanische Mentalität dazu, die Gegenwart Gottes in allem zu entdecken, was für sie Zeichen ist.

Zweifellos sucht der junge Mensch den wahren Gott, den Gott Jesu Christi, den zu verkünden die Missionare vor 50 Jahren nach Bobo Dioulasso kamen. Hierzu nun das Zeugnis eines Jugendlichen über den Weg seiner Suche nach Gott:

„Würde man mich nach dem Grund meines Glaubens an den Höchsten Gott und Schöpfer fragen, dann würde ich wie folgt Rechenschaft geben: Mein Glaube ist zunächst einmal ein Erbe, das ich von der Gesellschaft empfangen habe. Als Kind einer animistischen Familie hatte ich das Glück, Eltern zu haben, die fest an einen Schöpfergott glauben, dem sie alles, sogar ihr Leben, verdanken. Von daher lernte ich einen geheimnisvollen, fernen Gott kennen. Ich glaubte an seine Wohltaten, fürchtete aber parallel dazu auch sein strafendes Einschreiten gegenüber jenen, die ihn beleidigten. Aber die Dinge sollten sich bald ändern.

Seit meinem Eintritt in die 6. Klasse im Kolleg der Schulbrüder habe ich Gott unter anderen Aspekten kennengelernt. Zweifellos ist es derselbe Gott; aber eines ist sicher, er ist viel weniger geheimnisvoll und mehr freundlich als streng; es ist eine andere Auffassung von Gott als die, die meine Gesellschaft mich lehrte. Jetzt wird dieses Erbe nicht länger etwas sein, das ich wie ein Schicksal trage, sondern ein persönliches Leben, das ich versuche aufzubauen. Ich habe mich jetzt wirklich auf die Suche nach Gott gemacht; ich habe angefangen, ihn ohne jeden Komplex „Vater" zu nennen. Zur Belohnung fühlte ich mich ihm immer näher, so als ob er auf diesen Anruf hin zu mir käme; das konnte meinen Glauben an ihn nur festigen. Mehr noch, ich glaubte nicht nur an ihn, ich hatte auch Vertrauen zu ihm, und als inzwischen Getaufter hoffe ich von Tag zu Tag mehr auf ihn. Was mich in meinem beginnenden Engagement bestärkte, kam auch aus der Bibellesung, aus dem, was die Evangelien vom Leben und glorreichen Tod Jesu berichten. Das Geheimnis der Martyrer vertiefte meinen Glauben an die Existenz eines Gottes, der uns ermutigt,

Schwierigkeiten zu überwinden und widerstandslos selbst einen schmerzvollen Tod zu lieben.

Auch die Selbstlosigkeit und der Verzicht des Ordenslebens zwingt zum Nachdenken: das kann sicher kein bis heute unbemerkt gebliebener Irrtum sein, den so viele Männer und Frauen mit ihrem Glauben an Gott und der Ganzhingabe ihres Lebens an ihn begangen hätten. Immer wenn ich auf dem Hintergrund der Kultur, die ich mir auf dem Weg über die Schule angeeignet habe, meditiere, wird mir bewußt, daß die Welt zu schön, das Leben in all seinen Äußerungen zu vielgestaltig ist, als daß es die Frucht eines reinen Zufalles sein kann, wie einige glauben. Natürlich ist dies meine persönliche Auffassung, die auch ein Irrtum sein kann; auf jeden Fall aber ist sie ein Unterpfand meines Glaubens an diesen Gott der *Liebe*. Im übrigen, wenn die Wissenschaft die Existenz Gottes nicht zu erhellen vermag, ist das nicht die geheime Manifestation seiner Macht, seines Geheimnisses gegenüber einem kleinen, vorwitzigen Hirn: dem des Menschen?

Für mich geht es nicht darum, die Wahrheit all dieser Thesen, die meinem persönlichen Glauben an diesen Gott innewohnen, zu demonstrieren; es ist vielmehr die persönliche Überzeugung, die mich drängt, meinem Leben einen Sinn zu geben, es zu vergeistigen. Wenn man sich nämlich vom Tier nur durch die Intelligenz unterscheiden wollte, ohne den moralischen und den spirituellen Aspekt des Menschen, dann würde man sich immer noch in der Nähe des Affen befinden; und darum möchte ich alle zum Glauben an Jesus Christus auffordern, um durch ihn gerettet zu werden."

Zweifellos ist das Gottesverständnis dieses jungen Afrikaners – und nicht weniger sein Verständnis des Christentums! – noch recht verschwommen. Er hat zwar Elemente der Katechismuslehre und Aspekte des christlichen Lebens aufgenommen, sie aber noch nicht assimiliert und personalisiert; die Koexistenz mit der traditionellen Religion, dem Islam und den verschiedenen Strömungen des modernen Denkens machen ihm die Reflexion nicht gerade leicht.

Immerhin aber hat dieser zum Christentum bekehrte Jugendliche auf seiner Suche bisher Jesus Christus und den Gott der *Liebe* entdeckt. Die Person Jesu Christi bleibt für die afrikanischen Jugendlichen oft ein Rätsel oder zumindest zeigt sich ihnen Jesus Christus in mancherlei Gesichtern, die miteinander zu vereinbaren ihnen nicht immer gelingt.

II. Und ihr, wer ist Jesus Christus für euch?
(vgl. Mt 16, 13–20)

Wir haben diese Frage einer Gruppe von Jugendlichen der 3. Klasse des Kollegs während eines Einkehrtages gestellt. Die Teilnehmer hatten sich in fünf Gruppen unterteilt. Hier ihre Antworten:

1. Gruppe

Jesus Christus ist ein Lebendiges Wesen.
Er ist der Sohn des Lebendigen Gottes.
Er verkündet den Menschen die Frohe Botschaft.
Er heilt die Kranken.
Er tröstet die Armen.
Er stirbt am Kreuz zur Vergebung der Sünden der Menschen.

2. Gruppe

Aus dem Katechismus, bei der Messe haben wir gelernt, daß Jesus Christus der Sohn Gottes ist.
Für uns ist Jesus Christus die Quelle unseres Lebens.
Er ist am Kreuz gestorben aus Liebe zu den Menschen.
In unserem Leben *gegenwärtig*.
Bleibt für uns ein Fremder.
Man muß den Glauben haben, um zu wissen, wer Jesus Christus ist.

3. Gruppe

Er ist ein großer Bruder, der uns zu Gott dem Vater führt, wenn ich tue, was dieser Bruder von mir verlangt.
  Ich neige dazu, die Existenz dieses Bruders zu leugnen, d. h. ich vermag nicht zu glauben, daß er der Sohn Gottes ist.
  Jesus ist für mich ein Gott, weil ich durch das, was meine Eltern und Erzieher mich gelehrt haben, an ihn glaube.
Jesus ist mein Retter; er
– befreit mich vom Bösen und gibt mir neue Kraft;
– ist Mittler zwischen Gott und mir;
– hat mir das Leben gegeben;
– ist Sieger über den Satan;
– herrscht über Himmel und Erde;
– schenkt mir die Verzeihung des Vaters.

4. Gruppe

Jesus ist der Retter der Menschheit; er
- führt uns zu Gott seinem Vater, läßt uns jedoch die freie Entscheidung;
- ist ein wahrer Freund, in den man sein Vertrauen setzen kann. Ich vertraue mich ihm an (Kummer/Freude), aber oft vergesse ich ihn auch eine Zeitlang, dann klagt mich mein Gewissen an. Er ist das ewige Leben, wenn man ihn als Kamerad und Bruder annimmt.

Er führt zur Einheit.

Daß doch die Mädchen das Antlitz Christi widerspiegeln mögen.

5. Gruppe

Das läßt uns nach dem Geheimnis unseres Daseins und unseres Schicksals suchen.

Sohn Gottes, Einziger Sohn Gottes.

Messias.

Der als Retter gesandt wurde.

Gestorben für uns – Weg, Wahrheit, Leben.

Quelle unseres Lebens.

Vor seinem Tod hat er Wunder gewirkt, um uns zu zeigen,

daß er wirklich existiert.

Geheimnis unseres Daseins.

In diesen Antworten macht sich der Einfluß des Katechismus bemerkbar, und zwar ganz deutlich bei der 2. Gruppe; auch das Hören oder Lesen des Wortes Gottes schlägt sich hier nieder.

Einige Antworten aber lassen eine lebendige Glaubenserfahrung erkennen. Man könnte sagen, daß Jesus Christus im Leben der Jugendlichen gegenwärtig und zugleich abwesend ist, wie ein „Fremder". Er ist „Quelle ihres Lebens", bleibt aber auch ein Geheimnis für sie, vor allem als Sohn Gottes.

Nichtsdestoweniger aber ist das Antlitz Jesu, das die Jugendlichen vor allem vor Augen haben und das sie am stärksten anspricht, das des Lebens. Daher auch die Titel, die sie ihm geben: Freund – Liebe – Führer – Vertrauter – Lebendiger – Wahr – Bruder – Kamerad – Symbol der Einheit – Spender des Verzeihens – Vermittler – Heiler – Tröster – Lebensquelle – Großer Bruder – Sieger – Retter – Weg – Wahrheit.

Für zahlreiche junge Afrikaner aller Kategorien ist der Name Jesu Christi gleichbedeutend mit Veränderung, Entwicklung, Befreiung. So legt ein Katechumene, wenn er die Heilige Taufe empfangen hat, großen Wert darauf, mit seinem neuen Vornamen, seinem Taufnamen angeredet zu werden, und im Bobo-Milieu war es Sitte, daß derjenige, der einen Neugetauften noch mit seinem alten, sogenannten „heidnischen" Namen anredete, zu einer Wiedergutmachung verpflichtet war.

Zur Taufe gelangt zu sein, das heißt, frei geworden zu sein von den Zwängen der Ahnentradition, das heißt sich öffnen für ein neues Leben.

Wieviele Jugendliche aus muslimischen Familien streben nicht zum Christentum, möchten gerne Kreuze tragen und die Bibel lesen!

Einer von ihnen schrieb mir folgendes: „Möge unser Herr Ihr Führer und das Licht auf Ihrem Weg sein! Das Heilige Kreuz Jesu Christi sei allezeit mit Ihnen! Ihr Bruder in Jesus Christus."

Hören wir noch andere Zeugnisse junger Leute, die uns sagen, wer für sie Jesus Christus ist.

1) Er ruft in ihnen das Gebet hervor

Jesus Christus mein Retter
„Herr Jesus, ohne dich bin ich nichts,
Mach, daß hier alles zum Guten geschieht.
Erfülle mich mit jener Liebe, die du uns erwiesen hast
An dem Tag, als du dich für uns geopfert hast.
Daß ich meinen Kameraden die gleiche Liebe erweisen kann,
Eine Liebe, die der deinen ähnlich ist; die wahre Liebe,
Eine Liebe in Armut, Abhängigkeit und Demut,
So wie du sie für uns gehabt hast in deiner göttlichen Güte."

2) Christus antwortet auf die Fragen der Jugendlichen

Wer sagt mir die Wahrheit?
„In diesem Tasten, in diesem Gespaltensein meines Wesens, in diesem Mangel an Verständnis, den ich zwischen den Erwachsenen, meinen Eltern und mir gegenüber diesem Problem (Beziehungen zwischen Jungen–Mädchen) feststelle, glaube ich, daß Christus meine erste Wahrheit ist und er allein mich dazu bringen kann, auf meine Eltern und die Erwachsenen zu hören. Er allein kann mir Feingefühl, Offenheit, Vertrauen, Beherrschung schenken und alle Zweideutigkeit aus meinen Beziehungen verbannen."

3) Jesus wird als eine Gegenwart gesehen, die beruhigt und tröstet.

Mein Gebet
„O Herr, meine Augen suggerieren mir deine Gegenwart,
Meine Hände möchten dich fassen,
Und meine Lippen erwarten deinen Kuß.

O Herr Jesus, ich erkenne in dir
Den Sohn Gottes, der für meine Sünden starb.
Herr, ich bin nur ein Sünder,
Der das Böse bereut, das er getan hat.
Ich bekenne. – Herr, wenn es dir gefällt, verzeih mir."

III. Hat also Jesus Christus seinen Platz im Leben der Jugendlichen?

Die Antwort auf diese Frage könnte die logische Schlußfolgerung der vorausgegangenen Gedanken bilden. Sehen wir jedoch lieber, wie die Jugendlichen selbst diese Antwort in ihrem Handeln leben und entdecken. Sie drücken ihren Glauben nämlich mehr im engagierten Handeln als in verbalen Bekundungen aus.

1) Viele von ihnen beteiligen sich an der *liturgischen Animation* vor allem im Chor und durch Lesungen bei der Meßfeier.

Hören wir, was ein Harmoniumspieler dazu sagt:

„Ich kann nicht genau sagen, wie lange ich bei der Gestaltung der Messen im allgemeinen und besonders der Jugendmessen mithelfe. Diese Aufgabe ist für mich sozusagen eine Berufung, auf jeden Fall kein bloßes Vergnügen oder eine Weise, mich zur Schau zu stellen. Und ich möchte immer wieder ermutigt werden, auf diesem Weg fortzufahren, der für mich gewissermaßen mein Leben in Christus inmitten dieser christlichen Jugend ist."

Es kommt auch vor, daß sich bei den Jugendmessen der eine oder andere Teilnehmer an seine jungen Brüder wendet und sie zu einem echten christlichen Leben ermahnt:

„Der Glaube muß in uns wachsen, aber wie? Indem wir uns vom Wort Gottes ernähren, zur Messe gehen, unser christliches Leben da leben, wo wir wohnen und arbeiten. Wir müssen uns Jesus zum Vorbild nehmen, der aus Liebe zu uns gestorben ist. Wie können wir diesem Beispiel folgen? – Indem wir uns vom Wort Gottes inspirieren lassen... Ich glaube, daß wir, wenn wir so handeln, *junge Zeugen Christi* genannt werden. Wir können unsere Freunde aus anderen Religionen durch unser Tun Christus entdecken lassen, sei es in der Freizeit, bei der Arbeit oder in unseren Familien..."

In zahlreichen Stadtvierteln von Bobo haben sich beispielsweise junge Christen mit jungen Muslimen zusammengetan, um Arbeiten für das Gemeinwohl ihrer Stadtviertel durchzuführen. Zudem organisieren die Jugendlichen Besuche im Krankenhaus oder im Gefängnis, geben arbeitslosen Kameraden materielle oder moralische Unterstützung usw.

2) Jesus erscheint also als ein *Vorbild,* dem zu folgen ist und der eine neue Welt entstehen läßt; die Jugendlichen fühlen sich angesprochen, mit ihm zusammenzuarbeiten.

„Unser Glaube an Jesus Christus den Erlöser muß in der Welt von heute Gestalt annehmen durch ein konkretes Engagement im Namen der Liebe, der Wahrheit und der Gerechtigkeit."

„Glauben heißt Christus begegnen" sagt ein anderer Jugendlicher.

3) Jesus wird als jemand betrachtet, der zur *Veränderung des Lebens* herausfordert:

„Durch ihr Leben der Liebe und ihren Glauben brachten die Apostel viele dazu, an Jesus zu glauben und ihr persönliches Leben verändern zu wollen. Muß unsere Gesellschaft junger Christen nicht auch in anderen den Wunsch wecken, Jesus kennenzulernen und ihr Leben zu verändern, um ihm zu folgen?"

4) Jesus ist nicht mit Mohammed oder Gandhi zu vergleichen. Für eine gewisse Anzahl stärker engagierter Jugendlicher steht Jesus Christus wirklich im Mittelpunkt ihres Glaubens:

„Der Glaube ist weder die Lehre noch die Moral, die auf den Straßen und in den Kollegien gelehrt wird; es geht vielmehr darum, ein vorbildliches Leben wie Jesus Christus zu leben, so wie wir es aus den Evangelien kennen. Christ sein, Jünger Jesu sein, das heißt an eine neue kommende Welt glauben, das heißt, an einen Erlöser glauben."

Wenn man die Jugendlichen unvermittelt fragt: „Wer ist die Quelle und der Mittelpunkt eures Glaubens?", dann, glaube ich, wären viele von ihnen verlegen zu antworten: „Das ist Christus, der gestorben und auferstanden ist, um uns zu retten" (vgl. 1 Kor 15,17). Würde man sie aber fragen: „Wen zieht ihr vor: Mohammed, Gandhi oder Jesus?" dann käme sicher ohne Zögern die Antwort: „Jesus."

Auch ohne dies ausdrücklich zu sagen, ist Jesus für sie der Sohn Gottes; er ist Gott im Unterschied zu Mohammed oder Gandhi, die nur Menschen waren.

Andererseits bedeutet der Begriff „Fremder", der in den Zeugnissen vorkommt, nicht, daß Jesus mit ihrem Leben nichts zu tun hätte und sie nicht interessierte. Wenn die Jugendlichen sagen, daß Jesus ein Fremder ist, dann heißt das für sie, daß sie sich seiner Gegenwart bei ihnen nicht immer bewußt sind, daß sie ihn mitunter auch vergessen. Betrachtet man aber ihr konkretes Engagement im Dienst der Kirche, dann sieht man, wie es in Wirklichkeit doch ihr Glaube an Jesus Christus ist, der sie zum Handeln treibt.

In einem Evaluierungsbericht über die Aktivitäten der Jugend im Jahre 1978 heißt es: „Die Jugendlichen sind sich dessen bewußt geworden, daß Jesus Christus etwas mit ihrem Leben zu tun hat. Sie haben Interesse an einem christlichen Leben gezeigt. Es gab wirklich den Anruf des Heiligen Geistes an die Jugendlichen und ihrerseits tatsächlich den Wunsch, auf diesen Ruf zu antworten."

Im Gegensatz zur gängigen Meinung, die Jugendlichen beten nicht gern, konnten wir bei Pilgerfahrten zur Fastenzeit im Verlauf der abendlichen Gebetsstunden ihre ausgesprochene Freude am Beten feststellen. Jedesmal, wenn die Liturgie von ihnen vorbereitet wurde und sie sich angesprochen fühlten, waren die Liturgien lebendig und für die Jugendlichen eine Gelegenheit, ihren Glauben zum Ausdruck zu bringen. Bei solchen Gelegenheiten haben wir die aussagestärksten Glaubenszeugnisse sammeln können.

Hier einige Antworten, die junge Leute beim letzten Diözesanjugendseminar (7.–8. Januar 1984) auf die folgende Frage gaben: „Welchen Sinn sollen wir eurer Ansicht nach unserem sozialen, politischen, religiösen und auch kulturellen Engagement geben?"

Die Antworten:

1. Gruppe:
„In unserem gesamten Engagement sollten wir immer als wahre Boten Christi erscheinen.

Wenn christlicher Geist uns leitet, dann werden wir den Mut haben, Schwierigkeiten zu begegnen und in Gerechtigkeit vorzugehen."

2. Gruppe:
„Der Christ muß im Licht des Evangeliums handeln."

3. Gruppe:
„Der Christ muß sich gewissenhaft bemühen, alle seine Arbeiten gut zu erfüllen.

Er muß überall und jederzeit Zeugnis geben für seinen Glauben als Christ."

4. Gruppe:
„Unser Engagement auf politischer, sozialer und kultureller Ebene muß immer eine religiöse Einstellung widerspiegeln."

Alle diese Antworten, die sich jeweils auf eine aktuelle Frage bezogen, lassen die Sorge der Jugendlichen erkennen, ihre christliche Identität zu wahren, und ihren Willen, überall und jederzeit Zeugen Jesu Christi zu sein.

Jesus Christus ist also kein Fremder für die Jugendlichen. Sie leben die christliche Erfahrung, ohne sich der Gegenwart Christi bei ihnen jedes Mal bewußt zu sein. Mit „Fremder" meinen sie wohl eher das „Geheimnis" oder das „Geheimnisvolle": etwas, das in ihrem Leben zwar gegenwärtig ist, das sie jedoch übersteigt.

Die Jugendlichen sind also unterwegs zur Entdeckung des Geheimnisses Jesu Christi, zur *Entdeckung Jesu Christi* selbst.

Eben hieraus erklären sich die Widersprüche, die sich in ihren Aussagen und Einstellungen feststellen lassen. Sie möchten sich voll und ganz in der Nachfolge Christi engagieren, müssen aber wohl oder übel ihre Grenzen feststellen.

Es gibt unter den Jugendlichen den aufrichtigen Willen, sich an Christus zu binden und sich ihm ganz anheimzugeben:

„Herr, ich schenke dir mein Leben.
Ich liebe dich über alles.
Ich möchte dir immer folgen.
Sprich zu mir, sprich zu mir, o Herr.
Ich höre, o Herr, ich höre auf dich;
Ich bin bereit, dir zu dienen und dir zu gehorchen."

Diese nunmehr zehnjährige Erfahrung unter der Jugend unserer Diözese hat uns zur Ausarbeitung einer geistlichen Pädagogik im Sinne der *Verklärung* oder der Tabor-Erfahrung geführt (Mk 9, 2–10).

Es geht uns darum, den jungen Menschen dahinzuführen, Christus zu entdecken und sich an ihn zu binden. Christus soll für ihn das Vorbild sein, dem er folgt und das er in seinem eigenen Leben verwirklicht. Christus soll für ihn die Quelle seines Glücks sein bis hin zur Bereitschaft, sein Leben für ihn hinzugeben.

Dazu müssen wir mit den Jugendlichen sozusagen den Weg zum Tabor gehen, um mit ihm gemeinsam die Erfahrung nachzuerleben, die Christus mit seinen Aposteln Petrus, Jakobus und Johannes am Tag seiner Verklärung gemacht hat, d. h., wir müssen

– die Jugendlichen im Rahmen ihrer Interessen ansprechen und sie dazu bewegen, zusammenzukommen: „Er nahm Petrus, Jakobus und Johannes mit sich";

– sie hinführen zum Hören und Meditieren des Wortes Gottes: „Dies ist mein geliebter Sohn";
– sie das Antlitz Jesu Christi entdecken lassen: „Sein Antlitz erstrahlte vor ihnen";
– sie ihre Freude, ihre Danksagung und ihren Lobpreis auf die ihnen eigene Weise ausdrücken lassen: „Hier ist gut sein; hier laßt uns drei Hütten bauen";
– sie mit der Frohen Botschaft und mit Ihm im Herzen in ihr eigenes Leben und zu ihren Brüdern senden.

Auf solche Weise erneuert, vermögen die Jugendlichen die Welt umzuwandeln, so wie es einer von ihnen ausdrückte:

„Das Gebet hat alles verändert:
In mir leuchtet ein neues Herz.
Herr, du hast mich bei der Hand genommen,
Und du tauchst mich ein in den Geist deines Lichtes.
Herr, vermehre in mir den christlichen Glauben.
Herr, gib mir, dich immer wieder zu bitten.
Gib mir, in deinem Licht zu wandeln,
Daß der Heilige Geist aus mir eine Opfergabe
deiner Herrlichkeit mache."

Afrikanische Frauen sprechen von Jesus

René Luneau im Gespräch mit Bibiana Tshibola und Yvette Aklé

Vorbemerkung

Man wird bemerkt haben, daß alles bisher Gesagte sozusagen „im Maskulinum" abgefaßt war, weil es sich um Theologie handelte und diese bis heute in Afrika eben im Maskulinum gedacht und geschrieben wird. Sie ist noch immer eine Art Monopol, das exklusiv von den Klerikern behauptet wird, woraus sich weitgehend auch deren Vormachtstellung in den Gemeinden erklärt. „Theologisches Wissen", so Sr. Agathe K., „wird nur in den Großen Seminaren vermittelt, und die Priester sind die einzigen, bei denen man dieses Wissen voraussetzt."[1]

Von daher erscheint die an die Christinnen Afrikas gerichtete und auf Jesus bezogene Frage: „Und wer ist er für euch?" ungewöhnlich, wenn nicht gegenstandslos. Was sollen sie schon dazu sagen, da sie ja doch über kein anerkanntes Wissen verfügen? Kann man da viel mehr als Anekdoten erwarten? Gewiß, es kommt mitunter vor, daß eine afrikanische Christin, befragt nach der Hoffnung, die sie erfüllt (vgl. 1 Petr 3, 15), bereit ist, Zeugnis zu geben, wie jene Siebzigjährige aus der Elfenbeinküste, die mit folgenden Worten von Jesus sprach:

„Ein Sprichwort bei uns sagt: ‚Wenn du ein Stück Land gerodet und Bäume gepflanzt hast und deine Pflanzung Frucht trägt, dann sind, wenn du die Ernte siehst, alle Anstrengungen längst vergessen.' Für mich ist Jesus Christus der lebendige Sohn Gottes, der gekommen ist, die Menschen zu erlösen, und als ich die Kirche gesehen habe, habe ich mir gesagt, daß die Arbeit, die er geleistet hat, nicht umsonst war."[2]

So gibt die Ernte Zeugnis von dem, der die Erde bestellt hat, und die Kirche für Den, der sie gezeugt hat. In diesem Gedanken steckt, wenn

---

[1] Äußerungen während einer Arbeitstagung in Paris im Juni 1983.
[2] *M.-Th. Abran Nzobia*, in: Chemins de chrétiens africains (von R. Deniel gesammelte Äußerungen), Heft 10: Femmes et Jeunes (Abidjan: INADES, 1983) 9. Viele der in diesem Heft zusammengefaßten Interviews sind bemerkenswert.

auch weit entfernt von akademischer Lehre, mehr Theologie als es den Anschein hat.

Im übrigen versteht es sich von selbst, daß dieses Reden von Jesus keinerlei Chance hat, einheitlich zu sein, und dadurch viel von seiner Überzeugungskraft einbüßen wird.

„Die Antworten", sagt Sr. Agathe K., „können sehr unterschiedlich sein je nachdem, ob die Befragte Laiin (Familienmutter, Unverheiratete) oder Ordensfrau ist. Es ist schwierig, zu einer gemeinsamen Sprache zu kommen. Man kann in der Stadt oder auf dem Land leben, man kann Schulbildung und eine gewisse theologische oder geistliche Bildung haben oder auch nur die üblichen Gebete kennen und seinen Kindern nichts weiter zu vermitteln haben."

Wenn man dazu bedenkt, daß die kirchlichen Traditionen oft sehr unterschiedlich sind und innerhalb ein und derselben afrikanischen Tradition der Status der Frau noch lange nicht der gleiche ist[3], lohnt es sich dann überhaupt, an die afrikanischen Christinnen die Frage zu richten, die diesem Buch zugrunde liegt: „Und ihr, wer ist für euch Jesus Christus?" Ist eine solche Frage nicht reichlich verfrüht? Was wird man schon groß erfahren, das man nicht längst weiß?

Die Relation des folgenden Interviews[4] rechtfertigt, so kurz es ist, die Zweckmäßigkeit dieses Vorgehens. Weder Bibiana Tshibola, Ordensschwester aus Zaire, noch Yvette Aklé, Familienmutter aus Togo, die seit Jahren in der Sonntagsschule ihrer (nichtkatholischen) Kirche mitarbeitet, sind anerkannte Theologinnen. Trotzdem waren sie bereit, auf die ihnen gestellten Fragen zu antworten und zu versuchen, das Wesentliche ihrer Glaubensüberzeugung zum Ausdruck zu bringen.   René Luneau

Interview

R. Luneau: Die Bibel geht mit den Frauen oft nicht gerade liebevoll um: so als ob man die unbesonnenerweise von der Frau gepflückte verbotene Frucht aus dem Garten der Genesis im Laufe der Geschichte immer noch nicht verdaut hätte ...

---

[3] Während in der Elfenbeinküste, wie Pierrette A. berichtet, eine Frau noch allen Mut zusammennehmen muß, wenn sie das Wort ergreifen und sich Gehör verschaffen will (niemand bittet sie darum), ist der Platz, der der Frau im Leben der Gemeinde zukommt, in Kinshasa kein Gegenstand der Diskussion mehr.
[4] Arbeitstagung in Paris, 26. November 1983.

Y. Aklé: Es ist wahr, daß in der Bibel die Frau diejenige ist, die die Sünde in die Welt bringt. Aber sie ist durch die Geburt Jesu rehabilitiert worden. Ist sie auch Trägerin der Sünde, so ist sie doch erwählt worden, Mutter des Erlösers zu werden. Das ist sehr wichtig. Jesus selbst geht auf die Frau zu – und auf welche Frau! –, die Samariterin, eine Randexistenz, und eben diese Frau wird als erste das Evangelium verkünden und ihren Landsleuten sagen: „Kommt her, seht, da ist ein Mann, der mir alles gesagt hat, was ich getan habe: Ist er vielleicht der Messias?" (Joh 4,29). Und da gibt es auch die Frauen vom Ostermorgen, die als erste die Auferstehung bezeugen, während die Männer noch hinter verschlossenen Türen sitzen.

In der Tat, die Männer halten aus der Bibel nur fest, was sie interessiert! Man denke nur an die Worte des hl. Paulus: „... die Frauen (sollen) in der Versammlung schweigen" (1 Kor 14,34). „Ihr Frauen, ordnet euch euren Männern unter" (Eph 5,22) usw. Wer aber wird den Versuch unternehmen, das zu analysieren, was die Frauen in der Bibel getan haben, wer wird ihnen den Platz zuweisen, der ihnen nach dem Evangelium zukommt[5], wer wird sie entsprechend aufwerten, damit sie den ihnen gebührenden Platz in der Kirche einnehmen können?

R. Luneau: Wenn wir von Jesus sprechen würden... Wenn Sie an ihn denken, und zwar als Frau, als Afrikanerin, als Christin, was kommt Ihnen dann spontan in den Sinn? Jesus ist ein Mann? Jesus ist ein Weißer? Jesus ist ein Priester? Ein Prophet? Ein Heiler? Gibt es für Sie einen Zugang zu Jesus, den Sie besonders bevorzugen?

B. Tshibola: Jesus ist ein Mann, ein Weißer, ein Priester, ein Prophet, ein Heiler. Alles zugleich. Und jede dieser Kategorien in ihrer ganzen Fülle. Er übersteigt alles. Er ist Weißer, gewiß, aus einer bestimmten Rasse geboren, aber er steht über dem Rassenbegriff. Er verkörpert zugleich alle anderen Rassen. Er nimmt in jeder Kultur Gestalt an, er hat sich zum Griechen mit den Griechen, zum Römer mit den Römern gemacht, und das geht immer so weiter. Seine Boten haben ihn im Lauf der Jahrhunderte entstellt. Er ist die Vollendung aller jemals dargestellten Modelle, er ist das Modell selbst.

R. Luneau: Dieses Gefühl der Fülle gehört unmittelbar zur Wahrnehmung des Glaubens. Aber gibt es da nicht auch mögliche Akzentverschiebungen? Heute sind die Menschen sicher weniger empfänglich für die

---

[5] Eine Frage, die nachdrücklich beantwortet wurde von einer Frau: *France Quéré*, Les femmes de l'Evangile (Paris: Seuil, 1982).

Tatsache, daß Jesus zu seiner Zeit ein Heiler oder Wundertäter war. Dafür haben sie wahrscheinlich eher eine Antenne für den „Propheten". Empfinden Sie etwas Ähnliches?

B. Tshibola: Ein wenig, ja. Jesus ist nicht immer der gleiche für mich. Es gibt bestimmte Zeiten in meinem Leben, da werde ich von dem einen oder anderen von Ihnen jetzt nicht angesprochenen Aspekt seiner tiefen Persönlichkeit stärker angezogen, geprägt und geleitet. Für mich ist Jesus der Meister. Das ist es, was mich leben läßt. Meister in dem Sinne, daß ich mich in allem und für alles an ihn wende.

R. Luneau: Meister im Sinne der traditionellen Initiation? Derjenige, der Ihnen vorangeht und der wissend ist? Derjenige, der das Leben zeugt mitteilt?

B. Tshibola: Ja, vielleicht ein wenig nach dem Bild eines Initiationsmeisters. Jesus ist derjenige, in dessen Schule ich mich begebe, der auch mich ständig inspiriert und unterweist, der mich befreit von der Sorge um das, was ich zu tun und zu sagen habe. Ich weiß, daß er zur rechten Zeit da ist, das zeigt mir mein ganzes Leben. Alles, was mir nottut, ist, auf ihn zu hören. Und wenn ich mich auf meine persönliche Erfahrung berufe, auf meine kleine eigene Erfahrung, dann ist dieses Hören nur in der Treue möglich.

R. Luneau: Wenn man sich auf die Tradition Ihres Landes bezieht, was erinnert dann am meisten an diese Beziehung zu Jesus? – Der Initiationsmeister im Verhältnis zu den jungen Initiierten? Der ältere Bruder in der Beziehung zur jüngeren Schwester? Der Vater gegenüber seinem Kind?

B. Tshibola: Für mich ist Jesus ein bißchen wie meine Mutter. Als ich Kind war, räumte mir meine Mutter die Hindernisse aus dem Weg, und ich brauchte mich nicht zu beunruhigen. Auch Jesus räumt Hindernisse und Schwierigkeiten aus dem Weg. Und deren gibt es genug in einem Studentenleben im Ausland. Ich verlaß mich auf ihn.

Y. Aklé: Was mich betrifft, was soll ich antworten? Ein Mann? Ist Jesus ein Mann? – Wenn ich mich auf die Mina-Tradition (Togo) beziehe, aus der ich hervorgegangen bin, dann sage ich *nein:* Jesus ist für mich persönlich kein Mann. In meinem Milieu gibt es das nicht: „ein Mann". Ein Mann, das ist ein einzelner, einer, der in bezug auf die Gemeinschaft isoliert ist. Der Sinn ist abwertend. Ein Mann, das ist überhaupt nichts[6]. Denn jedermann ist verwandt; ein Kind, das jemanden kommen sieht, ordnet den Betreffenden sofort in die Generationenfolge ein: es sieht auf Anhieb, ob der Ankommende älter oder jünger als sein Vater ist und grüßt ihn mit dem entsprechenden Namen: *ataga,* älterer Vater, *atavi,* jüngerer Vater. Aber einfach „ein Mann" – das gibt es für dieses Kind nicht!

Ist Jesus ein Weißer? Kann man im Ernst Jesus als einen „Weißen" darstellen oder wissen wollen, ob er nun weiß oder schwarz ist? Jesus ist ebensowenig ein Weißer wie er ein Mann ist! Der Hautfarbe allzuviel Bedeutung beimessen heißt dem Unglück viele Türen öffnen. Die Sklavenhändler von früher haben daraus ihren Profit geschlagen.

Wenn ich von Jesus spreche, möchte ich mich lieber auf hier noch nicht genannte Ausdrücke beziehen. Jesus ist ein Bruder, ein Vater, ein Ahne. Jesus ist ein *Bruder,* und dieser Jesus-Bruder umfaßt alles: den Priester und den Hirten, den Propheten und den Heiler. Brüderlichkeit und, auf einer weiteren Ebene, Vaterschaft setzen dieses alles voraus. Und wenn ich im übrigen auf eine weniger gemeinschaftsbezogene und mehr persönliche Jesus-Beziehung zurückkomme, dann sage ich auch: „Jesus ist mein Bruder." Er ist mein älterer Bruder, und ich bin seine jüngere Schwester; ich gehe in seine Schule, ich schulde ihm Gehorsam und Unterordnung. Brüderlichkeit begründet eine Beziehung auf der Basis der Gleichheit, ohne jemals den hierarchischen Begriff auszuschalten, der notwendigerweise die Beziehungen zwischen Älteren und Jüngeren begleitet. Und so ordne ich auch Jesus ein: er ist mein Bruder, mein älterer Bruder.

Ich sage auch: Jesus Christus ist mein *Vater,* er ist der Gründer-Ahne. Wir in Afrika sind alle miteinander verwandt. Dabei kommt es häufig vor, daß sich innerhalb einer Gemeinschaft alle gegenseitig als Brüder bezeichnen, auch wenn sie nicht durch das Band der unmittelbaren Abstammung von einem gemeinsamen Ahnen verbunden sind. Trotzdem nennen sie sich alle Brüder und Schwestern. Das entspricht auch meiner Auffassung von Jesus auf der Ebene der Gemeinschaft. Er versammelt die Gemeinde, er hat sie gegründet. Er ist es, der diese Brüderlichkeit möglich macht.

R. Luneau: Damit Jesus in die afrikanische Gemeinschaft aufgenommen wird, muß er also durch die in den afrikanischen Gemeinschaften üblichen Vermittlungen gehen?

B. Tshibola: Das Christentum ist im Verlauf seiner Geschichte zutiefst vom westlichen Brauchtum geprägt worden. Es muß nunmehr bereit sein, sich in Afrika auch von unseren Traditionen prägen zu lassen, damit es die Welt der traditionellen Religionen von *innen her* durchdringt; anders ausgedrückt, diese religiöse Welt Afrikas müßte sich mit dem Christentum so durchtränken und so darin eintauchen, daß sie völlig umgewandelt daraus hervorgeht. Jesus muß sich in unsere Denkweise einfügen, die Feier seines Geheimnisses muß sich unserem Kalender anpassen. Viele afrikanische Christen leben heute auf zwei verschiedenen Ebenen. Man kommt aus der Messe, geht aber doch, sofern man sich auf die Jagd begeben will, zuvor nochmal zum Fetisch. Hätte man erklärt, daß der Gott der Ahnen auch etwas mit dem Gott Jesu Christi zu tun hat, hätte das Christentum unsere Art zu leben wirklich durchdrungen, dann würde es diesen Dualismus nicht geben.

Y. Aklé: Warum weigert man sich, wenn wir vom „Heiler" oder vom „Fetischpriester" sprechen, den Dingen auf den Grund zu gehen? Warum übernimmt man nicht unsere eigene Ausdrucksweise? Man gibt dem Wort „Fetischpriester" einen Sinn, den es für uns nicht hat, und verwirft es. Das Christentum, das man uns übermittelt hat, hat mit unseren Traditionen Tabula rasa gemacht, und darum konnte es nicht ausbleiben, daß viele afrikanische Christen heuchlerisch wurden. Solange man in Europa ist, geht alles gut. Kommt man aber zurück nach Afrika, muß man sich auch den einheimischen Bräuchen unterwerfen: man geht zum Heiler, man tut dies und jenes..., weil man uns *so, wie wir sind,* in der Kirche noch nicht akzeptiert hat.

R. Luneau: Entspricht das Bild Jesu, das in den verschiedenen Kirchen von der Katechese vermittelt wird, dem, was Sie von Jesus wissen?

Y. Aklé: Die protestantische Tradition bemüht sich seit langem, uns die Bibel zugänglich zu machen. Sie ist das bevorzugte Buch jedes Gläubigen. Wir sind weniger als die Katholiken in Gefahr, ein von den Klerikern übermitteltes und ihren Interessen entsprechendes Jesus-Bild zu übernehmen. Die katholische Kirche hat sich zwar in den letzten Jahren enorm entwickelt, aber ich wundere mich noch immer über gewisse äußere Merkmale, die sehr stark die hierarchischen Grade betonen, so die Gewänder und ein gewisses Dekor. Ich frage mich, ob Jesus Christus zu seiner Zeit all dessen bedurft hat und ob dies wirklich seinem Bild entspricht? Zu der Zeit, als er auf Erden lebte, war er fast unbekannt, er war mit den Menschen zusammen und einer der ihren; und als man ihn gefangennahm, da mußte Judas ihm erst einen Kuß geben, damit die Soldaten ihn wirklich identifizieren konnten.

B. Tshibola: Man kann sich auch auf eine andere Tradition stützen. In Zaire verweist ein äußeres Zeichen auf den Häuptling, weil er anders ist als die gewöhnlichen Sterblichen. Er trägt das Leopardenfell. Er bleibt nahe, ist zugänglich; aber er ist der Häuptling. Es ist nicht schlecht, daß auch in der Kirche irgend etwas auf den Häuptling hinweist. Das bescheidene Zurücktreten muß innerlich geschehen, und das Verhalten ist mehr als das Gewand.

R. Luneau: Einige Romanschriftsteller (A. Burgess) und Erfolgsautoren (J. C. Barreau) haben die völlig willkürliche Hypothese aufgestellt, daß Jesus, wie im übrigen fast die Gesamtheit seiner Jünger, nicht ehelos gelebt hätte. Erscheint Ihnen diese Frage lächerlich?

B. Tshibola: Für mich ist es wichtig, daß Jesus ehelos lebte, weil er dadurch voll und ganz für die Sache seines Vaters eintreten und sich ohne familiäre Rücksichten mit einer Vielzahl von Menschen befassen konnte. Wäre Jesus verheiratet gewesen, dann wären seine Frau und seine Kinder zu bedauern gewesen. Ich kann mir einen verheirateten Jesus schlecht vorstellen, wenn andererseits einige für den Dienst am Reich Gottes ehelos leben.

Y. Aklé: Jesus ehelos? Das versteht sich von selbst. Jesus ist gekommen, um einen bestimmten Auftrag zu erfüllen, und überdies, wieviele Jahre hat er denn gelebt? Es stimmt, daß er ein Mensch ist wie wir, und doch ist er völlig anders, und zwar von Geburt an. Er ist bestimmt durch seine Sendung, eine Sendung, die zu Ende geführt werden mußte, und dies in einem Zeitraum von zwei bis drei Jahren. Er hat dabei im Alter von 33 Jahren sein Leben gelassen. Das ist ein ganz besonderer Fall. Ob Jesus verheiratet war oder nicht? Diese Frage sollte m. E. nicht einmal gestellt werden, wenn man die Sendung im Blick hat, um derentwillen er gekommen ist. Er ist nicht gekommen, um sich zu verheiraten!

R. Luneau: Kommt Ihnen mitunter der Gedanke, daß das christliche Afrika etwas von der Person Jesu offenbaren könnte, das die anderen Kirchen, einschließlich der westlichen, noch nicht entdeckt haben, einfach deswegen, weil die Erfahrung des christlichen Afrikas noch neu und ursprünglich ist und weil man bisher noch nie „auf diese Weise" christlich gewesen ist?

B. Tshibola: Es ist schwierig, darauf zu antworten. Es hat die Zeit der „Tabula rasa" gegeben, deren Folgen wir noch heute spüren. In gewisser Weise müssen wir den Rückwärtsgang einlegen. Bevor man auf die gestellte Frage antworten kann, muß Jesus Christus sich erst wirklich im Volk von Zaire inkarnieren, so wie er dies in jeder Kultur tun muß.

R. Luneau: Würden Sie trotz allem sagen, daß Jesus Christus heute schon einer der Ihren ist, daß er auch aus Ihrem Volk geboren ist?

B. Tshibola: Die Frage ist nicht, daß er aus unserem Volk geboren ist. Es ist seine Botschaft, die ihn wirklich zu einem der unseren macht. Er hat aufgehört, ein Fremder zu sein. Vielleicht habe ich früher die Dinge anders gesehen. Heute ist er für meine Gemeinschaft und für mich einer der Unseren, und wir wissen, daß er gerne bei uns bleiben will. Wenn ein Fremder ins Dorf kommt, dann wird er empfangen, aber er ist es, der entscheidet, ob er bleibt oder nicht. Was uns betrifft, wir haben Jesus empfangen, und wir wissen, daß er inzwischen bei uns zu Hause ist und bleiben wird.

Y. Aklé: Ich habe vorhin schon von einem Jesus gesprochen, der „Nicht-Mann" ist, wenn ich ihn mir außerhalb jeden Bezugs zu einer Gemeinschaft denke. Ungefähr so ist es auch bei einem Fremden. Die christliche Gemeinschaft versammelt sich um Jesus. Wer könnte sagen, er sei noch ein Fremder?

Autoren des Bandes

Y. Aklé, ev. Christin aus Togo.

F. Kabaséle, Dr. theol., geb. 1948 in Zaire, seit 1983 Pfarrer in Cijiba sowie Dozent für Katechese und Liturgie an der kath. Fakultät von Kinshasa.

C. Kolié, Priester der Diözese Boma, Zaire.

R. Luneau, Dr. phil., geb. 1932 in Nantes, Dominikaner, Dozent am Institut catholique sowie an der Unité d'Enseignement et de Recherche (U. E. R.) in Paris, Mitarbeiter am Centre National de la Recherche Scientifique (CNRS).

V. Mbadu-Kwalu, Priester der Diözese Boma, Zaire.

A. Ouattara, Jugendseelsorger in Bobo-Dioulasso, Burkina-Faso.

J. Pénoukou, Priester aus Bénin, seit 1979 Professor für afrikanische Theologie am Institut catholique de l'Afrique de l'Ouest in Abidjan, Elfenbeinküste, Konsultor des römischen Sekretariats für die nichtchristlichen Religionen.

A. T. Sanon, Dr. theol., geb. 1937, seit 1975 Bischof der Diözese Bobo-Dioulasso in Burkina-Faso (früher Obervolta), sein Buch „Enraciner l'Evangile" erschien unter dem Titel „Das Evangelium verwurzeln" als Band 7 der Reihe Theologie der Dritten Welt.

B. Tshibola, Ordensschwester aus Zaire.

THEOLOGIE DER DRITTEN WELT

Band 1: Den Glauben neu verstehen Beiträge zu einer asiatischen Theologie

„Das vorliegende Buch gibt einen Überblick über die theologische Diskussion im Fernen Osten. Es enthält die wichtigsten Referate einer Tagung über kontextuelle Theologie, die 1978 in Manila stattfand. Neben einer Einführung von Ludwig Wiedenmann und einem Grundsatzreferat finden wir Beiträge über die kontextuelle Theologie in den Philippinen, Indonesien, Taiwan, Japan und Neuguinea" (Christ in der Gegenwart).

2. Auflage. 152 Seiten, Paperback. ISBN 3-451-19277-2

Band 2: Evangelisation in der Dritten Welt Anstöße für Europa

„Der zweite Band enthält die Referate und Diskussionsergebnisse der Tagung der deutschsprachigen Pastoraltheologen im Januar 1980 in Wien. Nach einem Überblick über die Entwicklung der Evangelisation nach dem II. Vatikanum durch den bekannten Missionstheologen Walbert Bühlmann werden Pastoral- und Evangelisationsmodelle aus Afrika, Asien und Lateinamerika dargestellt" (Kath. Missionen).

2. Auflage. 128 Seiten, Paperback. ISBN 3-451-19199-7

Band 3: O. Bimwenyi-Kweshi, Alle Dinge erzählen von Gott
Grundlegung afrikanischer Theologie

„Dem Verfasser geht es darum, die Quellen ausfindig zu machen, die dem Afrikaner aus seiner eigenen Tradition für ein verständnisvolles Reden von Gott zur Verfügung stehen. Die Beispiele, die er hier vor allem aus vielen afrikanischen Texten vorführt, sind sehr eindrucksvoll: Ihm erzählen, anders als es in unserer Kultur noch möglich ist, alle Dinge von Gott. Eine afrikanische Fundamentaltheologie, die auch unsere Theologie anregen und beeindrucken kann" (Das neue Buch). 2. Auflage. 184 Seiten, Paperback. ISBN 3-451-19670-0

Band 4: Herausgefordert durch die Armen
Dokumente der Ökumenischen Vereinigung von Dritte-Welt-Theologen 1976–1983

„Nie zuvor haben die Dritte-Welt-Theologen die ‚eurozentrische' Theologie als ganze so energisch in ihre Schranken verwiesen. Nie zuvor auch hat man diesem vorgeblichen Universalismus so entschieden einen anderen Universalitätsanspruch entgegengesetzt. Und nie zuvor schließlich stellt sich wie jetzt die Frage, ob zwischen Anspruch und Unterwerfung, Diktat und Selbstbehauptung, aber auch jenseits aller Resignation dennoch ein Weg zu neuer Gemeinsamkeit gefunden werden kann" (Professor Hans-Werner Gensichen, Heidelberg).

192 Seiten, Paperback. ISBN 3-451-19814-2

Band 5: A. B. Chang Ch'un-shen, Dann sind Himmel und Mensch in Einheit Bausteine chinesischer Theologie

„Hier wird der deutschsprachige Leser mit der ansonst wenig zugänglichen chinesischen katholisch-theologischen Literatur der letzten Jahre bekannt. Sie vermittelt ihm einen Einblick in die Thematik chinesischer Theologie und zeigt auf, wie heute die wichtigsten Bausteine für eine chinesische Theologie der Zukunft erarbeitet werden" (Theologischer Literaturdienst). 144 Seiten, Paperback. ISBN 3-451-19976-9

Band 6: Wir werden bei ihm wohnen
Das Johannesevangelium in indischer Deutung · Hrsg. G. M. Soares-Prabhu

„Neben Beiträgen, die der ‚westlichen' Exegese verpflichtet sind und doch das Erbe des indischen Geistes nicht verleugnen, stehen andere, die eigene Wege, besonders in der Ausdeutung der Symbole buddhistisch-hinduistischer Tradition, gehen. Neben reiner Meditation, die östliche Meditationsweisen aufnimmt, begegnet dem Leser eine auf die schreiende Not der Armen gerichtete Interpretation des Johannesevangeliums" (Professor Rudolf Schnackenburg, Würzburg). 184 Seiten, Paperback. ISBN 3-451-20277-8

Band 7: Anselme Titianma Sanon, Das Evangelium verwurzeln
Glaubenserschließung im Raum afrikanischer Stammesinitiationen

Der Autor dieses Buches lebt in zwei Traditionen: der afrikanischen, die er von seinen Vorfahren erbte, und der christlichen, aus der er den Glauben an Jesus Christus empfing. Bischof Sanon schildert die Riten der traditionellen afrikanischen Initiationen und zeigt, in welcher Weise sie für die christliche Glaubenserschließung nutzbar gemacht werden können. Ein Werk, das zugleich ein wichtiger Beitrag zur Begegnung der verschiedenen Kulturen ist.
160 Seiten, Paperback. ISBN 3-451-20392-8

Band 8: Afrikanische Spiritualität und christlicher Glaube
Erfahrungen der Inkulturation · Hrsg. V. Mulago gwa Cikala M.

Dieser Band läßt ahnen, wie sehr die universale christliche Spiritualität durch außereuropäische Erfahrungen bereichert werden kann. Elf afrikanische Autoren gehen den Ursprüngen traditioneller Religion und Spiritualität in Afrika nach, verfolgen den Weg afrikanischer Spiritualität bis in das heutige Afrika hinein und weisen die Fruchtbarkeit der Begegnung zwischen afrikanischer Spiritualität und christlichem Glauben auf.
200 Seiten, Paperback. ISBN 3-451-20681-1

Band 9: Aloysius Pieris, Theologie der Befreiung in Asien
Christentum im Kontext der Armut und der Religionen

Pieris zeigt, wo das *befreiende* Potential von Armut und Religiosität in Asien liegt und wo hier der Platz der Kirche ist. Er legt damit Elemente einer Theologie der Befreiung vor, die sich erheblich von dem Ansatz lateinamerikanischer Theologen unterscheiden. Besonders herausfordernd ist dabei sein Dialog mit dem Buddhismus und dessen metakosmischer Religiosität. – Ein Buch, das den Theologen wie den Religionswissenschaftler gleichermaßen nachdenklich macht.
272 Seiten, Paperback. ISBN 3-451-20810-5

Band 10: Jean-Marc Ela, Mein Glaube als Afrikaner
Das Evangelium in schwarzafrikanischer Wirklichkeit

Elas Grundanliegen ist die Integration des Christentums in die afrikanische Kultur, in die konkrete Wirklichkeit eines armen und unterdrückten Volkes. Anschaulich und engagiert erzählt er von Traditionen, von Unrecht und Menschenwürde, aber auch von der Kraft afrikanischer Frömmigkeit, von der Bewährungsprobe des Christentums im heutigen Afrika.
200 Seiten, Paperback. ISBN 3-451-21097-5

Band 11: Verlaß den Tempel
Antyodaya – indischer Weg zur Befreiung · Hrsg. v. Felix Wilfred

Den Tempel verlassen und zu den Armen gehen – diese Aufforderung stammt aus einem Gedicht Rabindranath Tagores. Die namhaften indischen Autoren des Bandes sehen darin den Leitsatz für eine indische Theologie der Befreiung, die Christen und Hindus gemeinsam zu den Armen führt.
208 Seiten, Paperback. ISBN 3-451-21216-1

Verlag Herder Freiburg · Basel · Wien